- 国家自然科学基金项目（71302133）
- 中国博士后科学基金项目（2017M623052）
- 教育部人文社会科学基金项目（18YJC630227）
- 四川省科技厅软科学研究计划项目（2017ZR0078）
- 四川大学中央高校基本科研业务费研究专项项目（skq201710）

企业外部技术搜寻平衡机制研究

基于探索-开发的视角

杨 雪 ◎著

知识产权出版社
全国百佳图书出版单位

图书在版编目（CIP）数据

企业外部技术搜寻平衡机制研究：基于探索-开发的视角/杨雪著. —北京：知识产权出版社，2019.8
ISBN 978-7-5130-6375-3

Ⅰ. ①企… Ⅱ. ①杨… Ⅲ. ①企业绩效—企业管理—研究—中国 Ⅳ. ①F279.23

中国版本图书馆 CIP 数据核字（2019）第 151593 号

内容提要

在开放式创新情境下，如何通过外部技术搜寻提升企业绩效是当前我国加快创新型国家建设战略下中国企业亟待解决的重要问题。本书借鉴组织二元性研究中关于企业探索-开发活动平衡性的观点，将中国企业的内向许可专利作为外部技术搜寻的具体形式，基于时间维度、地理维度和认知维度，将企业置于三维的技术空间，从领域内平衡、跨领域平衡和跨领域动态平衡等角度实证研究企业外部技术搜寻的平衡机制及其对企业创新绩效和经济绩效的影响。研究结论能够为中国企业有效地搜寻和利用外部技术并提升企业绩效提供理论支撑和实践指导。

责任编辑：韩 冰	责任校对：王 岩
封面设计：邵建文 马倬麟	责任印制：孙婷婷

企业外部技术搜寻平衡机制研究
基于探索-开发的视角

杨 雪 著

出版发行： 知识产权出版社有限责任公司	网　址：http://www.ipph.cn
社　址：北京市海淀区气象路 50 号院	邮　编：100081
责编电话：010-82000860 转 8126	责编邮箱：hanbing@cnipr.com
发行电话：010-82000860 转 8101/8102	发行传真：010-82000893/82005070/82000270
印　刷：北京九州迅驰传媒文化有限公司	经　销：各大网上书店、新华书店及相关专业书店
开　本：720mm×1000mm 1/16	印　张：15
版　次：2019 年 8 月第 1 版	印　次：2019 年 8 月第 1 次印刷
字　数：225 千字	定　价：79.00 元
ISBN 978-7-5130-6375-3	

出版权专有　侵权必究
如有印装质量问题，本社负责调换。

前言

自进入 21 世纪以来，企业技术创新的环境和模式逐渐发生变化，传统的以企业内部研发和商业化为主要特征的封闭式创新模式在一定程度上会导致企业陷入"能力陷阱"，而随着开放式创新概念的提出，学术界和管理层开始倡导从传统的封闭式创新向开放式创新模式的转变。在创新国际化和开放程度日益加深的背景下，现有研究表明，通过外部技术搜寻，企业可以弥补内部技术能力不足、降低企业研发成本、跟踪先进技术，有效地培育和保持企业的竞争力。外部技术搜寻因此成为继内部研发、外部并购之外第三条提升企业技术能力的途径。在激烈的市场竞争中，面对中国经济发展新常态以及技术创新能力薄弱的双重压力，如何更好地利用外部技术引导企业的技术创新行为、提升企业技术水平、强化企业核心竞争力，进而提升企业绩效，成为开放式创新环境下中国企业亟待解决的重要问题。

本书在借鉴组织二元性研究中关于企业探索-开发活动平衡性观点的基础上，围绕"基于探索-开发视角的企业外部技术搜寻平衡机制"和"外部技术搜寻平衡机制对企业绩效的影响"两大命题，研究并探讨开放式创新情境下，中国企业如何更好地搜寻和利用外部技术并提升企业创新绩效和经济绩效的理论和实践。

具体来看，本书首先以资源基础理论、交易成本理论和技术创新理论为基础，在对现有研究进行梳理的基础上，通过构建基于探索-开发视角的企业外部技术搜寻分析框架，从领域内平衡、跨领域平衡和跨领域动态平衡等角度分析外部技术搜寻平衡的形成机制及外部技术搜寻平衡对企业绩效的作用机理。然后，将中国 1998—2012 年企业的内向许可专利作为外部技术搜寻的具体形式，结合多种数据源，从时间距离、地理距离和认知距离三个维度将企业置于三维的技术空间，借鉴"领域平衡"的思想，将技术搜寻的某一维度定义为某一领域，利用 SPSS、STATA、Matlab、AMOS 等量化工具，从领域内平衡和跨领域平衡的角度实证检验企业外部技术搜寻平衡的微观机制和形成机制，及其对企业创新绩效和经济绩效的影响，并考虑企业规模的调节作用。在此基础上，以 TCL 集团股份有限公司为典型技术受让企业，运用单案例因果性研究的方法，通过对企业外部技术搜寻行为的过程及特点进行分析，结合企业的创新成果和财务表现，对实证结果进行佐证。最后，提出企业有效进行外部技术搜寻以提升经营绩效的实施策略，并运用 Gephi 软件，绘制中国企业外部技术搜寻网络图，为政府推进技术的高效转移与利用提供科学依据。

通过上述研究工作，本书在以下三个方面得到了四点研究结论。

第一，企业外部技术搜寻的平衡机制。

结论一：从平衡微观机制来看，组织惯性和路径依赖会影响企业外部技术搜寻行为，但这种影响随着时间间隔的增加而逐渐减弱。中国企业在外部技术搜寻的三维空间中存在平衡性，即企业在某一领域进行的开发性（探索性）搜寻，会同时使用其他领域的探索性（开发性）搜寻来补偿，且随着时间的变化，企业趋向于实现跨领域的动态平衡。

第二，外部技术搜寻平衡对企业绩效的影响。

结论二：企业的创新绩效与企业在领域内和跨领域平衡外部开发性和探索性技术搜寻活动均呈正向相关关系，但相对来看，企业在三维技术空间中跨领域平衡开发性技术搜寻和探索性技术搜寻，对企业创新绩效的积极作用比领域内平衡更大。企业的经济绩效则与企业在领域内平衡外部开发性和探索性技术搜寻活动呈负向相关关系，而与企业跨领域平衡外部开发性和探索性技术搜寻活动呈显著的正向相关关系。此外，企业规模对领域内平衡和企业绩效之间的关系起负向调节作用，而对跨领域平衡和企业绩效之间的关系起正向调节作用，即随着企业规模的扩大，在三维技术空间中实施跨领域的外部技术搜寻平衡将对企业的创新绩效和经济绩效产生更为积极的促进作用。

第三，企业实践的理论指导和政府决策的科学依据。

结论三：在中国情境下，企业应根据自身的资源条件、能力水平和发展定位，确定实施外部技术搜寻的知识领域，并选择恰当的平衡搜寻方式。同时，要考虑企业发展环境的特点，合理有效地配置企业技术创新资源，在发展过程中实现外部技术搜寻的跨领域动态平衡。此外，还应随着企业经营规模的不断扩大，调整外部技术搜寻的跨领域动态平衡，在技术搜寻领域充分利用和发挥企业、教育机构和研究机构三大创新主体的优势。

结论四：在中国企业外部技术搜寻的网络中，广东、江苏、北京和山东是进行外部技术搜寻频次最多的区域，而相较于其他地区来说，广东、北京、四川、江苏和浙江五个地区作为让与人所在地，许可的专利数更多。总体来看，北京、江苏、广东和四川分别在北部、东部、南部和西部区域的技术搜寻网络中起着重要的连接作用，政府可重点关注这些地区的创新环境建设，促进区域技术知识流动，从而提高企业外部技术搜寻的绩效，带动区域经济的发展。

目 录

第1章 绪 论 ·· **001**

1.1 研究背景 / 001

1.1.1 宏观因素 / 001

1.1.2 微观因素 / 005

1.2 问题提出 / 009

1.3 概念界定 / 012

1.3.1 外部技术搜寻 / 012

1.3.2 组织二元性 / 014

1.3.3 平衡机制 / 016

1.4 研究方法与技术路线 / 017

1.5 研究内容与框架 / 022

第2章 理论基础与文献综述 ··· **025**

2.1 相关理论基础 / 026

2.1.1 资源基础理论 / 026

2.1.2 交易成本理论 / 027

2.1.3 技术创新理论 / 028

2.2 创新搜寻 / 030
    2.2.1 基于组织维度的知识搜寻 / 030
    2.2.2 基于内容维度的知识搜寻 / 031
2.3 外部技术搜寻 / 032
    2.3.1 外部技术搜寻动因 / 033
    2.3.2 外部技术搜寻模式 / 036
    2.3.3 外部技术搜寻模式对企业创新绩效的影响 / 046
2.4 组织二元性 / 048
    2.4.1 外部技术搜寻二元性 / 048
    2.4.2 组织二元性的平衡方式 / 050
    2.4.3 组织二元性与组织绩效 / 052
2.5 本章小结 / 054

第3章 基于探索-开发的企业外部技术搜寻分析框架 …………… 056
3.1 企业外部技术搜寻决策微观机制 / 056
    3.1.1 组织惯性 / 057
    3.1.2 企业外部技术搜寻的决策原则 / 059
    3.1.3 企业外部技术搜寻决策的微观机制 / 060
3.2 基于探索-开发的企业外部技术搜寻平衡 / 063
    3.2.1 基于探索-开发的企业外部技术搜寻平衡概念模型 / 064
    3.2.2 基于探索-开发的企业外部技术搜寻平衡机制 / 067
3.3 本章小结 / 076

第4章 企业外部技术搜寻平衡机制的实证研究 ……………………… 077
4.1 理论推演与研究假设 / 077
    4.1.1 组织惯性与技术搜寻 / 078
    4.1.2 技术搜寻的领域平衡 / 079

4.2 数据来源与描述统计 / 084
  4.2.1 数据来源 / 084
  4.2.2 描述性统计 / 086
4.3 研究变量及测算 / 088
4.4 实证结果与分析 / 091
  4.4.1 平衡微观机制 / 091
  4.4.2 平衡形成机制 / 094
4.5 本章小结 / 103

第 5 章 外部技术搜寻平衡机制对企业绩效影响的实证研究 106
5.1 理论推演与研究假设 / 106
  5.1.1 搜寻平衡与企业绩效 / 107
  5.1.2 企业规模的调节效应 / 110
5.2 研究变量与描述统计 / 113
  5.2.1 数据来源 / 113
  5.2.2 研究变量 / 116
  5.2.3 描述性统计 / 122
5.3 实证结果与分析 / 125
  5.3.1 外部技术搜寻平衡机制对企业绩效的影响 / 126
  5.3.2 企业规模的调节作用 / 132
5.4 本章小结 / 138

第 6 章 典型企业外部技术搜寻案例分析与研究 141
6.1 典型企业的选择 / 141
  6.1.1 典型企业的选择依据 / 142
  6.1.2 典型企业的发展简介 / 143
6.2 TCL 的外部技术搜寻平衡 / 147
6.3 TCL 外部技术搜寻平衡对企业绩效的影响 / 151

    6.3.1 企业创新绩效 / 152

    6.3.2 企业经济绩效 / 156

  6.4 本章小结 / 158

第 7 章 实施策略与政策建议 ·················· **161**

  7.1 企业外部技术搜寻的实施策略 / 162

  7.2 提高企业外部搜寻绩效的政策建议 / 168

  7.3 本章小结 / 175

第 8 章 结论与展望 ·························· **176**

  8.1 主要研究结论 / 177

  8.2 研究的创新点 / 179

  8.3 研究不足与未来展望 / 180

参考文献 ································· **182**

后 记 ································· **226**

第 1 章
绪　论

1.1　研究背景

1.1.1　宏观因素

"新常态"意味着中国经济发展将告别过去传统粗放的高速增长阶段，从高速增长转向中高速增长，从结构不合理转向结构优化，从要素投入驱动转向创新驱动，从隐含风险转向面临多种挑战。随着中国经济进入"速度结构"时代，目前，中国经济发展的新常态已呈现出增速放缓、结构调整和消费升级的特点。

1. 增速放缓，效益下降

经济增速换挡回落，从过去10%左右的高速增长转为6%~8%的中高速增长是新常态的最基本特征。根据中国国家统计局❶公布的数据，15年来，中国国内生产总值（Gross Domestic Product，GDP）增速从2012年起开始回落，2015年、2016年、2017年、2018年增速分别为6.9%、6.7%、6.8%、6.6%，彻底告别了过去30多年平均10%左右的

---

❶ 国家统计局官方网站：http://www.stats.gov.cn/。

高速增长，如图 1-1 所示。

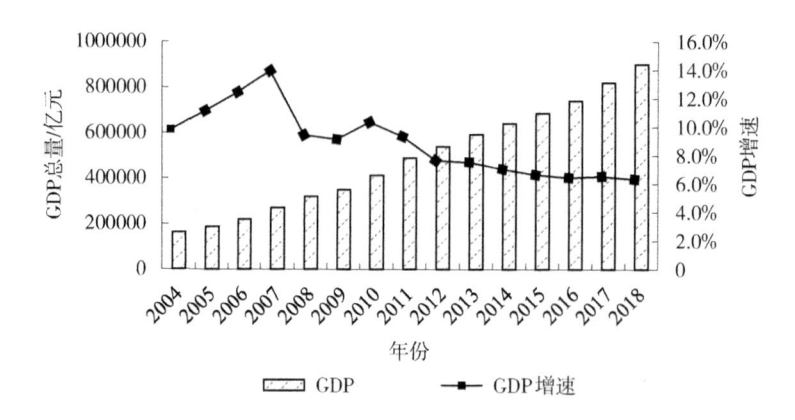

图 1-1 2004—2018 年中国 GDP 总量及增速

数据来源：国家统计局。

从图 1-1 可以看出，自 2008 年以来，中国经济增长开始进入下行区间，这并不是经济周期的波动，而是经济增长阶段的根本性转换[1]。中国经济增速迎来了换挡期，从高速增长期向中高速平稳增长期过渡。在中国经济增长阶段变化的过程中，企业的增速也同样开始放缓。1998—2008 年，全国规模以上工业企业利润总额年均增速高达 35.6%，而到 2013 年，这一增速降至 12.2%，2018 年为 10.3%。

2. 结构调整，整合度低

与增长速度放缓相适应，在结构层面，中国经济发展的新常态还表现出经济结构再平衡、增长动力实现转变、产业结构不断优化升级等多方面的特征。据中国国家统计局最新公布的数据显示，2013 年，我国第三产业（服务业）增加值占 GDP 比重达 46.9%，首次超过第二产业；2015 年，我国第三产业增加值占 GDP 比重首次超过 50%；2018 年的经济数据显示，第三产业占 GDP 比重进一步升至 52.2%，如图 1-2 所示。

从图 1-2 可以看出，自 2013 年以来，第三产业占比超过第二产业，成为我国经济发展的主体产业，中国经济结构正在发生转折性变化。由于美国等发达国家服务业已占 GDP 比重 80% 以上，可以预见，在新常

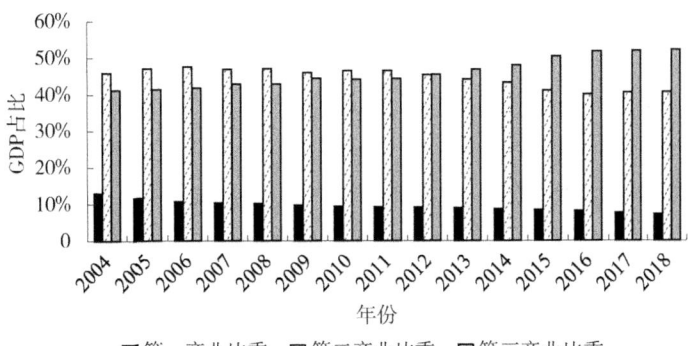

态下，我国服务业比重上升将是长期趋势[1]。

图1-2　2004—2018年中国第一、第二、第三产业占GDP比重

数据来源：国家统计局。

3. 消费升级，竞争加剧

需求结构方面，2011年，我国消费对经济增长的贡献率自2008年以来首次超过投资。从中国国家统计局公布的2018年数据来看，最终消费支出对GDP增长贡献率达76.2%，投资则为32.4%，外贸出口增幅已从20%以上回落至5%~10%的增长区间，我国的消费需求逐步成为需求主体，如图1-3所示。

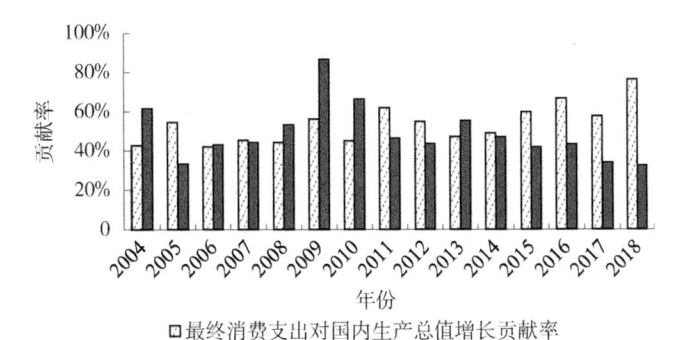

图1-3　2004—2018年中国消费和投资对GDP的贡献率

数据来源：国家统计局。

从图 1-3 可以看出，自 2011 年以来，中国的经济增长结构正逐步从投资为主转向以消费、服务业为主，国家经济的增长将更多地依靠内需，更多地从要素效率提升获取动力。

中国经济发展的新常态对企业提出了新的要求，即通过技术创新，实现企业从低端产品的制造和出口，向设计与生产高附加值产品转型。技术创新已然成为中国经济发展的新常态下，企业提高自身竞争力的关键途径。然而，2018 年世界经济论坛发布的《全球竞争力报告 2018》[2] 显示，中国的全球竞争力在世界 140 个国家中排名第 28 位，其中，市场规模排名第 1 位，创新能力排名第 24 位，如图 1-4 所示。

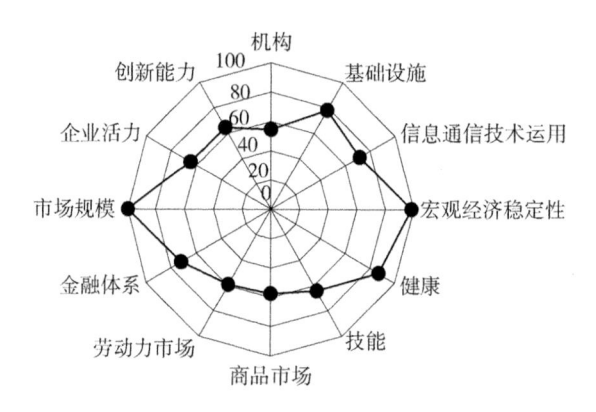

图 1-4　2018 年中国全球竞争力指标得分

数据来源：《全球竞争力报告 2018》。

从图 1-4 可以看出，在当前我国发展阶段从要素驱动向创新驱动转型的过程中，与创新相关的指标仍然是未来我国提升全球竞争力需要重点提高的关键因素。其中，劳动力多样性、国际合作发明数、专利及商标申请数等二级指标的排名在全球 140 个国家中均未能进入前 30 名的行列，如表 1-1 所示，显示出中国企业在创新领域还有待进一步提高。

表1-1　2018年中国全球竞争力创新指标的各分项得分及排名

一级指标	二级指标	得分	排名（/140）
创新	劳动力多样性	56.2	77
	集群发展状况	59.6	29
	国际合作发明数（每百万人）	21.1	45
	多方利益相关者合作	57.3	29
	科技论文指数	96.5	14
	专利申请数（每百万人）	47.5	32
	研发费用支出（占GDP百分比）	68.9	18
	研究机构质量指数	100.00	2
	买方复杂程度	58.2	19
	商标申请数（每百万人）	79.1	45

数据来源：《全球竞争力报告2018》。

1.1.2　微观因素

进入21世纪以来，企业技术创新的环境和模式逐渐发生变化，传统的以企业内部研发和商业化为主要特征的封闭式创新（Closed Innovation）在一定程度上会导致企业陷入"能力陷阱"（Competency Traps）（熊伟等，2011）[3]，从而阻碍企业的变革与创新。随着开放式创新（Open Innovation）概念的提出（Chesbrough，2003）[4]，学术界和管理层开始倡导企业从传统的封闭式创新向开放式创新模式转变，如图1-5所示。

大量研究表明，通过外部技术搜寻，企业可以弥补自身内部技术创新能力不足、降低企业研发成本、跟踪先进技术及解决组织核心竞争力僵化等，从而有效地培育和保持企业竞争力，形成长期的竞争优势（Huizingh，2011；Wang et al.，2013；West et al.，2014；Colombo et al.，2014；Riccobono et al.，2015；Un & Rodríguez，2018；肖丁丁，2013；潘佳等，2017）[5-12]。因此，外部技术搜寻成为继内部研发、外部并购之外第三条提升企业技术创新能力的重要途径，特别是那些成立时间短且资源短缺的中小型企业（Grant，1996；Katila，2002；Wu，2014；Radicic & Pugh，2017；邢斐和张建华，2009；熊伟等，2011；缪根红等，2014；张峰和刘侠，2014；郑浩，2018；陈朝月和许治，2018）[3,13-21]。

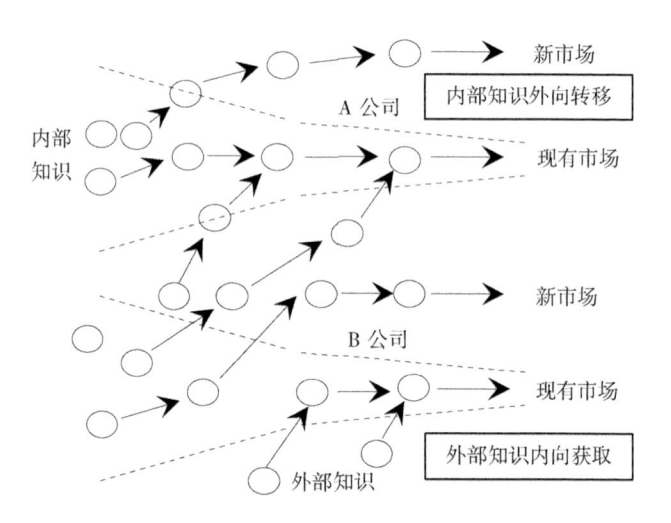

图 1-5　开放式创新的知识流动范式

在激烈的市场竞争中，面对经济发展新常态以及技术创新能力薄弱的双重压力，如何更好地利用外部技术引导企业的技术创新行为、提升企业技术水平、强化企业核心竞争力，进而提升企业绩效，成为开放式创新背景下亟待解决的重要问题。

目前，国家已充分认识到外部技术获取在企业创新能力培育中的重要地位，强调外部技术在提升企业绩效、增强核心竞争力等方面的重要作用。一方面，各级政府长期、持续的研究与开发（Research and Development，R&D）投入使我国涌现出了大量的世界知名大学和研究院所，这既增强了本土技术创新能力，又增加了本土技术供给（Zhang et al.，2013）[22]；另一方面，创新国际化和开放程度的加深使得我国创新劳动分工更加细化、全球技术供给能力显著增强（Chen & Qu，2003；Zhang et al.，2012）[23,24]。为此，2006年颁布的《国家中长期科学和技术发展规划纲要（2006—2020年）》提出，要通过调整政府投资结构和重点，设立专项资金，用于支持引进技术的消化、吸收和再创新，支持重大技术装备研制和重大产业关键共性技术的研究开发；采取积极政策措施，多渠道增加投入，支持以企业为主体、产学研联合开展引进技术的消化、吸收和再创新。此外，在实施创新驱动发展战略和建设创新型国家的背景下，党的十九大报告再次强调要建立以企业为主体、市场为导向、产学研深度融合的技术创新体系，加强对中小企业创新的支持，促进科技成果转化。

这就要求中国企业有效评估其面临的内外部环境，在坚持自主创新的同时，要在全球知识流动加剧、跨国企业海外研发活动等不断深化的背景下，合理地利用全球先进技术、知识，将集成创新和引进消化吸收再创新视为提升企业自主创新能力的重要途径。同时，我国政府还特别强调指出要"促进创新资源高效配置和综合集成，把全社会智慧和力量凝聚到创新发展上来"。由此可见，充分发挥外部技术资源的作用，促进外部技术资源在不同创新主体之间的合理流动是我国实施创新型驱动战略的重要举措。

中国科学技术部火炬高技术产业开发中心[1]最新公布的数据显示，2018年，我国技术市场合同成交总金额由2001年的782亿元增长至17697.42亿元，增加了20多倍。同时，技术合同交易额占国内生产总值的比重也从2001年的0.71%增长到2018年的1.97%，如图1-6所示。2018年，全国登记技术合同40余万项，同比增长12.08%，多项技术成果通过技术市场的转移而得到转化。

---

[1] 科学技术部火炬高技术产业开发中心官方网站：http://www.chinatorch.gov.cn/。

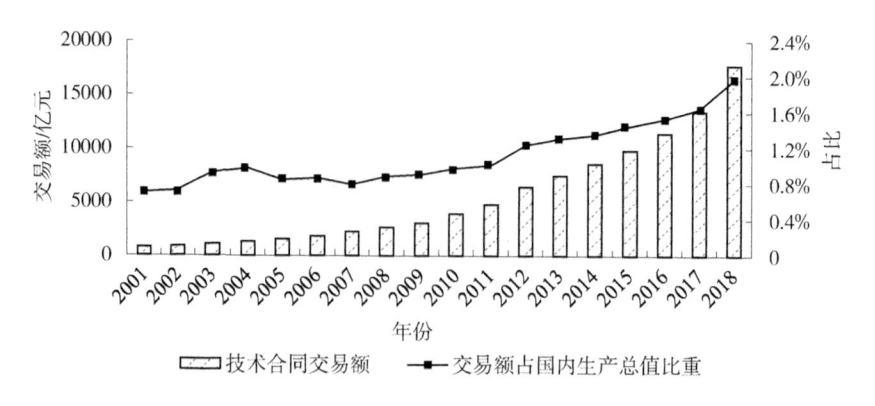

图 1-6 2001—2018 年中国技术市场合同成交情况

数据来源：中国科学技术部火炬高技术产业开发中心。

借助技术获取、消化吸收再创新，我国成功培育了华为、中兴、海尔和比亚迪等一大批国际知名企业。然而，长期以来制约我国企业技术进步的"引进—落后—再引进—再落后"的困境仍未完全解决（甄丽明和唐清泉，2010）[25]。一边是企业花费大量的资金获取外部技术，另一边则是技术无法完全被消化吸收，企业未能通过合理地改进或开发技术，将其转变为新的创新成果。可见，企业虽已认识到利用外部技术促进企业绩效的重要性，但在实际中对于企业应如何搜寻和选择外部技术的理论与实践指导还有待深入研究。企业常被一系列技术选择的问题所困扰：例如，企业该选择国外技术还是国内技术？选择新技术还是旧技术？选择行业内技术还是行业外技术？如何在这些不同维度之间保持一定的比例？又如，在同行业内选择国外技术还是同行业内选择国内技术具有更大的产出效应？是选择行业外的国外新技术还是选择行业内的国外旧技术能够获得更高的绩效？因此，如何更好地搜寻和利用外部技术以提升企业绩效，是我国企业在创新国际化和开放程度日益加深的背景下，为建设创新型国家而努力的过程中所面临的重要挑战。

1.2 问题提出

在传统的封闭式创新下,创新资源大多局限于企业内部,强调企业建立内设的研发机构进行自行研发设计,提升产品或服务的价格竞争力和服务体系等。而开放式创新,即"非此地发明",则强调广泛获取来自企业外部的创新源,通过并购整合、战略联盟、产学研协同等外部知识搜寻的手段,创造新的消费需求,提高企业的创新能力(李万等,2014)[26]。

当前,相关学术研究已证实,在开放式创新的背景下,企业利用外部技术提升绩效受到多种因素的制约。其中,外部技术搜寻模式的选择发挥着重要作用。企业外部技术搜寻的模式刻画了企业从某一个或某几个边界搜寻技术或相关知识来进行创新活动,从而获得创新绩效的过程,其主要用于分析企业从哪些边界搜寻技术、搜寻什么类型的技术,以及这些不同类型的技术对企业创新绩效的影响。由于企业从不同边界搜寻到的不同类型的技术知识对于企业创新绩效有着不同程度的影响(Rosenkopf & Nerkar, 2001; McKelvey, 2016; Rodriguez et al., 2017; 宋宝香等, 2011; 张峰和刘侠, 2014; 赵立雨, 2016; 陈朝月和许治, 2018)[19,21,27-31],不同的外部技术或知识搜寻模式将导致企业的不同绩效(Carayannopoulos & Auster, 2010; Enkel et al., 2009; Frankort et al., 2012; Wang et al., 2012; Nosella, 2014; 魏江和冯军政, 2009; 宋宝香和彭纪生, 2010; 邬爱其和李生校, 2011; 郑浩, 2018)[20,32-39],因此,外部技术的搜寻模式研究逐渐成为当前国内外创新管理领域的一个重要研究议题。

在外部技术搜寻中,企业被置于多维的技术空间(Li et al., 2008)[40],包括地理维度(Petruzzelli, 2011)[41]、认知维度(Nooteboom et al., 2007)[42]以及时间维度等(Nerkar, 2003)[43]。在这一多维技术空间中,企业外部技术搜寻在何位置能获得最优绩效是目前外部技术搜寻相关研究的核心问题。然而，当前研究普遍关注外部技术搜寻的某一个或某两个维度，认为沿某一个维度搜寻过度或者不足都会对企业绩效产生负面作用（Katila & Ahuja, 2002；Lavie et al., 2011；Petruzzelli, 2011）[41,44,45]。比如 Nooteboom 等人（2007）[42]指出，外部技术搜寻的认知距离与创新绩效呈倒 U 形关系，当认知距离超过某一临界点后，搜寻难度增加。当然，如果企业技术搜寻过分围绕企业熟悉的领域，比如现有技术范畴或较近的地理空间，则可能导致"短视"（Myopia）以及"能力陷阱"（Competency Traps）（Fleming, 2001；Nicholls-Nixon & Woo, 2003；陈钰芬和陈劲，2009；江诗松等，2011；袁健红和龚天宇，2011；陈君达和邬爱其，2011；邬爱其和方仙成，2012；邬爱其和李生校，2012；缪根红等，2014；王建平和吴晓云，2017）[18,46-54]。也有研究从外部技术搜寻的某两个维度出发，认为企业可以获得两个维度的协同效应（Ahuja & Katila, 2001；Luger et al., 2018；芮正云和罗瑾琏，2018）[55-57]。

以上研究表明，企业在外部技术搜寻的这一多维空间中应该保持各个维度的某种恰当比例，进而获得外部技术搜寻对绩效的积极作用。这种恰当的比例关系也就是本书定义的外部技术搜寻平衡。遗憾的是，现有研究并未深入下去讨论这种平衡的形成机制，以及在外部搜寻空间的什么位置企业可以取得最佳绩效。换句话说，企业可否在某一特定或多个维度实现外部技术搜寻的某种平衡？不同维度之间是否存在最佳平衡点？最佳平衡点是否导致最佳绩效？这些问题目前还没有令人信服的答案，是我国企业在开放式创新环境下提高创新能力、提升绩效和增强核心竞争力所迫切需要解决的。

此外，尽管 March（1991）[58]之后的大量学者从组织二元性的视角深入讨论了企业探索和开发平衡的重要性及其实现方式（Gibson & Birkinshaw, 2004；He & Wong, 2004；Lavie et al., 2011；Li et al., 2012；Phene et al., 2012；Petruzzelli, 2014；Sudhir, 2016；Wang et al., 2017；潘松挺和郑亚莉，2011；周密等，2014；张振刚和余传鹏，2015）[45,59-68]，但现有组织二元性相关研究主要集中在企业内部，将这

种二元性思想拓展到企业外部,尤其是技术搜寻领域的较少。在探索-开发的分析框架下,企业可否及如何在外部技术搜寻过程中寻求平衡,技术搜寻的平衡对企业绩效有何影响仍鲜为人知。

基于上述研究背景,本书拟借鉴组织二元性研究中关于企业探索-开发活动平衡性的观点,深入研究"企业外部技术搜寻的平衡机制及其对企业绩效影响"这一科学问题,探讨在开放式创新情境下企业如何更好地搜寻、利用外部技术来提升企业绩效的理论与实践。具体研究内容分为以下两大命题。

命题一:基于探索-开发视角的企业外部技术搜寻平衡机制。

命题二:外部技术搜寻平衡机制对企业绩效的影响。

在理论层面,本书基于组织二元性、技术搜寻等研究成果,创新性地引入外部技术搜寻平衡的概念,以内向技术许可(Inward Technology Licensing)作为外部技术搜寻的具体形式,提出外部技术搜寻平衡的形成机制,揭示其对企业绩效的作用机理。通过本书的研究,可以弥补组织二元性中关于外部开发和探索活动平衡研究的不足,修正技术搜寻研究中对外部技术的外生性假设,进一步丰富和发展外部技术搜寻理论,并推动西方技术搜寻理论的本土化研究和创新。

在实践层面,本书提出外部技术搜寻平衡概念,将外部技术作为内生变量的研究范式,为外部技术搜寻模式及其对绩效的关系研究提供新的分析思路和方法指引。在实证部分,结合我国企业日趋将内向专利技术许可作为技术搜寻方式的现实展开,区分、比较创新绩效和经济绩效。研究将有助于企业在外部技术搜寻中有效地利用外部技术,结合企业实际,选择适合自己的外部技术搜寻模式,为提高我国企业的创新绩效和经济绩效提供实践指导。同时,研究结论对相关部门的政策制定具有重要的参考价值。

1.3 概念界定

由于本书在借鉴组织二元性研究中关于企业探索-开发活动平衡性观点的基础上，研究企业外部技术搜寻的平衡机制及其对企业绩效的影响，因此，本部分将对研究所涉及的主要概念进行内涵总结与界定，具体包括外部技术搜寻、组织二元性和平衡机制等。

1.3.1 外部技术搜寻

根据熊彼特（Schumpeter，1934）[69]对创新的定义"进行新的组合"，Nelson 和 Winter（1982）[70]认为，由于企业无法拥有能够完全描绘出可获得的产品的技术蓝图，因此，搜寻作为组织学习过程的一部分，能够有效帮助企业应对环境的不确定性。他们将"惯例"（Routines）和"新颖性"（Novelty）比作生物进化论中的"基因"和"变异"，认为搜寻相当于遗传机制（Genetic Mechanism）中的变异机制，即搜寻活动通过对现有资源的重组，有助于评价现有的惯例，并可能会导致对惯例的修正，甚至产生新的惯例来取代现有惯例。在组织中，搜寻能够帮助企业在充满不确定性因素的环境中尝试着去解决各种问题（Huber，1991）[71]。通常，组织会为了达到各种目的而进行不同的搜寻，如：为了寻找更好的组织设计而进行搜寻（Bruderer & Singh，1996）[72]，为了寻找最优的生产方法而进行搜寻（Jaikumar & Bohn，1992）[73]，以及为了寻找最好的实施新的创新的方法而进行搜寻（Von Hippel & Tyre，1995）[74]。随着企业对创新的重视，为了创新而进行的搜寻（Search for Innovation）越来越受到国内外学者的关注。

早在 1984 年，Winter[75]在扩展熊彼特竞争的 Nelson-Winter 模型时就分析了企业搜寻模型，并指出考虑备选的想法和技能来源对企业来说是非常有用的，对于新知识的一个重要来源分类就是企业外部环境，企业通过组织外部的内向型搜寻（Inward-looking Search）能够在更好地发挥企业自身优势的同时改进现有的流程和产品。之后虽有学者深入研究了本地搜寻（Local Search）对强化企业技术地位的作用机理（Stuart & Podolny，1996）[76]，但外部知识或技术机会在企业创新搜寻过程中能成为其与顾客、供应商和大学的良好沟通渠道（Dosi，1988）[77]同样得到了学者们的认同。

在Winter（1984）的研究成果基础上，Katila和Ahuja（2002）[44]将技术搜寻（Technology Search）定义为企业为解决技术问题而进行的新技术创造、获取和技术重新组合过程。由于任何一家企业都难以拥有创新需要的所有知识，独立完成内部技术创新（Henderson & Clark，1990；Kogut & Zander，1992）[78,79]，这使得外部技术搜寻对企业扩大知识和技术来源、提高企业创新能力、保持动态竞争力具有举足轻重的作用（Eisenhardt & Martin，2000；Montoya et al.，2007）[80,81]。在此基础上，国内学者使用创新搜寻（陈君达和邬爱其，2011；邬爱其和方仙成，2012；邬爱其和李生校，2012；李生校，2013；陈力田等，2014；唐朝永等，2014；魏江等，2015；芮正云和罗瑾琏，2016）[51-53,82-86]、知识搜寻（魏江和冯军政，2009；邬爱其和李生校，2011；袁健红和龚天宇，2011；陈钰芬和叶伟巍，2013；陈力田和许庆瑞，2014；赵立雨，2016；潘佳等，2017；于海东等，2018）[12,31,37,39,50,87-89]、技术搜寻或技术获取（宋宝香和彭纪生，2010；李艳华，2014；杨莹，2014；王元地等，2015；赵凤等，2016；陈朝月和许治，2018）[21,38,90-93]等概念开展了相关研究。

由于外部技术搜寻包括组织从其边界之外搜索、吸收和运用技术知识，并将其转化为组织内部的技术知识基础，从而提高自身创新能力的全过程。一个完整的外部技术搜寻过程包括：确定组织业务需求，制定组织技术战略规划，动员组织资源进行外部技术搜寻，对外部新技术的获取机会和潜在绩效等进行评价，获取外部技术，通过有效的组织学习将其向组织内部转移和扩散，最终将外部技术转化为组织的新技术基础和技术能力（于惊涛，2005）[94]。因此，根据研究对象与情境，结合实证数据（被许可的专利）特点，本书使用"技术搜寻"的概念，并将企业外部技术搜寻定义为：企业通过各种渠道，将组织边界之外现有的新技术以某种恰当的方式引入组织内部并加以利用，从而取得一定绩效的行为过程。

1.3.2 组织二元性

倡导组织二元性（Organizational Ambidexterity）的研究者认为，在日益复杂和动态变化的经营环境中，组织常常面临各种各样的管理悖论，如竞争与合作、效率与柔性、探索与开发、渐进式变革与激进式变革、全球性整合与本土化响应等，因此，成功的组织往往是二元性的（Ambidextrous），能够有效地追逐同时并存又彼此相异，甚至互相矛盾的目标（周俊和薛求和，2009）[95]。在众多"二元悖论"的研究中，组织学习和技术创新研究中的探索（Exploration）与开发（Exploitation）悖论是最受关注的主题（Laureiro-Martinez et al.，2015；Knight & Harvey，2015；Piao & Zajac，2016；李忆等，2010；曾德明等，2015）[96-100]。

自 March（1991）[58]首次发表关于探索和开发的文章以来，"探索"和"开发"的概念在组织分析中逐渐处于技术创新、组织设计、组织适应、组织学习、竞争优势以及组织幸存等研究领域的重要位置（McGrath，2001；Katila & Ahuja，2002；Burgelman，2002；Benner & Tushman，2003；Siggelkow & Levinthal，2003；Garcia et al.，2003；Holmqvist，2004；Lavie et al.，2010；Csaszar，2013；Eriksson，2013；Stettner & Lavie，2014；Knight & Harvey，2015；Sudhir，2016；Luger et al.，2018；凌鸿等，2010；周密等，2014；赵洁和张宸璐，2014；罗彪等，2015；范雅楠和云乐鑫，2016）[44,56,64,67,97,101-114]。根据 March（1991）[58]的定义，组织二元性是指组织为了适应环境和科技的冲击，持续不断地进行创新，兼顾探索和开发两种创新活动，关注组织对现有能力和未来能力的探索。他将探索与"搜寻、变异、风险、实验、柔

性、玩乐、发现、创新"等联系在一起,而将开发与"精炼、筛选、产能、效率、选择、执行"等联系在一起。此外,March（1996）[115]还强调,探索的本质是实验中使用新的替代品,而开发的本质则是细化现有能力、在现有技术基础上的延伸和新的范式。虽然不同研究领域的学者对探索和开发的内涵有着不同的解读,但总体来讲,探索多与有机型的结构、松散的联结系统、路径突破、自主和混乱、新兴市场和新兴技术联系在一起,而开发则多与机械式的结构、紧密联系的系统、路径深化、控制和官僚主义、稳定的市场和稳定的技术有关（Lewin et al., 1999; Brown & Eisenhardt, 1998; Ancona et al., 2001）[116-118]。

在创新领域,对于探索和开发的界定,不同学者有不同的看法。Li 等（2008）[40]选择了1996—2007年43篇重要文献,归纳了学者们对创新探索和创新开发的40种不完全相同的解释。李桦等（2011）[119]则从结构二元性、情景二元性和领导二元性三个方面对国外学者提出的二元性创新概念进行了总结。同时,围绕组织二元性的定义,学者们还存在一定的争议,主要分为两类观点:一是将组织二元性看作一种能够有效满足现有市场需求且能够适应环境变化的组织能力（Raisch & Birkinshaw, 2008）[120],甚至是一种组织层面的动态能力（O'Reilly & Tushman, 2008）[121];二是将组织二元性视作一种分析的范式并用于管理研究（Simsek et al., 2009; 刘洋等, 2011）[122,123]。随着组织二元性研究在多领域的深入,越来越多的学者倾向于认为组织二元性是一种新的研究范式（张钢和陈佳乐, 2013）[124]。

综合现有研究,本书认同 March（1991）[58]对组织二元性的界定,即组织兼顾探索和开发两种创新活动,强调组织需要在二者之间均衡分配资源,同时发展两类不同的能力。其中,探索活动与复杂搜寻、变异、风险承受有关,其目的在于不断追求新的、与现有技术不相关的知识,从而满足潜在或新兴市场需求;而开发活动则与简单搜寻、稳定、风险规避有关,其目的在于延伸现有技术、扩展现有的知识、提高现有产品的利用率,从而满足当前的市场需求（Jansen et al., 2006）[125]。

同时，本书把组织二元性视为一种新的研究范式，将其用于企业技术搜寻领域的研究。

1.3.3 平衡机制

企业在技术创新的过程中，存在技术创新领先的两难悖论。这一悖论产生于企业在追求技术创新的过程中，往往会因为专注于内部的创新活动，而忽略了对外部市场的敏感度、对外界技术的跟踪度以及对市场的反应速度（Harryson，1995）[126]。为了解决这一两难悖论，建立有效的机制，Harryson（1995）[126]根据对丰田、索尼、佳能等日本公司的案例研究，提出了从集团内外部技术源获取独特能力的对策建议。

由于企业在从内外部技术源获取独特能力的过程中，需同时兼具有效运作当前业务和适应未来变革的双重能力（Tushman & O'Reilly，1996）[127]，在此基础上，在创新研究领域，学者们提出了开发性创新和探索性创新的概念。然而，现有研究证实，过分强调开发性创新，组织无法快速适应环境变化，可能会陷入"核心刚性"（Core Rigidities），从而阻碍和抑制组织的创新（Levitt & March，1988；Leonard-Barton，1992）[128,129]。过分强调探索性创新，组织虽然可以不断更新知识库，但又会陷入"创新陷阱"（Innovation Traps），导致"次优均衡"和"路径依赖"的出现，从而使企业陷入"探索—投资—失败—再探索"的恶性循环（Volberda & Lewin，2003）[130]。因此，双元性组织的创新平衡机制能够有效平衡组织开发性创新和探索性创新的两难困境，是组织创新资源和组织结构功能相互作用的过程和重要机理（李俊华，2013）[131]。

社会学认为，人类社会的基本运行机制无外乎两种，一种是动力机制，另一种是平衡机制。所谓平衡机制，是指一个社会的各个组成要素和组成部分之间协调相互关系，保持平衡，以有序和稳定的状态运行的机理和方式（李忠杰，2007）[132]。在组织系统层面，平衡机制是组织系统具有的一种对内通过合作维持协调和对外通过创新适应环境的要素配置过程（Scott，1961）[133]，其对维持组织整体性与组织发展具有重要的作用，最终使组织能够稳定持续地发展。基于双元性组织的研究，创新平衡机制是企业在应对外部环境压力以及内部发展动力的驱使下，基于既定的组织要素和资源禀赋，寻求的一种保证创新路径与组织结构特性相匹配的组织运行系统，其最终目的在于实现组织绩效和企业战略（王耀德和李俊华，2012）[134]。

借鉴以上相关研究成果，本书在结合研究背景和目的的基础上认为，平衡是指企业在进行外部技术搜寻的过程中，在不同搜寻维度下，其创新资源在开发性创新和探索性创新两类活动之间的权衡和分配。平衡机制则被定义为：企业在进行外部技术搜寻的过程中，各个不同搜寻维度之间的开发性创新和探索性创新活动相互作用和促进的过程和机理，是包括企业外部技术搜寻平衡的规则、方式和功能等在内的动态运行机理。

1.4 研究方法与技术路线

本书是基于一定理论基础的探索性研究，为了更系统、更有效地研究创新日益全球化和创新开放环境下企业外部技术搜寻平衡机制及其对企业绩效的影响，将分别采取文献调研、模型构建、实证分析与案例调查检验、修正研究假设与理论推断相结合的方法。

在提出研究问题，明确研究目标、研究内容与研究方法的基础上，本书的具体研究方案分为构建理论模型、提出研究假设、实证检验、理论模型与假设的修正完善，以及在此基础上提出企业如何更好地发挥外部技术来提升企业绩效的基本理论框架和政策建议等五个重要阶段来完成，具体技术路线如图1-7所示。

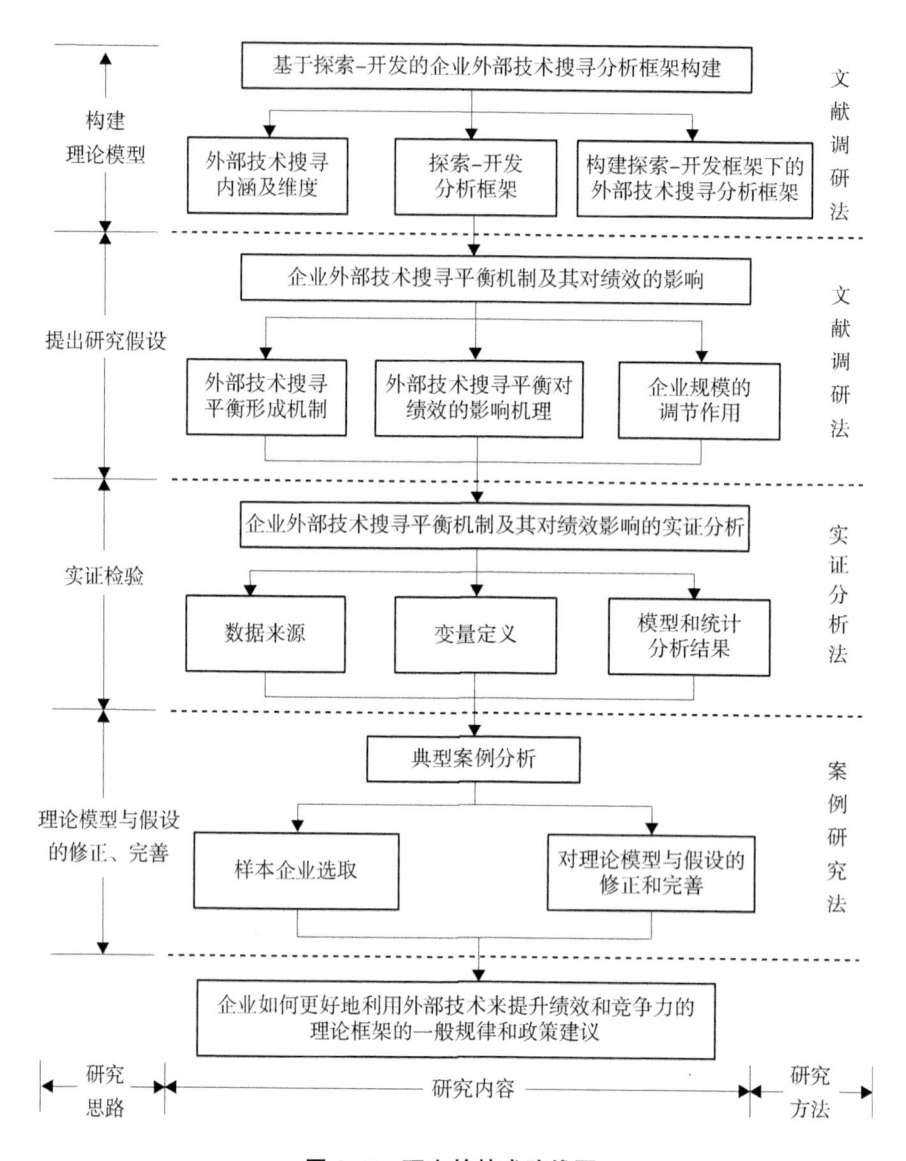

图 1-7 研究的技术路线图

1. 构建理论模型

在文献阅读的基础上，首先对本书涉及的核心概念进行界定，比如外部技术搜寻、外部技术搜寻维度、组织二元性及其探索-开发分析框架。随后，构建探索-开发分析框架下的外部技术搜寻理论模型，即定义外部技术搜寻探索-开发在时间、空间和认知上的具体含义,并从组织二元性视角提出外部技术搜寻平衡观。

2. 提出研究假设

本书的整个假设建立在资源基础理论、交易成本理论和技术创新理论基础上。假设工作的前提是假定外部技术搜寻在某个维度的搜寻、吸收难度可以通过另外维度加以调整和缓和,进而使得外部技术搜寻整体的搜寻和吸收难度保持在一个适当的区间。因此,在充分借鉴已有研究的基础上,针对外部技术搜寻的平衡机制形成、外部技术搜寻平衡对企业绩效的影响,以及企业规模对外部技术搜寻平衡-企业绩效关系的调节作用进行理论分析和提出研究假设。研究的总体假设理论框架如图1-8所示。

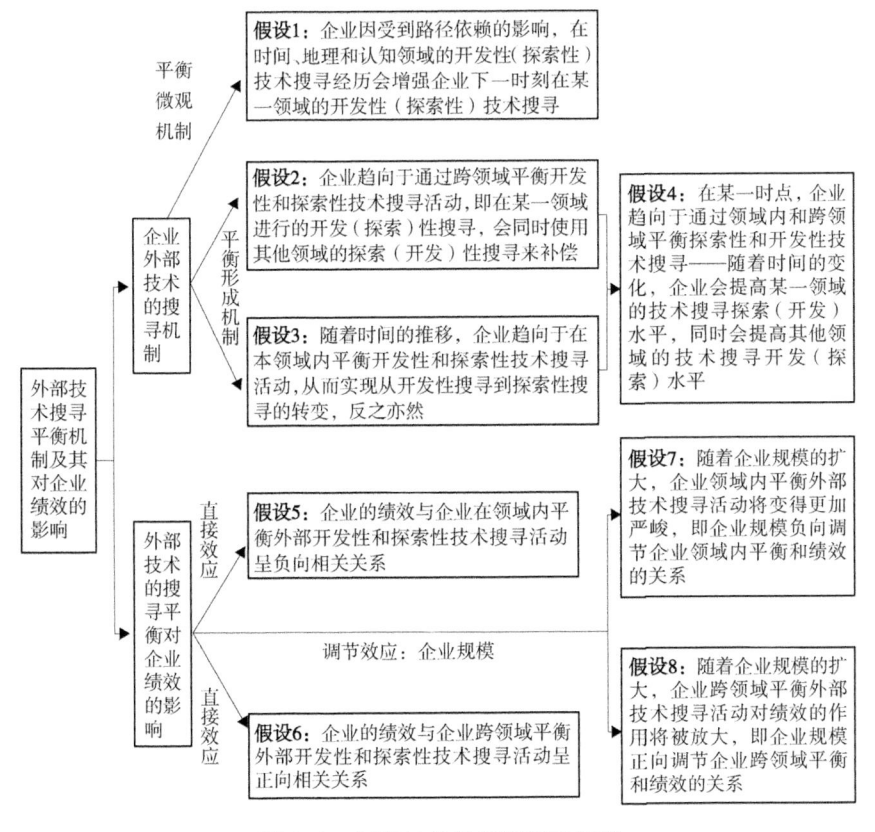

图1-8 研究的总体假设理论框架

从图 1-8 可以看出，其中，假设 1 是对企业技术搜寻形成的微观机制提出假设，认为企业的外部技术搜寻决策具有路径依赖特征；假设 2、假设 3 和假设 4 是对企业外部技术搜寻平衡机制形成提出的假设，认为企业可以通过跨领域搜寻，通过开发性和探索性搜寻的长时间切换，以及通过跨领域和跨时间维度相结合的方法避免企业在领域内实施探索和开发搜寻受组织张力的制约，进而达到平衡；假设 5、假设 6 是对企业外部技术搜寻平衡对企业绩效直接产出效应提出假设，主要观点是企业跨领域平衡优于领域内平衡；假设 7、假设 8 则是引入企业规模作为调节变量后对企业平衡性搜寻同企业绩效关系提出的假设，认为随企业规模的扩大，企业外部技术搜寻跨领域平衡的优势将进一步显现。

3. 实证分析

本书主要采用统计数据的计量分析完成对命题一和命题二的实证。有关数据来源、变量定义和统计计量说明如下。

（1）数据来源

以中国企业为研究对象，中国情境下的企业内向专利许可数据作为主要数据源，结合中国工业企业数据库、中国专利数据库、德温特专利数据库、国泰安数据库等数据来源对以上提出的假设进行实证检验。

（2）主要变量定义

借鉴 Lavie 等人（2010）[107]的工作，本书将开发和探索定义为一个连续谱上的两个点。采取连续变量的方式定义，这种定义的优势是可以考察最优平衡点的位置。一项许可技术合同的签订，也同时定义了一个企业外部技术搜寻的三维空间。具体来看，时间领域的探索性搜寻定义为被许可给中国企业的时间（年）减去许可技术首次申请专利的时间（年），取值越大越倾向于探索性搜寻；地理领域的探索性搜寻定义为受让企业和让与企业之间的地理空间距离；认知领域的探索性搜寻的定义参照 Jaffe（1986）[135]的方法进行测度，这些变量主要用于命题一。命题二涉及的其他主要变量的定义如表 1-2 所示。

表 1-2 研究涉及的主要变量说明

变量类型	变量名	定义	备注
因变量 A：创新绩效	发明专利数	受让企业接受技术后 3 年内申请的中国发明类专利总数	测度突破性创新
	外观和实用新型专利数	受让企业接受技术后 3 年内申请的中国外观和实用新型类专利总数	测度渐进性创新
因变量 B：经济绩效	净资产收益率	净利润与股东权益余额的比值	测度短期经济绩效
	托宾 Q 值	市场价值与总资产的比值	测度长期经济绩效
	营业毛利率	营业收入扣除营业成本后占营业收入的比重	测度企业盈利能力
	总资产增长率	统计期内总资产变化值与期初总资产的比值	测度企业发展能力
调节变量	企业规模	用员工数和总资产综合衡量	测度企业规模

(3) 统计分析

针对命题一，本书选择时间序列分析方法验证组织惯性的作用，并在绘制企业外部技术搜寻三维特征图的基础上，结合回归分析法，找出中国企业外部技术搜寻的平衡特征。对于命题二，本书拟采取面板数据，在方法上使用广义最小二乘法（Generalized Least Squares，GLS），在结构方程模型（Structural Equation Modeling，SEM）中采用最大似然估计（Maximum Likelihood Estimation，MLE）进行模型运算，并结合层次回归分析法检验企业规模的调节效应。

(4) 典型案例分析与理论假设模型的修正

最后，将通过典型样本企业的案例，分析检验和完善理论假设和模型。目前，样本数据库中受让方企业有 TCL、华为、海尔、比亚迪、长虹、康佳和大唐电信等可供选择。本书将按照企业的专利许可情况，选择案例分析对象，通过解释性案例研究的方法，对实证研究的结论进行分析、归纳和考察，以验证研究结果。

(5) 企业利用外部技术搜寻提升绩效的理论模型和政策建议

针对上述研究结果，并进行专家咨询，揭示外部技术搜寻的平衡机制及其对企业绩效的作用机理，归纳、提出我国企业在创新国际化和开放程度日益加深的背景下更好地应用外部技术来引导创新行为、提高创新绩效、增强核心竞争力的基本理论框架和政策建议。为企业管理者选择适合自己的外部技术搜寻平衡方式提供理论指导，为政府制定推进技术的高效转移和利用政策提供科学依据。

1.5　研究内容与框架

根据上述技术路线与研究的逻辑框架，本书共包含八个部分，总体研究框架如图 1-9 所示。

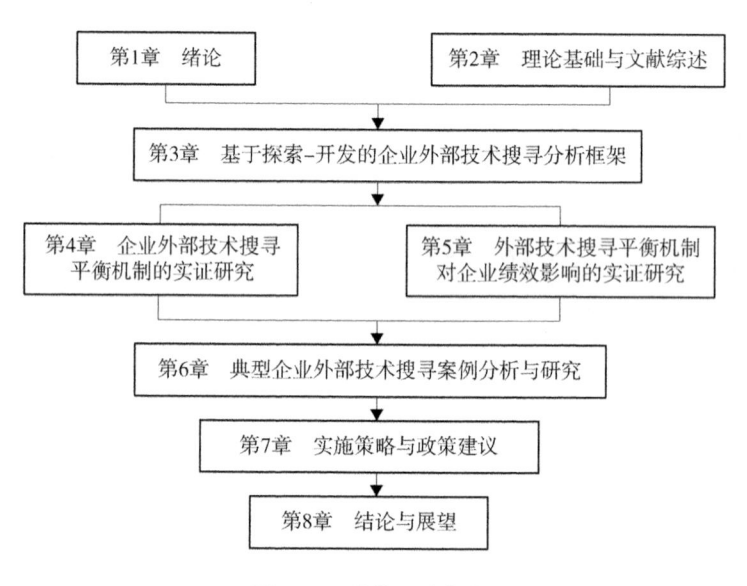

图 1-9　总体研究框架

具体研究内容安排如下：

第 1 章绪论：基于宏观因素和微观因素两大研究背景，针对性地提出本书的研究问题，系统阐述并界定相关核心概念，明确全书的研究方法、研究内容及主要技术路线等。

第 2 章理论基础与文献综述：梳理国内外企业技术搜寻及组织二元性的相关理论和文献，包括资源基础理论、交易成本理论和技术创新理论，阐述支撑企业外部技术搜寻的理论基础。同时，系统归纳国内外企业外部技术搜寻和组织二元性的相关文献，重点梳理企业外部技术搜寻动因、搜寻模式及其对企业绩效影响的相关研究进展。最后，在文献综述的基础上，总结归纳出国内外与本书内容相关的研究不足或有待进一步研究的问题，作为本书研究假设的前提与理论基础。

第 3 章基于探索-开发的企业外部技术搜寻分析框架：基于本书的理论基础和国内外研究现状，将现实情境下的中国企业外部技术搜寻划分为探索性技术搜寻和开发性技术搜寻两个维度，推导出基于探索-开发的企业外部技术搜寻分析框架，并结合平衡的协调整合、驱动和制衡等不同的层面，构建基于探索-开发视角的企业外部技术搜寻平衡机制的概念模型。

第 4 章企业外部技术搜寻平衡机制的实证研究：以中国企业为研究对象，运用中国情境下的企业内向专利许可数据作为主要数据源，以时间、距离和认知维度为切入点，定义企业外部技术搜寻的三维空间，运用 SPSS 软件进行时间序列分析，并采用 Matlab 软件绘制企业的外部技术搜寻特征图，结合 STATA 软件进行回归分析，从定量的角度探索中国企业外部技术搜寻跨领域平衡的特征并对相关研究假设进行验证。

第 5 章外部技术搜寻平衡机制对企业绩效影响的实证研究：在第 4 章研究结论的基础上，选择至少 100 家上市公司，结合中国工业企业数据库、中国专利数据库、德温特专利数据库、国泰安数据库等数据来源，采用广义最小二乘法和结构方程模型以及层次回归分析法，运用 AMOS 和 STATA 软件对面板数据进行统计分析，检验相关研究假设，验证企业外部技术搜寻的跨领域平衡对企业创新绩效和经济绩效的作用效果，以及企业规模对搜寻平衡与企业创新绩效和经济绩效关系的调节效应。

第 6 章典型企业外部技术搜寻案例分析与研究：以中国情境下进行

外部技术搜寻的企业为样本，按照专利许可情况选择典型技术受让企业，通过对企业外部技术搜寻行为的过程及特点进行分析，结合企业的创新成果、财务表现，检验和完善本书的理论假设和研究模型。

第 7 章实施策略与政策建议：结合实证研究与案例分析的结论，探讨中国情境下，企业外部技术搜寻的平衡机制及其对企业绩效的作用机理，总结归纳企业在创新国际化和开放程度日益加深的背景下，更好地应用外部技术来引导创新行为、提高创新绩效、增强核心竞争力的实施策略，并运用 Gephi 软件，绘制中国企业外部技术搜寻网络图，从国家层面和区域层面为政府推进技术知识的高效转移与利用提出建议，为相关政策的制定提供科学的依据。

第 8 章结论与展望：总结本书的主要研究内容，提出研究的主要创新点，并阐述其理论与实践启示；同时，客观分析本书的研究局限性，提出有待进一步研究的方向。

第 2 章

理论基础与文献综述

外部技术搜寻理论最早始于 Cyert 和 March（1963）[136] 提出的"搜寻"（Search）思想，20 世纪 80 年代在 Nelson 和 Winter（1982）[70] 等学者的推动下得到了进一步发展。但企业外部技术搜寻研究的真正繁荣开始于 2000 年后 Rosenkopf、Nearkar、Katila、Ahuja 和 Fleming 等人的工作。本书在企业外部技术搜寻相关理论的基础上，梳理了文献之间的逻辑关系，如图 2-1 所示，重点从创新搜寻、外部技术搜寻和组织二元性三个方面对现有文献进行了总结，即图 2-1 中黑色加粗及箭头部分的内容。

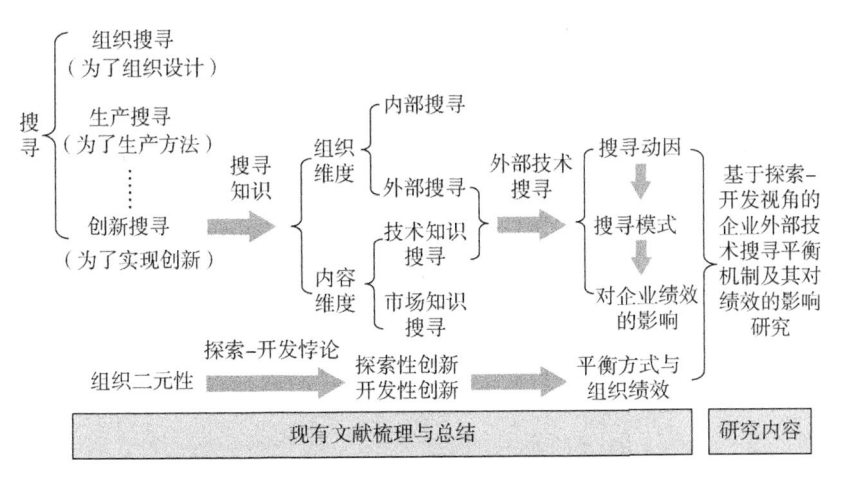

图 2-1 研究的理论基础与文献综述逻辑结构

从图2-1可以看出，在相关理论的基础上，本书首先按照搜寻目的的不同引入了创新搜寻的概念，并从组织和内容两个维度对创新搜寻（知识搜寻）的相关研究进行划分；然后围绕企业外部技术搜寻的国内外研究现状，从搜寻动因、搜寻模式及其对企业绩效的影响三方面进行文献梳理；最后简要介绍了组织二元性的相关概念，在探索-开发的视角下提出外部技术搜寻平衡的概念。

2.1 相关理论基础

2.1.1 资源基础理论

资源基础理论（Resource-Based Theory）起源较早，但直到20世纪80年代才开始逐渐引起相关学者的重视。该理论因其在企业生存和发展的一系列基础性问题上的独特见解以及对战略管理思考方向所产生的广泛而深远的影响，成为近30年来最具影响力的学术流派之一（汪菲，2007）[137]。

早在1959年，Penrose在其著作《企业成长理论》[138]中，就用经济学原理探讨了企业资源与企业成长之间的关系，认为企业成长的源泉来自自身的内部资源。但直到Wernerfelt（1984）[139]明确提出了"资源基础观念"（Resource-Based View），并将资源定义为"企业可以在较长时间内拥有的无形或有形的资产"，资源基础理论才得以形成并逐渐发展。在Wernerfelt的研究基础上，Barney（1991）[140]进一步强调，资源应该是企业拥有的，能够在战略层面为企业带来效率和效能改变的资本、信息、知识或能力，真正的资源应该具备价值性、稀缺性、难以模仿性和不可替代性等基本特征，从而为企业带来持续的竞争优势。因此，企业应该不断改造和创新其所拥有的独特资源，通过高效地管理、开发和部署，促使资源在产品市场上为企业创造更多的价值（Mahoney，1995；

Sirmon et al., 2007)[141,142]。

根据学者对企业资源的现有研究，资源基础理论又分为三大流派，分别是企业资源基础观、能力基础观和知识基础观。其中，企业资源基础观强调企业是资源的独特结合体，包括技术资源、营销资源、财务资源、生产资源和品牌商誉等（Wernerfelt，1984；Barney，1991；Peteraf，1993）[139,140,143]。能力基础观则认为企业是独特能力的结合体，包括技术能力、研发能力、管理能力和市场推广能力等，正是由于拥有独特的动态能力和核心能力，企业才能在激烈的市场竞争中获得持续的竞争优势（Prahalad & Hamel，1990；Foss，1996；Teece，2007）[144-146]。知识基础观视企业为独特知识的结合体，认为决定企业能否获得长期垄断竞争优势的关键是长期积累的独特知识，以及企业对知识的创造、管理、应用和创新（Kogut & Zander，1993；Spender，1996）[147,148]。

根据知识基础观的相关研究，知识作为企业的一种极为重要的生产性资源，可分为显性知识（Explicit Knowledge）和隐性知识（Tacit Knowledge）（Polanyi，1966）[149]，其中，隐性知识具有黏滞、不可编码以及难以模仿等特点。个体是知识的主要创造者，是隐性知识的关键储存节点，而绝大多数知识都具有范围溢出性和规模经济性，使得其模仿和应用的边际成本较低（Grant，1996）[13]。由于知识是企业技术创新的基本要素（Kogut & Zander，1993）[147]，因此，宽范围的知识整合更有利于企业产品与工艺的改进，也意味着获取更多的新知识（Smith et al.，1991；谢洪明等，2006）[150,151]。

2.1.2 交易成本理论

Coase（1937）[152]在《企业的性质》中，首次引入交易成本（Transaction Cost）来解释企业的出现，并提出，交易成本是通过价格机制完成交易的成本和企业内部组织交易的成本。前者主要指发现相关价格、交易的谈判和签约的费用等成本；后者则主要包括内部组织追加交易的成本、企业家的失误、内部资源的浪费和由于要素供给价格上升而产生的成本。因此，为了进行市场交易，有必要找出是谁希望进行交易、告诉人们交易的愿望和方式、通过讨价还价的谈判缔结契约，并督促契约条款的严格履行等（Coase，1960）[153]。

基于科斯的理论研究，交易成本理论逐渐形成。该理论认为，市场和企业是能够相互替代的两种不同交易机制，市场交易成本的存在决定了企业的存在，企业和市场的相互替代作用可以减少交易成本（刘炬，2010）[154]。由于企业内化市场交易会产生额外的管理费用，故当管理费用的增加与市场交易成本的减少相等时，企业的边界趋于稳定，不再扩张或收缩。

从交易成本的范围来看，张五常（1992）[155]扩大了交易成本的内涵，提出交易成本是包括信息成本、谈判成本、监督管理成本、制度结构变化成本、拟定和实施契约的成本、界定和控制产权的成本在内的一系列制度成本的总和。

从交易成本产生的原因来看，Williamson（1985）[156]提出，人类理性的有限性、机会主义和资产的专用性决定了企业的交易成本。由于企业经营的主要目标是追求利润的最大化，因此，企业各项经济活动总是围绕节约交易成本而展开，当通过恰当的机制设计而降低了合作双方的机会主义行为倾向时，合作的交易成本会下降，相应的合作价值则将上升（Williamson，1991）[157]。

基于交易成本理论，相关研究发现，当通过市场进行交易的交易成本过高，而建立一个等级组织的协调和控制成本又太大时，组织间的合作是一种最优的治理模式（Ring & Ven，1992；Tsang，2000）[158,159]。此外，知识的异质性越大，知识专用性的风险就越大，随之产生的市场生产和交易成本就会越高（陈伟，2011；王文华等，2017）[160,161]。

2.1.3 技术创新理论

自熊彼特于1912年在其德文著作《经济发展理论》中首次提出"创新"的概念，并使用创新理论解释经济发展问题以来，随着科技进

第2章 理论基础与文献综述

步在国家经济发展中的重要作用日趋显著，技术创新理论一直是理论研究关注的热点。目前，国内外学者分别从经济学、管理学和社会学的不同角度对技术创新理论展开了大量研究（张方华，2004）[162]。

按照熊彼特（1934）[69]的观点，创新指经济上引入某种新的事物，这股创造性破坏的力量能够引起企业技术和生产经营体系的变革，从而形成一种新的生产力。这种创新包括技术创新、市场创新和组织创新。由于熊彼特仅指出技术创新是引入到生产体系中的"新的组合"，而没有明确地严格定义技术创新，因此，为了更深入地了解技术创新的本质与特征，学者们开始尝试从管理学的角度来打开技术创新的"黑匣子"（Rosenberg，1982）[163]。

对于技术创新的内涵界定，Mueser（1985）[164]通过收集350篇与技术创新相关的文献并整理发现，约3/4的文献对技术创新概念的界定为"经过一段时间后，发展到实际成功应用的新思想和非连续性的技术活动"，故而将技术创新定义为"以其构思新颖性和成功实现为主要特征的有意义的非连续性事件"。Lynn等（1996）[165]将技术创新定义为"始于对技术的商业潜力的认识并终于将其完全转化为商品化产品的整个行为过程"。傅家骥等（1998）[166]从企业的角度提出，技术创新的主体是企业家，其目的在于获取商业利益，包括推出新产品、新的生产方法，开辟新市场，获得新的原材料或半成品供给来源，建立企业新组织的一系列综合过程。

对于技术创新的分类，学者们从不同的角度提出了多种分类方法，如通过对现有技术轨迹进行精简、改进和利用来发掘现有技术的潜在能力，并对现有技术进行累积式改造的渐进式创新和对现有技术轨迹进行破坏式改造的激进式创新（Dosi，1982）[167]；企业面临的风险和不确定性依次增加的渐进性创新、系统性创新和非连续性创新（Tushman & Nadler，1986）[168]；创造新产品和改进现有产品质量的产品创新和新投入及其组合的过程创新（Bretschger，1999）[169]等。

根据企业技术知识源的不同获取方式，技术创新的路径可分为"自主型"（组织内部自主研发）和"吸收型"（组织外部技术转移、吸收或购买）两种（陶永明，2013）[170]。其中，以研发为基础的"自主型"技术创新路径主要适用于重大突破型的技术创新，需要大量的资源投入和雄厚的研发力量支持；而以引进、消化吸收先进技术为基础的"吸收型"二次技术创新路径则适用于企业在有限资金和研发力量条件下尽快满足技术创新的需要。

2.2 创新搜寻

根据 Nelson 和 Winter（1982）[70] 的定义，创新搜寻（Innovation Search）是一个解决问题的活动。在创新搜寻中，企业在创造新产品的目标下，通过组合知识元素来解决问题。目前，在学界已形成一种共识，即企业竞争优势的确立和保持依赖于有效的内部知识开发、外部知识利用以及对知识的充分运用从而实现创新（Kogut & Zander，1992；Teece，1996；谢洪明等，2006；陈建勋等，2009）[79,151,171,172]。因此，为了创新而进行的搜寻主要表现为知识搜寻（Knowledge Search）（Fleming，2001；Fabrizio，2009；Cruz-Gonzalez et al.，2014；Ferreras-Méndez et al.，2015；Roper et al.，2017；陈君达和邬爱其，2011；袁健红和龚天宇，2011；芮正云和罗瑾琏，2016）[46,50,51,86,173-176]。由于知识分布于不同组织内外，且其类型也有较大差异，因此，根据现有研究可从组织和内容两个维度对知识搜寻进行划分。

2.2.1 基于组织维度的知识搜寻

企业边界（Enterprise Boundary）的存在使知识在组织维度上可分为企业内知识和企业外知识（Tushman，1977；Mansfield，1988；Grant，1996；Rosenkopf & Nerkar，2001）[13,27,177,178]，其中，企业内知识分为部门内知识和部门间知识（Miller et al.，2007）[179]；企业外知识分为产业内知识和产业外知识（Katila，2002）[14]。对于企业来说，搜寻组织内的知识，能够在原有知识的基础上进行创新，但组织内部的知识元素组合可能会穷尽（Katila，2002）[14]，这种"短视"的行为将导致组织的"能力陷阱"（Competency Traps）和"组织刚性"（Organization Rigidity）（Leonard，1992；Levinthal & March，1993）[129,180]，使企业逐渐失去竞争优势（Shan & Song，1997）[181]。因此，学者们将关注重点逐渐转移到企业外知识对创新的影响（Mason et al.，2004；Cassiman & Veugelers，2006；Berchicci，2013；Roper et al.，2017；陈钰芬和叶伟巍，2013；张峰和刘侠，2014；潘佳等，2017）[12,19,87,176,182-184]。已有研究表明，企业搜寻组织外的知识，虽然搜寻难度会增加（He & Wong，2004；Zhao et al.，2005）[60,185]，但能够有效地扩大组织的知识库，增加不同知识元素组合的可能性，从而有利于企业创新（Nelson & Winter，1982；Katila，2002；Cassiman & Veugelers，2006；Hwang & Lee，2010；Cruz-Gonzalez et al.，2014；Wu，2014；Roper et al.，2017；张峰和刘侠，2014；潘佳等，2017；吕佳和陈万明，2018）[12,14,15,19,70,174,176,183,186,187]。

2.2.2 基于内容维度的知识搜寻

在企业从资源和能力基础观（Resource and Capability Based Views）（Barney，1991；Conner，1991；Peteraf，1993）[140,143,188]到知识基础观（Knowledge-based View）（Grant，1996）[13]发展的过程中，知识在不断变化的环境下给企业提供了一个决策平台，被看作是企业成功的关键资源（Garcia et al.，2003；Murmann，2003；Ndofor & Levitas，2004）[105,189,190]。由于不同类型的知识为企业提供的资源能力决策依据不同，因此，在企业的新产品开发（New Product Development，NPD）过程中，从专业知识搜寻的角度，根据知识的来源和内容，可分为来自消费者和竞争者的市场知识（Market Knowledge）和来自大学和供应商的技术知识（Technological Knowledge）（Grimpe & Sofka，2009；Kim et al.，2013；Hu et al.，2013）[191-193]。其中，市场知识在以市场为导向（Market Orientation）的搜寻战略下，通过"由外向内"（Outside-in）的搜寻过程

获得，关注消费者的需求（Slater & Narver, 1998; Marinova, 2004; Zhou & Li, 2012; Åkerman, 2015）[194-197]。技术知识则在以技术为导向（Technological Orientation）的搜寻战略下，通过"由内向外"（Inside-out）的搜寻过程获得，强调提供具有新的、独特的特性和功能的产品（Zhou et al., 2005; Zhang & Baden-Fuller, 2010; Frankort et al., 2012; Lai & Weng, 2014; Hashai, 2018; 郁培丽，2007）[34,198-202]，是企业开发先进产品的关键资源（Gatignon & Xuereb, 1997; McEvily & Chakravarthy, 2002; Park & Suh, 2013; Dibiaggio et al., 2014; Chen et al., 2018; 刘岩等，2015）[203-208]。

2.3 外部技术搜寻

随着创新成功越来越注重创新的开放性，相应地，学者们也日益采用美国学者 Chesbrough（2003）[4]提出的开放式创新分析框架来研究企业的创新活动。加之技术创新已然成为这个时代进步的重要源泉，企业已不可能通过内部研发来实现所有的技术进步（Hagedoorn, 1993; Powell et al., 1996; Ettlie & Sethuraman, 2002; Cassiman & Veugelers, 2006; Wang et al., 2013; Mina et al., 2014; West & Bogers, 2014; Segarra-Ciprés & Bou-Llusar, 2018; 陈钰芬和陈劲，2009; 王文华和张卓，2017）[48,183,209-216]，因此，企业通过外部技术搜寻从而获得位于企业边界之外的先进技术，比一味致力于内部技术研发更能取得新产品开发方面的成功（Brown & Eisenhardt, 1997; Hwang & Lee, 2010; Van den Ende et al., 2015; Radicic & Pugh, 2017; Flor et al., 2018; 孟丁和唐国华，2013; 赵凤等，2016; 陈朝月和许治，2018）[16,21,93,186,217-220]。目前，企业外部技术搜寻的国内外研究主要从搜寻动因、搜寻模式及其对企业绩效的影响三方面展开。

2.3.1 外部技术搜寻动因

根据现有的文献回顾，在相同的外部条件下，不同内部特征的企业所选择的外部知识搜寻策略不尽相同；而在不同的外部条件下，具有相同或类似内部特征的企业也可能会选择不同的知识搜寻策略（Lavie et al.，2010；Ferreras-Méndez et al.，2015；Segarra-Ciprés & Bou-Llusar，2018；袁健红和龚天宇，2011；邬爱其和方仙成，2012；于海东等，2018）[50,52,89,107,175,215]。因此，企业外部技术搜寻的动因可以从企业外部和内部两方面加以区分。其中，外部动因主要包括：环境动荡程度、区域开放程度、知识产权保护体系、外部冲击、行业技术特征和市场竞争性；内部动因主要包括：企业吸收能力、企业冗余资源、企业组织结构、企业文化和组织特质、企业年龄、企业规模和企业管理特质等。各动因的内涵及其对企业外部技术搜寻的作用总结见表2-1。

表2-1 企业外部技术搜寻动因及其作用总结

搜寻动因		内涵解释	作用机理研究
外部动因	环境动荡程度	技术和市场需求变化的程度和速度	动荡的环境促进技术搜寻：技术和市场需求的变化促使企业进行产品和服务创新，从而提高外部知识搜寻的概率（Sidhu et al.，2004；Jansen et al.，2006；Hwang & Lee，2010；Guo & Wang，2014）[125,186,221,222] 动荡的环境阻碍技术搜寻：持续而剧烈的环境变化会降低外部搜寻获取的新知识的价值（Levinthal & Posen，2007）[223]
	区域开放程度	某一区域与其他区域联系的紧密程度及技术的前沿性	区域开放程度促进技术搜寻：区域开放程度越高，越有利于企业通过搜寻外部技术来弥补自身技术的不足，且搜寻成本随区域开放程度的加深而下降（赵伟和王春晖，2013；Isaksson et al.，2016）[224,225] 区域开放程度阻碍技术搜寻：区域开放程度越高，企业对高新前沿技术的需求日渐旺盛，搜寻成本增加，不利于外部技术搜寻（Mansfield，1988；Azarmi，2016）[177,226]

续表

搜寻动因		内涵解释	作用机理研究
外部动因	知识产权保护体系	外部环境对企业创新成果的保护强度	完善的知识产权保护体系促进技术搜寻：当外部知识产权保护力度不够时，企业保护其创新成果的难度增加，创新意愿减弱，故会更多地选择重复利用旧知识（Teece, 1986; Laursen & Salter, 2014; 顾振华和沈瑶, 2015）[227-229]
	外部冲击	突然发生、难以预料的，超出企业控制的环境变化	外部冲击促进技术搜寻：外部冲击导致现有累积的知识和技术过时，从而促使企业快速反应，寻找新的技术机会，以应对外部冲击（Meyer, 1982; Mina et al., 2014）[213,230]
	行业技术特征	OECD① 根据研发强度（研发经费占总产值、销售收入或工业增加值的比例）区分的行业技术特征	高技术行业（总研发强度高于7%②）倾向外部技术知识搜寻，中低技术行业（总研发强度低于5%）倾向于外部市场知识的搜寻（Grimpe & Sofka, 2009; Isaksson et al., 2016）[191,225]
	市场竞争性	市场中竞争者的数量	高市场竞争强度促进技术搜寻：市场竞争强度的增加会给企业带来威胁，迫使其通过创新提高市场竞争力，从而促使企业进行外部知识搜寻（Levinthal & March, 1993; Sidhu et al., 2004; Jansen et al., 2006; Hagedoorn et al., 2018; 刘志阳等, 2017）[125,180,221,231,232]
内部动因	企业吸收能力	企业识别、评价、消化和应用外部新知识的能力（Cohen & Levinthal, 1990）[233]	吸收能力强的企业更偏好进行知识搜寻：企业的吸收能力不仅能够增强企业与外部环境之间的互动，还能通过外部知识搜寻进一步提高企业的学习能力，形成良性循环。但不同程度的吸收能力导致企业进行外部知识搜寻的范围和深度有很大区别（Rothaermel & Alexandre, 2009; Swift, 2016; 陈效林等, 2010; 洪茹燕, 2012; 潘宏亮, 2013; 陈光华等, 2014; 康青松, 2015; 罗顺均, 2015; 李瑜等, 2017）[234-242]
	企业冗余资源	企业可获得的但并非企业日常生产经营活动所必需的一种资源（Nohria & Gulati, 1996）[243]	冗余资源的存在促进技术搜寻：冗余资源通过帮助企业抵御失败的风险，从而促进企业进行外部知识搜寻（Levinthal & March, 1993; Sidhu et al., 2004; 王娜和衣长军, 2016; 唐朝永和陈万明, 2018）[180,221,244,245] 冗余资源的存在阻碍技术搜寻：企业倾向于消耗冗余资源来实现绩效目标，从而降低外部知识搜寻的概率（Bourgeois, 1981; 李剑力, 2009; 李远东, 2016）[246-248]

续表

搜寻动因		内涵解释	作用机理研究
内部动因	企业组织结构	根据复杂性程度、权力集中程度和企业规章制度的正规化程度区分的组织结构特征（Burns & Wholey, 1993）[249]	机械式组织结构（复杂性程度较低、权力集中程度和正规化程度较高，企业处在相对稳定的状态中）更强调利用现有的旧知识；而有机式组织结构（复杂性程度较高、权力集中程度和正规化程度较低，企业处在不稳定的环境中）则更注重通过外部搜寻探索新知识（Jansen et al., 2006；张钢和许庆瑞, 1996）[125,250]
	企业文化和组织特质	企业组织特质通过企业文化影响企业的知识搜寻活动，根据企业与外界环境的沟通程度划分不同类型的企业文化（O'Reilly & Chatman, 1996）[251]	具有开放式文化的企业注重与外界的交流和接触，通过鼓励员工进行创新，从而促进企业的外部知识搜寻（Sidhu et al., 2004）[221] 具有封闭式文化的企业文化契合度较高，对外界环境变化的反应速度慢，且来自外部的知识容易使员工产生抵触行为，故企业往往局限于利用旧知识，缺乏外部知识搜寻的动力（Andriopoulos & Lewis, 2009）[252]
	企业年龄	根据企业所处生命周期阶段划分的企业特征	处于成长期的企业由于缺乏顾客基础，需要通过新产品和服务来吸引顾客，因此，会广泛地进行外部知识搜寻（Stinchcombe, 1965；Chiang & Hung, 2010；余谦等, 2018）[253-255] 处于成熟期的企业因其产品和服务已形成固定的顾客群，有一定的市场份额，故更倾向于利用旧知识，以避免外部知识搜寻所带来的不必要的风险（Benner, 2007）[256]
	企业规模	根据企业规模划分的企业特征	随着规模的扩大，企业的惰性会逐渐提高，更倾向于沿着原有的技术轨迹来提高生产率，技术创新意愿降低，故会减少外部知识搜寻的频率（Rothaermel & Deeds, 2004；于长宏和原毅军, 2017）[257,258] 大型企业拥有更多可以利用的冗余资源，从而有利于企业进行外部知识搜寻（Levinthal & March, 1993；Parida et al., 2016）[180,259]
	企业管理特质	管理者的风险偏好和管理经验	管理者的风险偏好会影响企业的知识搜寻：风险厌恶型管理者倾向于搜寻与企业原有知识基础类似的知识，搜寻结果较为确定，可在短期内为企业带来稳定的回报；风险偏好型管理者则倾向于远程知识搜寻，因为这样有利于突破性创新，从而为企业带来丰厚的长期回报（Lewin et al., 1999；汪丽等, 2012）[116,260]

续表

搜寻动因		内涵解释	作用机理研究
内部动因	企业管理特质	管理者的风险偏好和管理经验	管理经验也会影响企业的知识搜寻：过去的搜寻经验，特别是成功的搜寻经验，会促进企业继续搜寻同类知识（Lavie & Rosenkopf, 2006）[261]

注：
① OECD：Organization for Economic Co-operation and Development，经济合作与发展组织。
② ISIC REV. 3 Technology Intensity Definition：https：//www.oecd.org/sti/ind/48350231.pdf.

2.3.2 外部技术搜寻模式

外部技术搜寻模式刻画了企业获取外部技术的手段、战略和渠道等。由于外部技术搜寻模式会对企业的创新绩效产生重要的影响（Grimpe & Sofka, 2009；Chiang & Hung, 2010；Ferreras-Méndez et al., 2015；Roper et al., 2017；朱桂龙和李汝航，2008；魏江和冯军政，2009；李柏洲和周森，2012；杨学军和杨帆，2013；罗顺均，2015）[37,175,176,191,241,254,262-264]，因此，企业应通过外部技术搜寻模式的确立来明确其创新的外部技术知识来源（Laursen & Salter, 2004；于惊涛，2005；陈朝月和许治，2018）[21,94,265]。国内外现有针对外部技术搜寻模式的研究因侧重点差异而有所不同，主要包括搜寻方式、搜寻特征和搜寻维度。

1. 外部技术搜寻方式

由于企业创新的外部技术知识来源包括了竞争对手、供应商、客户、大学、研究机构、专业会议（研讨会和展示会等）和专业期刊等，因此，企业可通过各种不同的渠道来获取商业化的技术，这些渠道包括：研究型大学和政府实验室开展的基础型和应用型研发、来自供应商或客户的沿着纵向价值链环节的知识外溢、来自竞争对手的横向知识外溢、横向或纵向的联盟（Alliances）、收购以技术为基础的公司，以及其他各种正式或非正式的知识来源，如会议、期刊出版物和专利等（Cloodt et al., 2006；Rothaermel & Alexandre, 2009；Makri et al.,

2010；Stettner & Lavie，2014；McCann et al.，2016；Hagedoorn et al.，2018）[110,231,234,266-268]。在这些外部技术知识搜寻的渠道中，客户、供应商、竞争对手和大学是企业进行外部技术搜寻的主要来源（Von Hippel，1988）[269]，会对企业的创新绩效产生显著的影响（Katila，2002；Katila & Ahuja，2002；Laursen & Salter，2006；王向阳等，2011；潘宏亮，2013；潘佳等，2017；郑浩，2018）[12,14,20,44,238,270,271]。从行业类型来看，中低技术行业企业的搜寻方式主要以竞争对手和客户为焦点，而中高技术行业企业的搜寻方式主要以大学和供应商为焦点（Grimpe & Sofka，2009；Isaksson et al.，2016）[191,225]。

在此基础上，Kang等（2009）[272]通过对韩国制造行业的企业进行实证研究，总结了三种企业外部技术搜寻的方式，即基于非正式关系的信息转移、研发合作和技术获取，并对这三种方式的特点进行了比较，如表2-2所示。Sofka等（2010）[273]则提出科研驱动型、市场驱动型和供应驱动型三种不同的外部技术搜寻方式。

表2-2 企业外部技术搜寻方式的特点比较

特点	基于非正式关系的信息转移	研发合作	技术获取
正式协议	无	无	有
组织间的互动	无	强，且持久	强，但短暂
关系强度	弱	强	弱
优势	成本较低	能够有效地转移技术分担风险	能够快速获得适用的技术
劣势	技术的价值相对较小	协调成本较高	有商业化失败的风险

2. 外部技术搜寻特征

在企业进行外部技术搜寻的过程中，一些学者根据技术搜寻的特征，主张用搜寻宽度（Search Breadth）和搜寻深度（Search Depth）来描述企业利用外部技术知识的程度（Katila & Ahuja，2002；Ahuja & Katila，2004；Chen et al.，2011；Ferreras-Méndez et al.，2015；熊伟

等,2011;邬爱其和李生校,2012;王元地等,2015)[3,44,53,92,175,274,275],其中,搜寻宽度被定义为外部技术知识来源的多样性,而搜寻深度指企业对外部技术知识来源的利用程度(Laursen & Salter, 2006)[270]。因此,根据搜寻的目标技术和企业自身技术的相似程度,企业外部技术搜寻模式可划分为路径创造搜寻(Path Creating Search)和路径深化搜寻(Path Deepening Search)两种方式。前者指搜寻的目标技术新于企业自身技术,目的是拓展企业的技术面,因此也被称为广度搜寻(Scope Search);后者则围绕企业自身技术进行互补性技术搜寻,以便更好地利用企业的现有技术,相应地被称为深度搜寻(Deep Search)(Keupp & Gassmann, 2009;Chiang & Hung, 2010;Chandrasekaran et al., 2012;Wang, 2015;Yang et al., 2017;缪根红等,2014)[18,254,276-279]。

在此基础上,Laursen 和 Salter(2004)[265]以英国2655家制造业企业为样本对象进行实证研究发现,企业外部技术搜寻战略的开放性越高,就越倾向于利用大学知识进行深度搜寻。Grimpe 等(2009)[280]对德国2500家企业的研究表明,外部技术的搜寻广度和深度有利于新创企业进入国际市场。Chiang 和 Hung(2010)[254]基于对我国台湾184家电子生产制造企业的调查数据研究发现,外部技术搜寻的宽度能够有效提高创新性企业激进式创新的绩效,而外部技术搜寻的广度能够有效提高创新性企业渐进式创新的绩效。Shengce 等(2015)[281]基于新兴市场上176家中小型企业搜寻行为的调查研究发现,在供应链上游或下游进行广度搜寻能够提高企业的研发能力和创新绩效。王雷和姚洪心(2014)[282]研究认为,中国的集群企业应该根据全球价值链的嵌入阶段选择适宜的外部技术知识搜寻策略,当全球价值链嵌入较浅时,应通过宽度搜寻来获取多样化的信息与异质信息,从而改善和提升自主创新绩效;当全球价值链嵌入程度较深时,则应通过深度搜寻促进关键性和复杂知识的转移,从而改进和提升企业模仿创新的绩效。张峰和刘侠(2014)[19]针对已有研究对中国企业实证检验的缺失,从企业外部市场环境和内部创新政策两个层面探讨了外部技术搜寻宽度和深度的作用边界和作用机理。研究发现,外部技术搜寻宽度和搜寻深度显著地线性影响企业创新绩效,不存在过度搜寻的问题;外部技术搜寻与市场环境(如市场竞争强度和动荡性)的匹配显著地影响企业创新绩效;在竞争激烈的市场环境中,加强搜寻宽度更有效,而在顾客需求和产品技术频繁变化的市场环境中,加强搜寻深度则更有效;企业外部技术搜寻与创新策略的匹配显著地影响企业创新绩效,搜寻深度与开发式创新交互正向影响企业创新绩效。金昕和陈松(2015)[283]基于214家中国知识密集型服务企业问卷调查数据的实证研究发现,提高知识来源的深度和广度均有利于提升企业的探索式创新绩效。杨慧军和杨建君(2016)[284]的实证研究表明,搜寻宽度与企业的探索式创新绩效正相关,与企业的应用式创新绩效呈倒U形关系,而搜寻深度与企业的应用式创新绩效正相关。肖丁丁和朱桂龙(2016)[285]的研究发现,拓展搜寻广度对企业的探索和开发能力均有显著的正向影响,而提升搜寻深度仅对企业的开发能力存在显著的正向影响。芮正云等(2017)[286]基于外部搜寻双元性的实证研究发现,从单一性看,搜寻深度对新创企业的创新绩效影响呈倒U形,而搜寻广度对新创企业的创新绩效影响为正向线性作用;从双元性看,搜寻深度与搜寻广度之间存在一定的替代效应,二者的平衡有利于促进新创企业的创新绩效。王婷和杨建君(2018)[287]基于264家制造企业的问卷调研数据,实证发现搜寻宽度在技巧交流对企业新产品创造力、探索和应用学习的影响过程中发挥显著的调节作用,搜寻深度则在技术转移与企业新产品创造力和探索学习关系间发挥正向的调节作用。

3. 外部技术搜寻维度

根据Li等(2008)[40]对1991—2007年发表的43篇关于企业外部技术搜寻重要文献的梳理发现,学者关于外部技术搜寻的分类主要围绕两个方向展开:第一,根据技术搜寻所处价值链的不同功能进行区分,如科学、技术和市场相关知识搜寻;第二,在某一具体功能环节,企业可以沿着认知(Cognitive)、时间(Temporal)和地理(Spatial)维度,在每一个独立的维度,根据所要搜寻知识和企业自身知识基的距离,又可以区分为近程搜寻(Local Search)和远程搜寻(Distant Search),即开发(Exploitation)和探索(Exploration),如图2-2所示。这种分类方法较系统地概括和定义了外部技术搜寻空间及其模式,得到了国内外学者的认同(Aspara et al.,2011;Wang & Zhou,2013;Mueller et al.,2013;Podmetina et al.,2018;熊伟等,2011;张明志和李敏,2011;邬爱其和方仙成,2012;王元地等,2015)[3,52,92,288-292]。

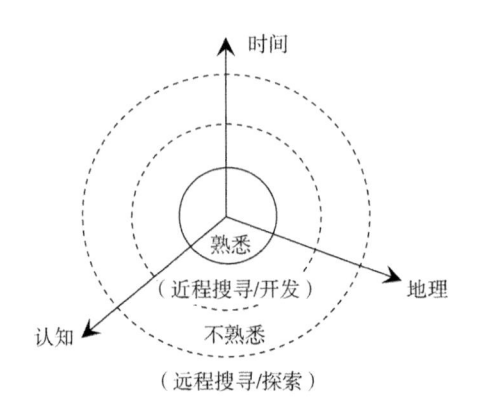

图2-2 企业外部技术搜寻维度

(1) 时间(Temporal)

时间维度测量的是企业进行外部技术搜寻时所引用的相关技术知识的时限,即技术知识的新旧(Katila,2002;Nerkar,2003;Capaldo et al.,2017)[14,43,293]。目前,在创新搜寻的相关研究中,有不少学者围绕时间维度开展相关研究,探讨企业在进行外部技术搜寻时,技术知识的新旧对企业创新绩效的影响。一些研究认为,企业应该搜寻最新的技术知识,因为企业搜寻新的技术可以从增强组织与环境的匹配、形成涉足新领域的能力、降低搜寻成本三个方面提高企业创新绩效,从而提高其创新水平(Eisenhardt,1989;Miller,2002)[294,295];而另一些研究却认为,企业应该搜寻旧的技术知识,因为旧的技术可以从增加可信度(March et al.,1991;Hutchinson,1993)[296,297]、降低报复风险(Smith et al., 1991）[150]、构建独特性（Barney，1991）[140]三个方面帮助提升企业创新绩效，特别是那些对旧技术开发能力较强的企业（Garud & Nayyar，1994；Simons，2006）[298,299]。

针对以上冲突性的观点，有学者从新旧知识的平衡利用方面对企业的外部技术搜寻进行了研究，如 Rivette 和 Kline（2000）[300]的研究发现，企业在进行外部技术搜寻时，同时利用新知识和旧知识有利于企业的产品创新和工艺创新。Nerkar（2003）[43]从探索和开发的视角区分了企业在进行外部技术搜寻时知识的两个方面，其中，时间探索（Temporal Exploration）指企业使用分布在过去不同时刻上的旧知识的程度，时间开发（Temporal Exploitation）指企业使用新知识的程度。通过对制药行业 33 家企业 11 年间 15345 条专利引用情况的实证研究发现，在知识组合中，使用新知识的程度越高，对企业知识创造的影响作用越大；而使用旧知识的程度与企业知识创造之间呈倒 U 形关系；当企业同时使用新知识和旧知识时，对知识创造有积极的影响，如图 2-3 所示。

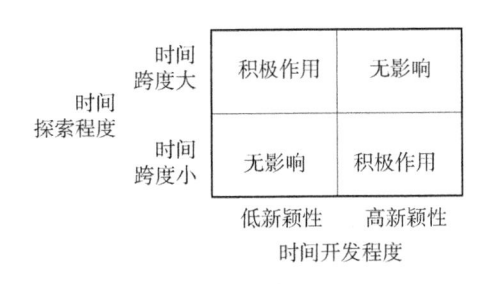

	低新颖性	高新颖性
时间跨度大	积极作用	无影响
时间跨度小	无影响	积极作用

（纵轴：时间探索程度；横轴：时间开发程度）

图 2-3　新旧知识搜寻对企业知识创造的影响

同样，Heeley 和 Jacobson（2008）[301]按照知识的新旧将企业的技术输入分为前沿技术输入（Nascent Technological Inputs）、较新颖的技术分布输入（Inputs in the Mid-range of the Technological Recency Distribution）和成熟技术输入（Mature Technological Inputs）后，通过研究发现，使用较新颖技术的企业趋向于获得最高的市场回报，而使用前沿技术或成熟技术的企业的回报则明显低于市场平均水平。

（2）地理（Geographical）

地理维度又称空间维度，测量的是企业进行外部技术搜寻时所跨越的自然空间（Physical Space），即地理距离。根据研究的需要，地理维度可以按省市县等划分区际边界，也可以按照国家划分国际边界（邬爱其和方仙成，2012）[52]。国外关于企业外部技术搜寻空间维度的研究大多以全球化为背景，按国家边界将创新搜寻分为国内搜寻和国外搜寻两大类（Ahuja & Katila，2004；Wu & Wu，2014）[274,302]。国内针对空间维度的研究则主要按照省市县等区域边界划分区域内和区域外（郑华良，2012；王庆喜等，2013）[303,304]。近年来，有学者基于某地的经纬度测算两地之间的球面距离，用于衡量企业外部技术所在地与企业所在地之间的地理距离（刘志迎和单洁含，2013；王元地等，2015）[92,305]，这种测量方式在相关研究中越来越常见，因为连续变量能更好地衡量企业在地理维度上外部技术搜寻活动的变化（Ardito et al.，2018；Asakawa et al.，2018）[306,307]。

这一维度之所以会引起众多学者的关注，主要有以下几方面原因：第一，某个区域内可供使用的公共资源与该区域的集聚经济状况（Agglomeration Economies）相关（Saxenian，1994）[308]，即企业会因为地理位置的邻近而相互获益，同时，基于地理邻近的集群也能以相同的方式产生创新集群效应（郑成华等，2017；李宇和张晨，2018）[309,310]；第二，由于"知识"相较于"信息"来说更为"隐性"（Tacit），特别是黏滞知识（Sticky Knowledge）（Von Hippel，1994；Szulanski，1996）[311,312]，因此，知识在一个组织有足够的互动和共享的实践的较小地理范围内传播的可能性会更大（Asheim & Isaksen，2002；Paruchuri & Awate，2017）[313,314]；第三，地理维度通常与体制和文化维度紧密相关（Knoben & Oerlemans，2006）[315]，特别是不同国家的文化、风俗和规章制度各不相同，在企业技术研发方面也表现出特殊性和不同的模式（Le Bas & Sierra，2002；蒋石梅等，2012；张绍丽和于金龙，2016；李琳和郭立宏，2018）[316-319]，导致企业学习的难度增加。

地理空间的远近对企业创新的作用总结见表 2-3。

表 2-3 地理空间的远近对企业创新的作用总结

	积极作用	消极作用
较近的地理距离	地理的邻近通过降低交通费用和交易成本，加强本地关系网络，提高知识交换的频率和效率，有助于企业获取相关技术知识，从而有利于企业创新（Ganesan et al.，2005；韩宝龙等，2010；李琳和杨田，2011；李琳和熊雪梅，2012；赵炎等，2016）[320-324]	过度搜寻本地技术知识会使企业陷入"冗余危险"，从而不利于创新（Boschma et al.，2009）[325]
较远的地理距离	企业搜寻来自较远地理空间的技术知识，这些技术知识由于制度、文化等因素的差异而具有浓厚的空间特色和新颖性，能产生新的组合方式，有助于企业创新（Phene et al.，2006；Petruzzelli，2011）[41,326]	非本地的知识加大了企业对这些新技术的获取、吸收和整合的难度（Rallet & Torre，1999，Miller et al.，2007）[179,327]

针对外部技术搜寻地理维度对企业创新的复杂影响，Ahuja 和 Katila（2004）[274]通过研究总部在美国的化学行业跨国公司的跨国技术搜寻后发现，企业跨国技术搜寻与创新绩效之间呈倒 U 形关系，即企业的创新产出随着跨国技术搜寻程度的加大而增加，但到达一定的峰值后创新产出随着跨国技术搜寻程度的加大而减少。因此，企业应尽可能地进行跨国技术搜寻，但应该保持在一定的范围内，以防失去控制。Sidhu 等（2007）[328]通过研究环境动态性对企业外部技术搜寻地理维度与企业创新之间的关系发现，在动态环境下，远距离的搜寻比近距离的搜寻更有助于企业在竞争中获得优势；而在稳定的环境下，近距离的搜寻也能使企业获得有价值的新技术知识，因此，在任何环境动态性下，远距离的技术搜寻对企业创新都有积极影响。Nicholas（2009）[329]利用发明者和企业研发实验室所在地的历史数据验证了美国创新组织中地理维度对企业技术知识获取的影响，通过实证研究发现，发明者和企业研发实验室之间更近的地理距离对技术知识的传播有很强的积极作用，特别是那些来自大城市的发明者，他们会因为较远的地理距离而与企业研发实验室隔离。郑华良（2012）[303]以 115 家浙江省集群企业为样本的

实证研究结果表明，本地搜寻宽度和本地搜寻深度对集群企业创新绩效的影响呈倒 U 形关系；在吸收能力的调节作用下，非本地搜寻的宽度和深度对集群企业的创新绩效起正向的影响作用。王庆喜（2013）[330]利用我国 31 个省级行政区中 5 个高技术产业 1995—2010 年的创新投入与产出数据，考察了地理邻近及其与技术邻近对我国高技术产业的省际知识溢出效应的影响。研究发现，我国高技术产业具有明显的省域知识溢出效应，地理邻近省级行政区的研发活动显著地提高了本地区的创新产出水平，但在知识溢出过程中，技术邻近的作用比地理邻近更大。应洪斌（2015）[331]通过对我国长三角地区制造业企业的实证研究发现，企业与其合作伙伴之间的地理邻近性与知识搜索效果之间存在倒 U 形关系，并受到结构洞的调节。地理邻近性对企业知识搜索的负向效应在结构洞较多的情况下更明显，而地理邻近性对企业知识搜索的正向效应在结构洞较少的情况下更为明显。高兴和翟柯宇（2018）[332]以中国 1992—2009 年的 1331 个新能源发明专利为研究对象，基于专利引证信息发现，发明专利引证（知识获取的一种表现）的地理邻近会随着时间变化而增大。

（3）认知（Cognitive）

认知维度测量的是企业进行外部技术搜寻时所搜寻到的新知识与企业现有知识基之间在认知距离方面的熟悉（相似）程度，关系到技术知识内容的可持续性问题。比如，一家专业的电子技术企业从制药行业搜寻并获取技术即是探索，而在电子行业内部搜寻新技术即是开发。在目前有关技术创新的文献中，有很多学者都关注了这一维度（Argyres，1996；Ahuja & Lampert，2001；Rosenkopf & Nerkar，2001；Benner & Tushman，2002；Katila & Ahuja，2002；Nerkar，2003；Dowell & Swaminathan，2006；Wu & Shanley，2009；Leiponen & Helfat，2010；周飞和孙锐，2016；殷俊杰和邵云飞，2017）[27,43,44,333-340]。

在认知维度方面，相关研究主要从技术相似性和技术来源的协同性两方面展开。研究发现，企业搜寻相似技术知识的好处在于节省搜寻成本，更容易识别有价值的技术知识，且这些技术知识更容易被管理（Rosenkopf & Almeida，2003）[341]；当然，如果企业的搜寻过分围绕企业熟悉的技术领域，则可能导致"短视"（Eric，2002；Levinthal & Posen，2007）[223,342]。非相似技术对企业来说是新颖的，为突破性创新提供了基础（Cohen & Levinthal，1990；Ahuja & Lampert，2001）[233,334]；但由于非相似技术与企业现有技术间缺乏一个共同的技术基础，获取和利用这些非相似技术的知识存在较大困难，且过度搜寻非相似技术存在信息超载等情况，从而会对企业创新产生负面影响（Rosenkopf & Nerkar，2001）[27]。故企业外部技术搜寻的认知距离与创新绩效之间呈倒 U 形关系（Phene et al.，2006；Nooteboom et al.，2007；Rothaermel & Alexandre，2009；Petruzzelli，2011）[41,42,234,326]。

此外，也有学者基于企业的不同类型研究外部技术搜寻认知维度的特征，如 Grimpe 和 Sofka（2009）[191]通过对 13 个欧洲国家的 4500 家公司进行实证研究发现，中低技术行业公司的搜寻模式主要关注市场技术（竞争企业的技术），而中高技术行业公司的搜寻模式主要关注科研技术（大学和科研机构的技术）。Grimpe 等（2009）[280]认为，进入国际市场的新创企业，其外部技术搜寻模式会从宽泛的非相似性技术知识搜寻转向有目标的、专业的和相似的技术知识搜寻。Du 等（2014）[343]研究发现，对于采用正式的项目管理式过程的企业来说，市场技术知识（来自基于市场的伙伴）与企业绩效之间存在显著的正相关关系，而对于采用松散式管理方式的企业来说，科研技术知识（来自基于科学研究的伙伴）与企业产出之间存在显著的正相关关系。

由于企业在进行外部技术搜寻时，往往会同时从多个维度展开，因此，现有研究也有基于以上三个维度中的某两个维度，对企业外部技术搜寻活动进行界定。如 Rosenkopf 和 Nerkar（2001）[27]从空间和认知两个维度考察了企业外部技术搜寻活动对光盘行业后续技术演化结果的影响，对专利引用数据的实证分析显示，仅跨越空间边界的外部技术搜寻对光盘行业内后续技术演化有显著的影响，而同时跨越空间边界和认知

（技术）边界的外部技术搜寻则对光盘行业外后续技术发展有非常显著的影响。Katila（2002）[14]研究发现，旧的行业内外部技术知识抑制企业创新，而旧的行业外技术知识促进企业创新。Katila 和 Ahuja（2002）[44]进一步通过调查131家机器人制造企业发现，在行业内搜寻年龄较长的旧技术会损害企业的创新，但是在行业外搜寻年龄较长的旧技术则能够促进企业的创新。Phene 等（2006）[326]利用美国生物行业的专利数据从地理维度和认知维度对企业外部技术搜寻结果进行实证研究后发现，来自本国但认知（技术）距离较远的外部技术知识与企业突破性创新之间呈曲线关系，来自国外但认知（技术）距离较近的外部技术知识对企业的突破性创新有积极的影响；但来自国外且认知（技术）距离较远的外部技术知识对企业的突破性创新没有显著影响。李琳和杨田（2011）[322]选取我国6大汽车产业集群的12家典型汽车生产集团进行实证检验，发现地理邻近与纵向组织邻近对产业集群创新绩效的影响呈替代关系，地理邻近与横向组织邻近对产业集群创新绩效的影响呈互补关系。李生校（2013）[82]研究发现，本地以往知识广度搜寻、本地现在知识广度搜寻、全球以往知识广度搜寻和全球现在知识广度搜寻，以及本地以往知识深度搜寻、本地现在知识深度搜寻、全球以往知识深度搜寻和全球现在知识深度搜寻，均与新创企业创新绩效之间存在倒 U 形相关关系。同时涉及以上三个维度的研究成果还鲜见发表。

2.3.3　外部技术搜寻模式对企业创新绩效的影响

自 Levinthal 和 March（1993）[180]提出企业学习短视（Learning Myopia）的表现以来，很多研究考察了企业外部技术搜寻对企业创新绩效的影响，并强调了外部技术搜寻对企业创新绩效的积极作用（Katila & Ahuja, 2002; Nerkar, 2003; Phene et al., 2006; Rothaermel & Alexandre, 2009; Leiponen & Helfat, 2010; Phelps, 2010; Hwang & Lee, 2010; Phene et al., 2012; Wang et al., 2013; Wu, 2014; Nosella, 2014; Wang et al., 2014; Ferreras-Méndez et al., 2015; Radicic & Pugh, 2017; 钟竞

等，2008；王立军等，2011；王元地等，2011；郑华良，2012；张峰和刘侠，2014；缪根红等，2014；吴航和陈劲，2015；杨慧军和杨建君，2016；郑浩，2018）[15,16,18-20,36,43,44,62,175,186,234,284,303,326,338,344-350]。不过他们中部分学者也同时指出，这种作用通常会呈现倒 U 形关系，即企业技术搜寻无论沿某一维度或某两个维度展开，当达到某一临界点后，外部技术的正面作用减少甚至出现负面影响。例如，有研究认为企业搜寻新知识可以增强企业与环境匹配性，进而培养创新能力。但同时也有研究认为新知识阻碍创新，旧知识能够增强创新。因为旧知识在增强可信度、降低报复风险和构建独特性等方面可以帮助提升创新绩效（Katila & Ahuja，2002；邬爱其和方仙成，2012）[44,52]。由此推断，企业外部技术搜寻存在平衡机制，某一个或多个维度的过度搜寻均可能导致技术机会衰竭或者企业整合难度加大。

由于不同学者对企业创新绩效的关注点不同，因此，现有对于外部技术搜寻模式对企业创新绩效影响的研究总结见表 2-4。

表 2-4 外部技术搜寻模式对企业创新绩效影响的研究总结

企业创新绩效的衡量	主要研究者
技术创新（Technological Innovations）（包括产品创新和过程创新）：如新产品推出频率、更快地把新产品引入市场、开发质量更好的新产品、更善于利用新产品进入市场、企业的工艺创新或生产流程更快、能开发出更有效率的工艺技术或流程、产品的合格率和产品质量更高、能够在更短的时间内调整产量等	Leiponen & Helfat（2010）[338]；陈建勋等（2009）[172]；郑华良（2012）[303]；陈钰芬和叶伟巍（2013）[87]；Wu（2014）[15]；Ferreras-Méndez et al.（2015）[175]；张峰和刘侠（2014）[19]；缪根红等（2014）[18]；吴航和陈劲（2015）[350]；杨慧军和杨建君（2016）[284]；郑浩（2018）[20]
新知识的创造（专利的申请/引用）：在特定时间间隔之后申请的对早期专利引用的专利数量，或申请专利的引用情况	Nerkar（2003）[43]；Dushnitsky & Lenox（2005）[351]；Vrande et al.（2011）[352]；Phene et al.（2012）[62]；Wang et al.（2013）[345]；Shengce et al.（2015）[281]；王元地等（2011）[349]；魏江等（2015）[85]
新产品的数量：某一个或多个设计特征与企业原有产品不同的新产品数量	Martin & Mitchell（1998）[353]；Katila & Ahuja（2002）[44]；陈钰芬和叶伟巍（2013）[87]；张峰和刘侠（2014）[19]；魏江等（2015）[85]

续表

企业创新绩效的衡量	主要研究者
新产品带来的销售收入：由新技术产品的销售所带来的销售收入及其增长率	Caloghirou et al. (2004)[354]；Tsai & Wang (2009)[355]；Leiponen & Helfat (2010)[338]；Hwang & Lee (2010)[186]；Wu & Wu (2014)[302]；Radicic & Pugh (2017)[16]；Roper et al. (2017)[176]；陈钰芬和叶伟巍 (2013)[87]
突破性创新（Breakthrough Innovations）：由0和1区分是否为突破性创新，主要用引用数占总引用数百分比最高和次高的专利数衡量	Lewin et al. (1999)[116]；Ahuja & Lampert (2001)[334]；Phene et al. (2006)[326]；张峰和刘侠 (2014)[19]
探索性创新（Exploratory Innovation）：通过专利的引用情况来判断企业对技术知识的引用是否与其现有的技术知识有关	Rosenkopf & Nerkar (2001)[27]；Benner & Tushman (2002)[335]；Phelps (2010)[344]；钟竞等 (2008)[347]；林明等 (2015)[356]
企业财务表现（Financial Performance）：用企业的年度股本回报率（Return on Equity, ROE）、资产回报率、经营业务产生的现金流量等来测量	Zahra et al. (2000)[357]；Rothaermel & Alexandre (2009)[234]；Ferreras-Méndez et al. (2015)[175]；焦豪 (2011)[358]；吴晓波和陈颖 (2014)[359]；潘佳等 (2017)[12]

2.4 组织二元性

2.4.1 外部技术搜寻二元性

在技术创新领域，组织二元性研究的根本在于处理渐进性创新（Incremental Innovation）和突破性创新（Breakthrough Innovation）之间的矛盾（刘洋等，2011）[123]。其中，渐进式创新代表着组织对现有产品和商业概念的微小改进，是在既有知识的基础上提升组织的技能、过程和结构，旨在提高现存产品-市场位置的技术创新活动；而突破式创新则代表着组织对现有产品和商业概念的根本性变革，是依靠新知识或脱离既有知识来进行新的设计、开拓新的市场或开辟新的分销渠道，旨在进入新产品-市场领域的技术创新活动（Abernathy & Clark, 1985; Benner & Tushman, 2003; He & Wong, 2004）[60,103,360]。两类创新活动分别对应于开发性创新（Explorative Innovation）和探索性创新（Exploratory Innovation）（Benner & Tushman, 2003; Smith & Tushman, 2005）[103,361]。

李剑力（2009）[362]通过对相关文献的整理，总结了探索性创新和开发性创新的特点，参见表2-5。

表2-5 探索性创新和开发性创新的特点比较

特点	探索性创新	开发性创新
创新目标	满足新出现的市场或顾客需求	满足已有市场或顾客需求
创新结果	激进式创新，目的是要获得新的设计、新市场或新的营销渠道等	渐进式创新，优化已有设计、营销渠道和技能等
知识基础	需要新知识，或是从已有知识中提炼出新知识	对已有知识与技能进行扩展
创新来源	搜索、变异、柔性、试验、冒险	提炼、复制、效率、实施
组织结构	高度分权化、半标准化程序/半正式流程	低度分权化、标准化程序/正式流程
组织文化	鼓励探索、愿意面对不确定性/风险，容忍失败	偏好确定性、短期目标，承诺专一
绩效影响	影响长期绩效，回报高度不确定	影响短期收益，回报低度不确定

在探索性创新和开发性创新的基础上，2009年，Rothaermel和Alexandre[234]将March（1991）[58]关于组织二元性概念，即组织同时具备开发和探索两种能力，引入技术搜寻领域，首次提出了外部技术搜寻二元性的概念。他们将探索-开发的分析框架引入技术搜寻中提出了探索性技术搜寻（Explorative Technology Search）和开发性技术搜寻（Exploitative Technology Search）的概念，指出企业要在不同技术边界（现有技术/新技术）和组织边界（内部来源/外部来源）的技术搜寻间保持一定程度的平衡。

后续研究围绕企业外部技术搜寻，探讨了技术搜寻二元性对企业研发绩效的影响（Hoang & Rothaermel, 2010; Swift, 2016; 王业静和曾德明, 2013; 郑浩, 2018）[20,235,363,364]；技术搜寻二元性的跨部门平衡对提升企业绩效的影响（Stettner & Lavie, 2014; Parida et al., 2016;

Wang et al., 2017; Luger et al., 2018)[56,65,110,259];外部技术获取在企业创新活动过程中对内部研发活动的 U 形非互补或替代作用（Kang et al., 2015;赵洁和张宸璐, 2014;芮正云等, 2017）[112,286,365];技术搜寻二元性的内部和外部影响因素，如资源和能力、创新经验、产业的专门化程度等（Riccobono et al., 2015; Piao & Zajac, 2016;肖丁丁和朱桂龙, 2016）[9,98,366]。

2.4.2 组织二元性的平衡方式

由于探索性创新和开发性创新之间存在一定的对峙关系，会以零和博弈的方式争夺企业的稀缺资源和组织惯例，需要不同的思维方式和管理模式，且两类行为会反复地自我强化（Self-reinforcing），因此，March（1991）[58]提出，这两类创新活动应该是分离的。这种取舍的观点认为，探索和开发两种活动是一个连续谱上的两个极端（Uotila et al., 2009）[367]。但也有学者提出，若将两种活动隔离开来，仅采用探索性创新，则组织可能会陷入大量研发支出的同时却不能获利的探索失败陷阱，虽有众多未开发的新想法，却无法转化为生产力；反之，若只有开发性创新，组织又可能受困于次优的稳定平衡，继而面临能力陷阱（Kauppila, 2010）[368]。因此，为了避免失败陷阱和能力陷阱这一"双陷阱"困境，组织同时需要两种活动。

现有研究表明，探索性创新和开发性创新之间并非绝对的相互排斥和不可协调，可以通过获取外部资源（Gupta et al., 2006）[369]、在不同组织单元或不同时期进行创新活动的分解（Benner & Tushman, 2003; Lavie et al., 2011）[45,103]、协调融合不同的矛盾要素以平衡两类活动（Gibson & Birkinshaw, 2004; Petruzzelli, 2014;李俊华, 2013;王利敏和袁庆宏, 2014;杨莹, 2014）[59,63,91,131,370]等方法来解决探索与开发之间的矛盾。随着研究的深入，探索性创新和开发性创新之间的平衡逐渐受到学者们的广泛关注，并成为组织二元性的关键核心问题（Chandrasekaran et al., 2012; Csaszar, 2013; Almahendra & Ambos, 2015;

Wang et al., 2017；Luger et al., 2018；Brix, 2019；刘洋等, 2011；王耀德和李俊华, 2012；吴晓波和陈颖, 2014；金昕等, 2018；杨大鹏等, 2018)[56,65,108,123,134,276,359,371-374]。

根据现有研究, 组织二元性的平衡有三种方式（涂玉龙等, 2014)[375]。

1. 顺序二元性（Sequential Ambidexterity）

由于组织包容所需的创新与效率之间的冲突需要在一段时间内转换其结构, 以适应不断变化的环境, 因此, 组织需要在一段时间内依次顺序地转换组织结构（Duncan, 1976)[376]。顺序二元性即指企业在不同的时间点强调不同的战略行为, 从而实现动态的组织二元性（Brown & Eisenhardt, 1997)[217]。如 Kauppila（2010)[368]描述了通用公司和杜邦公司的组织演变, 以适应市场变化的过程, 并通过公司成长历程说明了在面对变化时, 组织是如何调整其结构和流程的。

2. 结构二元性（Structural Ambidexterity）

根据现有管理理论, 当组织的战略集中于探索性创新时, 组织应采用松散而灵活的有机式组织结构；而当组织的战略集中于开发性创新时, 则应该采用更为正式且稳定的机械式组织结构。结构二元性归纳总结了探索和开发是如何在组织中被安排并进行协调的（Fang et al., 2010)[377], 见表 2-6。

表 2-6 结构二元性与有机式组织和机械式组织的区别

组织要素	有机式组织	机械式组织	结构二元性组织
任务划分	跨部门团队	严格的部门化	员工有具体的任务, 且能集中于整体任务目标, 但经常超出员工正式的工作任务
监管与控制	很少直接监管	狭窄的控制范围	有明确的权利和责任, 但权利和责任是多维度的, 如矩阵制
规范性	很少正式规则	高度的规范化	流程是规范化的, 但能通过团队对话和参与进行调整和完善

续表

组织要素	有机式组织	机械式组织	结构二元性组织
内部沟通	开放的沟通系统	严格的命令链	沟通根据目的和项目进行组织；虽经常绕过正式的命令链，但能高度组织起来
集权与分权	分权	集权	集权或分权因整体目标而定；但既有局部主动的相应，也有通过系统整体的协调
决策参与	授权	低度的决策参与	参与决策基于对工作或任务的贡献

可见，结构二元性不仅是有机式组织与机械式组织的结合，从而超出单一维度的绩效水平，而且集中于员工持续的改善与总量的解决，比机械式组织更有效率，同时在更大范围的知识协作方面也比有机式组织强调的创新效果更为显著（Gupta et al., 2006）[369]。

3. 情景二元性（Contextual Ambidexterity）

情景二元性强调建立一种组织环境来鼓励员工通过自己的判断最优地规划时间，从而在组织内部通过协调与适应来解决开发和探索之间的冲突（Gibson & Birkinshaw, 2004）[59]。这种组织环境包括纪律（Discipline）、延伸（Stretch）、支持（Support）和信任（Trust）。其中，纪律和延伸是组织环境的硬性因素，会促使员工自发努力甚至超出预期，也称为绩效管理；支持和信任则是组织环境的软性因素，主要是培养员工帮助其他员工，从而在组织中形成协助的工作氛围，也称为社会支持。两类因素共同促使组织内的员工在开发和探索之间达到平衡（Jansen et al., 2009）[378]。

2.4.3 组织二元性与组织绩效

探索性活动旨在提升组织的长期绩效，而开发性活动则容易产生短期绩效（Stokes, 1997）[379]，但组织过度的探索性创新活动会由于没有及时取得收益而导致组织产生高额的成本，而过度的开发性创新活动则存在不能适应快速变化的环境的风险，即退化风险。因此，组织竞争优势的获取依赖于组织既有足够的开发性创新活动以保证目前的生存，又有足够的探索性创新活动来保证未来的发展（Levinthal & March,

1993)[180]。

由于组织二元性强调探索和开发的平衡,一方面避免了过度强调探索性创新而损害了开发性创新,或反之,另一方面也减少了二者都强调并充分使用补充资源,从而损伤了组织的绩效。因此,从理论上讲,探索和开发的平衡能够减少绩效损坏效应,组织二元性能够正向影响组织绩效。这一理论推断在实际研究中也得到了印证:现有研究发现,探索性创新和开发性创新之间存在正向的互动促进作用(Colombo et al., 2015; Piao & Zajac, 2016)[98,380],且探索性创新和开发性创新之间的互动和平衡与企业的组织绩效之间呈正相关关系(He & Wong, 2004; Jansen, 2005; Lavie et al., 2011; Phene et al., 2012; Hu et al., 2014; Parida et al., 2016; Wang et al., 2017; Luger et al., 2018; 李剑力,2009; 焦豪,2011; 潘松挺和郑亚莉,2011; 陈守明和李汝,2013; 吴俊杰等,2014; 林明等,2015; 杨大鹏等,2018)[45,56,60,62,65,66,259,356,358,374,381-385]。

具体来看,在中国化的情境下,组织二元性对高科技新创企业的绩效具有正向影响,且新创企业探索性创新活动和开发性创新活动之间的平衡可以有效控制企业绩效的结构风险(王业静和曾德明,2014)[364]。上市公司的探索性行为和开发性行为的平衡效应正向影响企业的长短期绩效,但乘积效应只影响企业的短期绩效,而对长期绩效没有影响(张钢和陈佳乐,2014)[386]。探索性创新对组织的直接绩效贡献要低于开发性创新,而在间接绩效贡献方面却正好相反,即探索性创新对组织创新绩效产生的影响需要更长的时间和更复杂的过程(闫春,2014)[387]。中小型企业专业化、跨领域的组织二元性显著地正向影响企业绩效,而市场领域的组织二元性则显著地负向影响企业绩效(吴晓波和陈颖,2014)[359]。当企业创新水平较低时,无论是探索式创新还是利用式创新,都能够促使企业成长绩效较快提升;而当企业创新水平较高时,无论是企业成长绩效还是企业财务绩效,都适用"双元平衡"理论,即探索式创新和利用式创新的平衡更加有利于企业绩效的提升(金昕等，2018）[373]。

2.5 本章小结

综上所述，虽然外部技术搜寻越来越受到国内外学者的关注，但从整体上看，目前的研究成果仍然有限且尚处于起步阶段。据此，总结归纳出国内外与本书内容相关的研究不足或有待进一步研究的问题，如图2-4所示。

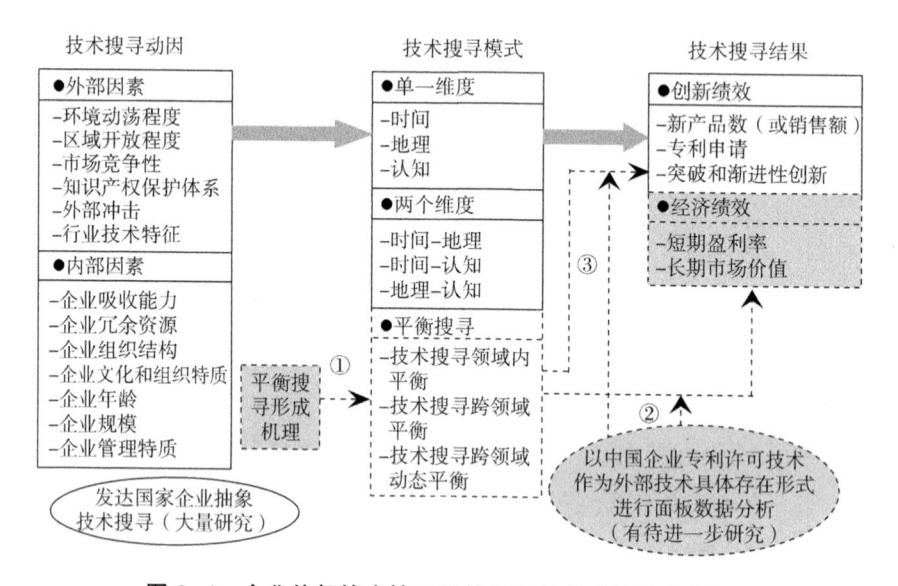

图 2-4 企业外部技术搜寻及其与绩效关系的待研究问题

注：虚线代表本书拟研究探索的重点问题。

第一，从研究内容来看，现有研究大多从单一搜寻维度或者两个搜寻维度建立与企业创新绩效的联系，对于为什么选择某一维度或者某两个维度随意性较强，合理性有待检验，且对外部搜寻平衡机制的关注不够。特别是在考虑多维搜寻时，如何实现单一维度以及多维度间的平衡，技术搜寻的平衡与企业绩效间关系的研究有待深入。另外，现有研究过分关注外部技术搜寻对企业创新绩效的影响，而对经济绩效考虑不足，因而也无法反映顾客或市场对外部技术搜寻重要性的认可。

第二，从研究视角来看，现有研究主要以美国、欧洲以及日本等发达国家的企业为对象展开，对国内企业技术搜寻的关注较少。事实上，在全球经济一体化以及我国建设创新型国家的战略背景下，我国企业尤其是制造业企业必须重视技术创新，通过外部技术搜寻促进创新和发展是当前我国企业的重要战略选择。但在中国情境下，以我国企业为研究对象的技术搜寻的本土化理论和实证研究均较少。

第三，从研究方法来看，现有研究主要使用抽象的专利引用数据和调查问卷测量外部技术搜寻，即视外部技术为外生变量，未考虑外部技术的具体存在状态和方式。因此，现有研究阻碍了实证的开展，从而缺乏实践意义。从模型上看，使用调查问卷数据会遭到不可观测变量缺失等问题的困扰，难以有效确定技术搜寻和创新绩效的真实关系或作用。因此，以某一具体外部技术搜寻方式（如内向专利技术许可），使用面板数据更有效地反映外部技术搜寻与企业绩效之间的关系，是现有研究的空白。

上述问题也构成了本书的核心内容，即研究的科学问题是：企业在进行外部技术搜寻时是否可以实现某种平衡？这种平衡对企业的创新和经济绩效的影响是什么？

第 3 章
基于探索-开发的企业外部技术搜寻分析框架

现有研究表明,企业作为在动态环境中获得持久生产与发展的主体,一方面需要不断地从外部获取新的技术以适应环境(探索性搜寻),另一方面又需要从外部搜寻互补性技术以更好地开发和利用已有的技术以确保盈利(开发性搜寻)。两种不同的技术搜寻方式相互竞争企业内部有限的资源,从而形成了一种张力或矛盾(Gupta et al.,2006)[369]。在资源有限的条件下,企业究竟应该如何处理探索和开发之间的复杂关系?两者的平衡会呈现怎样的形态和效应?本章在前文梳理和整合企业外部技术搜寻与组织二元性研究文献的基础上,首先借鉴组织惯性的相关理论和方法,分析研究企业外部技术搜寻决策的微观机制;然后结合平衡的协调整合、驱动和制衡等不同层面,构建基于探索-开发视角的企业外部技术搜寻平衡的概念模型;最后从规则、方式和功能等方面提出企业外部技术搜寻的探索-开发平衡机制,进而为本书后续的实证研究奠定理论方法基础。

3.1 企业外部技术搜寻决策微观机制

美国著名经济学家西蒙(Herbert A. Simon)曾说过:"管理就是决策,决策贯穿管理的全过程。"牛津词典对决策(Decision)的解释包含三种类型：决策的行为、结果性判断、得出的结论。中国决策科学辞典对"决策"词条的解释为：人们为了达到或实现一个目标，在占有信息和经验的基础上，根据客观条件，借助一定方法，从提出的若干个备选行动方案中选择一个满意合理的方案而进行的分析、判断和抉择的过程。包括发现问题、选择目标、收集信息、制订方案、评估选择方案、做出决断、组织实施、掌握信息反馈等活动（萧浩辉等，1995）[388]。根据中国现代经济词典的定义，决策是确定未来的行动目标，并从可以实现目标的两个以上的行动方案中进行选择的工作过程（刘树成，2005）[389]。结合前文对外部技术搜寻的定义，企业外部技术搜寻决策可理解为：企业作为技术搜寻决策主体，对获取组织边界之外现有新技术的过程中涉及的目标选择、方案制订、评价优选和落实监控等一整套活动做出决定的过程。

一般来说，影响决策的因素主要包括社会环境（如政治、经济、法律、科技、文化、市场等）、组织文化和条件、决策者的个人因素以及时间因素等。根据组织二元性的研究，企业决策除受外部环境影响外，主要受到企业内部压力的作用，即受到组织惯性的作用（Levitt & March, 1988；Nickerson & Zenger, 2004）[128,390]。因此，本书拟借鉴组织惯性的相关理论和方法，构造企业外部技术搜寻前端，即技术搜寻决策的微观机制。

3.1.1 组织惯性

由于组织环境是一个非常复杂的群体生态系统，因此，组织在面对环境的改变时往往不易发生变动，会依据其过去的经验和以往的管理方式行事，即组织不管环境如何变化，保持稳定并维持与过去一致的方向和速度，这一现象即为组织惯性（Organizational Inertia）。其本质是企业偏向于维持原有的运行状态，直至外在压力促使组织进行改变或变革。

Hannan 和 Freeman（1984）[391]基于种群生物学理论，将"惯性"定义为组织在受到其经营环境变化的冲击时，反应或者行动滞后的状态特征。在组织管理的研究领域，组织惯性是企业遵循已经建立的行为模式开展相关活动，在短期内难以改变的一种趋势，其对组织的运行产生重要影响（Singh & Lumsden, 1990; Haveman, 1993）[392,393]，如企业通常会以相同的方式重复实施相同性质的并购活动（Amburgey & Miner, 1992）[394]。在此基础上，Sull（1999）[395]从"行为惯性"的角度描述了组织惯性的特点，认为企业在面对激烈的环境变化时，更倾向于固守原有的行为方式，即沿着现有的行动轨迹重复相关活动，以降低企业的风险。

现有研究表明，除了环境的动态性和不确定性等企业组织惯性的外部来源，企业资产的专用性、企业能力和知识等无形资产的重复使用、组织文化、企业制度和组织结构的稳定性、企业中的委托代理关系等因素是企业组织惯性的主要内部来源，二者共同作用，形成了组织惯性（张江峰，2010）[396]。随着规模的扩大，企业会演变为市场反应迟钝、风险规避意愿强烈的科层制组织（Mitchell & Singh, 1993）[397]；在企业年龄增长的同时，组织的学习过程也会逐渐造成其行动选择上的思维定势（Berthon et al., 2001）[398]；此外，组织的复杂性会增加企业变革的反应时间，并导致结构重组更加困难（Kelly & Amburgey, 1991）[399]。在以上三种情况下，组织惯性的强度均会增加，而组织变革的速度则呈现下降趋势。具体来看，组织惯性在企业不同层面的表现如图 3-1 所示。

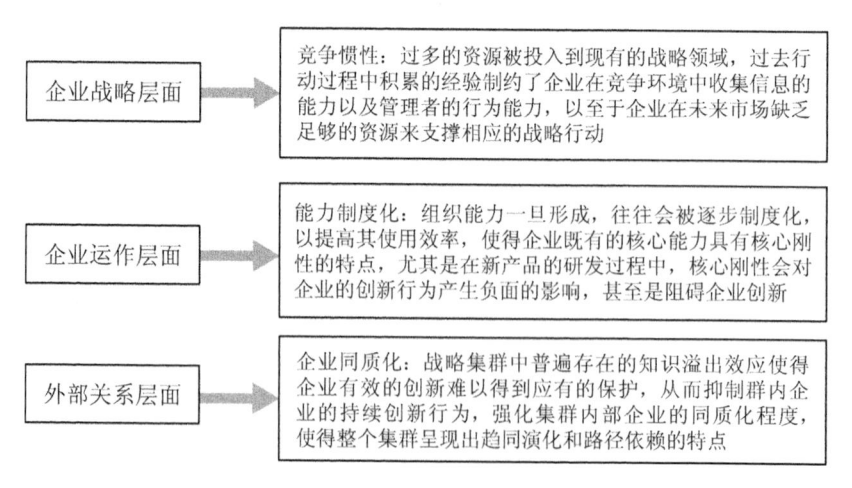

企业战略层面	竞争惯性：过多的资源被投入到现有的战略领域，过去行动过程中积累的经验制约了企业在竞争环境中收集信息的能力以及管理者的行为能力，以至于企业在未来市场缺乏足够的资源来支撑相应的战略行动
企业运作层面	能力制度化：组织能力一旦形成，往往会被逐步制度化，以提高其使用效率，使得企业既有的核心能力具有核心刚性的特点，尤其是在新产品的研发过程中，核心刚性会对企业的创新行为产生负面的影响，甚至是阻碍企业创新
外部关系层面	企业同质化：战略集群中普遍存在的知识溢出效应使得企业有效的创新难以得到应有的保护，从而抑制群内企业的持续创新行为，强化集群内部企业的同质化程度，使得整个集群呈现出趋同演化和路径依赖的特点

图 3-1　组织惯性在企业不同层面的表现

此外，由于企业的管理决策行为具有有限理性，且从资源流量的角度来看，企业在资源获取的来源上也存在一定的路径依赖性，因此，两种因素均强化了组织惯性的形成。

根据组织惯性的相关理论，当企业在进行外部技术搜寻决策时，一方面，由于技术的转移会涉及不同组织间人员、知识、信息和资源等方面较为频繁的沟通和交换，组织惯性会使得企业在下一次外部技术搜寻时更倾向于依赖"现成的"和"熟悉的"搜寻模式，重复目前的搜寻途径，以降低搜寻成本和风险。另一方面，当企业为某一技术或产品进行相关资源的投入后，该决策方案就会将企业的战略资源锁定，而对该决策的任何调整都可能导致企业面临无法收回成本的风险，组织惯性使得企业在进行外部技术搜寻时，即使市场环境发生变化，企业在短期内也很难改变相关资源的使用方式，故而会继续沿着现有的搜寻路径继续下一次外部技术搜寻，形成标准化的行为，直至企业通过内部价值链各环节的协调运作，主动打破这种"锁定"，组织惯性逐渐减弱。

3.1.2 企业外部技术搜寻的决策原则

根据现有相关技术创新决策原则的分析，企业外部技术搜寻的决策原则由经济理性和关系理性构成。

1. 经济理性原则

在企业的技术创新过程中，经济理性作为重要的决策分析前提，认为组织中任何特定的关系均服务于企业利润最大化或最优的决策目标，因此，基本不需要考虑关系的重要性。只有当关系能够在交易中产生一定的利润时，才能被维持，否则，就会被抛弃。

在经济理性原则下，企业的决策有"满意"准则和"最优"准则两种。如David（1969）[400]在概率模型中采用满意原则，认为只要创新给予企业的刺激量（创新所节约的劳动投入和相关的投资偿还期）达到某个临界反应水平时，企业就应该做出采用创新的决策，否则就继续等待。Hannan 和 McDowell（1987）[401]用满意原则构建条件概率模型，即当企业创新的利润现值总和大于所付价格时，就应该采用创新。而另一些学者则以效用最大化（Stoneman，1981）[402]或现值最大化（Reinganum，1981）[403]，即最优化原则来确定企业采用新技术的最佳比例或最佳时机。

对于企业的外部技术搜寻决策来说，既需要将经济理性原则下的"满意"作为搜寻的必要条件，同时，也应该满足"最优"的搜寻各维度比例。

2. 关系理性原则

在承认企业的经济行为遵循理性选择原则的基础上，还有一些学者认为，并非所有的企业行为和互动都是理性的，他们更强调社会关系这一人类原始的生存本能，而不是对选择进行经济收益和损失的计算（Homans，1961）[404]。如 Deroian（2002）[405]用社会网络来表示个体之间的相互影响关系，认为新技术的传播是通过个体之间传送足够量的"影响"得以实现的。Guardiola 等（2002）[406]将技术的改变作为"刺激"变量，研究相关信息流量如何在社会网络中通过逐渐的交互式影响来进行传播。他们将企业交易视作关系成本收益计算的一部分，即使在未达到最优的情况下，也会为了维持和促进社会关系（如信用、地位和名誉等）而进行交易，以使损失最小化。

对于企业的外部技术搜寻决策来说，经济理性原则和关系理性原则并不矛盾（林南，2005）[407]，可将其综合运用，在计算经济成本和收益的同时，也应该考虑社会关系的成本与收益。鉴于本书的研究对象为企业，而企业一般以利润最大化为经营目标和原则，故而采用经济理性原则为主、关系理性原则为辅作为外部技术搜寻决策的基本原则。

3.1.3　企业外部技术搜寻决策的微观机制

根据《辞海》对"机制"的解释，其本意指机器的构造和运作原理。随着"机制"一词广泛地运用于管理学、社会学和经济学等领域，

第3章 基于探索–开发的企业外部技术搜寻分析框架

其内涵得到了进一步的拓展,既指事物的组成方式,也指事物发展变化的规律。本书拟针对企业外部技术搜寻决策的微观机制展开研究,以揭示企业在进行外部技术搜寻时,主要的决策依据和准则。

对于企业来说,之所以选择从外部获取新的技术,根本原因在于其相对于内部自主研发来说具有一定的比较优势,即通过获取外部的新技术,企业能够得到的效用比自行开发该技术更大。由于一项新技术被企业采纳后,应该带来经济和社会关系两方面的预期收益,因此,企业在进行外部技术搜寻决策时,其获得的总效用可以通过经济收益和社会关系收益来实现,总效用函数为:

$$U_{it} = aE_{it}^{\alpha} + bS_{it}^{\beta} + c(E_{it} \times S_{it})^{\gamma} + \varepsilon \quad (3-1)$$
$$i = 1, 2, \cdots, N;\ t = 1, 2, \cdots, T$$

其中,U_{it} 为 t 时期实施外部技术搜寻的企业 i 所获得的总效用;E_{it} 为企业 i 在 t 时期实施外部技术搜寻的经济收益,即前文定义的经济绩效,如企业的净利润、市场价值、总资产增长率等;S_{it} 为企业 i 在 t 时期实施外部技术搜寻的社会关系收益;$E_{it} \times S_{it}$ 则表示两种收益的交互作用,即决策者对二者的总体判断;a、b、c 为权重系数;α、β、γ 为调整参数;i 代表不同企业个体;t 代表时间(年)。

由于本书主要研究企业外部技术搜寻平衡机制及其对企业绩效的影响,因此,结合研究目的和内容,这里将企业 i 在 t 时期实施外部技术搜寻的社会关系收益 S_{it} 用创新收益 I_{it} 来替代,即前文定义的创新绩效,如企业的发明专利数、外观和实用新型专利数等,调整后的总效用函数为:

$$U_{it} = aE_{it}^{\alpha} + bI_{it}^{\beta} + c(E_{it} \times I_{it})^{\gamma} + \varepsilon \quad (3-2)$$
$$i = 1, 2, \cdots, N;\ t = 1, 2, \cdots, T$$

由式(3-2)定义的总效用函数可知,企业 i 在 t 时期实施外部技术搜寻的必要条件为"有利可图",即 $U_{it} > 0$,否则企业就不会进行外部技术的搜寻与获取。但由于组织惯性的存在，当实施外部技术搜寻与现存技术或内部研发之间的效用差值不大时，企业从外部获取新技术的积极性就会大大降低。此时，企业宁愿维持现状也不愿向组织外搜寻新的技术，即忽视微弱的"搜寻优越性"。因此，只有当企业进行外部技术搜寻的总效用达到某个临界效用水平（U_{it}^0）时（李红艳，2006）[408]，才会做出搜寻的决策，即企业进行外部技术搜寻的必要条件为：

$$U_{it} > U_{it}^0 \tag{3-3}$$

由于总效用 U_{it} 和临界效用 U_{it}^0 均会随着时间的变化而变化，因此，为便于分析，本书引入相对总效用 U_{it}' 来表示企业进行外部技术搜寻所获得的总效用与临界效用之间的差值，其计算公式为：

$$U_{it}' = U_{it} - U_{it}^0 \tag{3-4}$$

由式（3-4）可知，当 $U_{it}' > 0$ 时，企业会做出进行外部技术搜寻的决策，反之，则不进行搜寻行动。企业进行外部技术搜寻的相对总效用随时间的动态变化如图3-2所示。

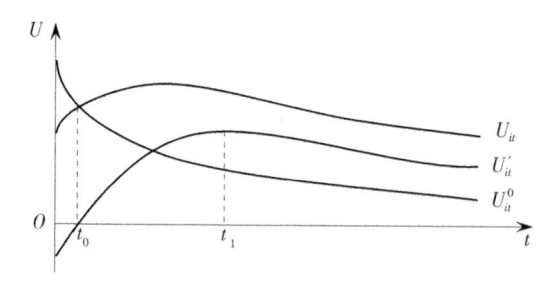

图3-2 企业进行外部技术搜寻的相对总效用随时间的动态变化

由于组织惯性的存在，使得企业在做出外部技术搜寻的决策时，其临界效用水平 U_{it}^0 在初始时期达到最大值，而随着时间的推移，U_{it}^0 逐渐降低。同时，企业在初次外部技术搜寻时，由于对外部技术源以及相关搜寻模式的不熟悉，使得搜寻的风险和不确定性较高，因此，总效用

U_{it} 在前期较低。而随着搜寻时间和搜寻次数的增加,风险和不确定性逐渐降低,企业对外部技术搜寻的预期收益会逐渐增大,当在某一时期达到峰值后,总效用在保持不变的搜寻模式下会逐渐减少。二者共同作用,使得企业外部技术搜寻的相对总效用 U'_{it} 呈现出由负到正,先增加后减少的变化趋势。

由图 3-2 可知,在企业进行外部技术搜寻的初期,搜寻的相对总效用较低,甚至可能为负,随着时间的推移,在 t_0 时刻,$U'_{it}=0$,企业位于是否进行外部技术搜寻的决策临界点。之后,企业外部技术搜寻的相对总效用 $U'_{it}>0$,并在 t_1 时刻达到最大值。

综上所述,对于企业来说,$U'_{it}>0$ 是进行外部技术搜寻的一般条件,而在 $[t_0, t_1]$ 区间内,是企业在同一搜寻模式下进行外部技术搜寻的最优性条件和判断(Colombo & Mosconi,1995)[409],一旦超过 t_1 时刻,相对总效用 U'_{it} 就会减少。

3.2 基于探索-开发的企业外部技术搜寻平衡

探索性创新和开发性创新作为两种截然不同的创新路径,其创新目的、适用情境和对组织的要求不同,会相互争夺企业的稀缺资源,因此,早期研究者认为,二者互不兼容,企业只能选择其中之一(Denison et al.,1995)[410]。随着组织二元性研究的不断深入,学界对二元性平衡的讨论逐渐达成共识,认为企业应该平衡和协调探索性创新和开发性创新活动,长期效益的获得和组织的持续成功均需要企业具有"二元性"的经营思维以及创新的平衡能力(Eisenhardt,2000)[411]。借鉴组织二元性中关于领域平衡(Domain Balance)的思想(Lavie & Rosenkopf,2006)[261],本书将"平衡"定义为不同搜寻维度下,企业创新资源在探索性创新和开发性创新活动之间的权衡和分配,拟构建基于探索-开发的企业外部技术搜寻平衡概念模型,并提出外部技术搜寻的探索-开发平衡机制。

3.2.1 基于探索-开发的企业外部技术搜寻平衡概念模型

现有研究表明，环境的不确定性和组织资源能力的有限性使得企业在技术创新过程中面临着探索-开发的二元性管理悖论。若过分强调探索性创新，组织虽能够不断更新知识库，但会陷入"探索—投资—失败—再探索"的恶性循环，导致"次优均衡"和"路径依赖"的结果；若过分强调开发性创新，组织虽能够深入挖掘现有技术，但又无法快速适应环境的变化，容易陷入"核心刚性"和"能力陷阱"，从而阻碍和抑制企业的技术创新。因此，企业无论是选择探索性创新或开发性创新的单路径技术创新，还是两种技术创新路径简单地同时进行，都容易陷入两难的境地，进而导致组织在激烈的市场竞争中处于竞争劣势（王耀德和李俊华，2012）[134]，如图3-3所示。

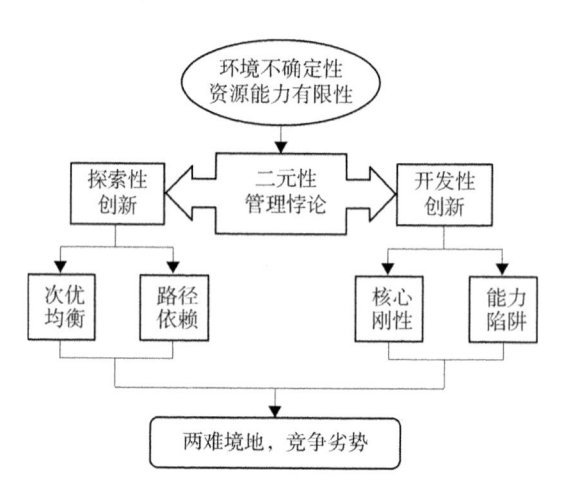

图3-3 基于探索-开发的二元性技术创新悖论导致的组织竞争劣势

基于组织管理理论和实践的发展，二元性组织成为一种解决之道。作为一种新的组织模式，二元性组织在技术创新上强调探索性创新与开发性创新的平衡，即通过协调本地搜寻（现有知识基础）和非本地搜寻（超越本地知识基础）（王元地等，2015；芮正云和罗瑾琏，2016；金昕等，2018）[86,92,373]，保持探索性创新和开发性创新的某种平衡关系（Laursen，2012；Petruzzelli，2014；Wang et al.，2017；Brix，2019）[63,65,372,412]，从而保证企业竞争优势的实现。

由于学界目前对于企业外部技术搜寻的研究主要围绕在何处搜寻以及如何管理搜寻等问题展开，因此，在现有研究的基础上，本书拟借鉴组织二元性的理论方法，从平衡的协调整合、驱动和制衡等角度，构建基于探索-开发视角的企业外部技术搜寻平衡概念模型，如图3-4所示。

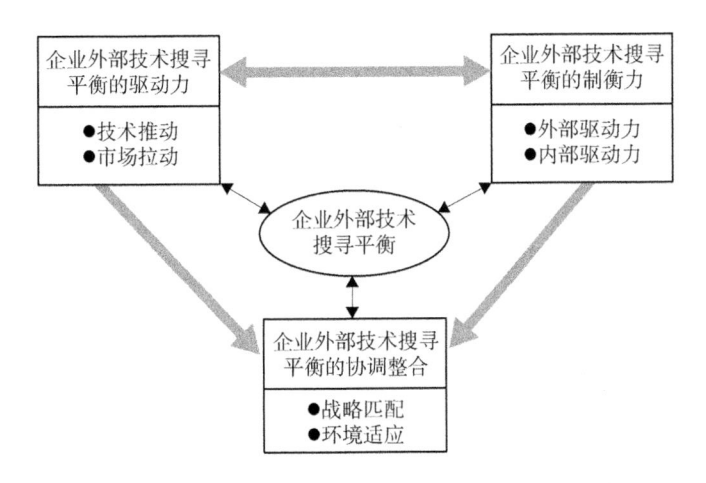

图3-4 基于探索-开发的企业外部技术搜寻平衡概念模型

1. 企业外部技术搜寻平衡的驱动力

自熊彼特将技术创新的动力与组织变革的动力联系起来，研究企业技术创新与市场结构之间的互动关系以来，技术创新理论逐渐成为学界研究的热点。由于企业技术创新的源动力一方面来自"技术推动"，另一方面则来自"市场拉动"（王耀德，2003）[413]，因此，在技术创新的情境下，进军未知市场领域的探索性创新和巩固现有产品市场的开发性创新是组织二元性的两个技术创新维度（He & Wong，2004）[60]。企业作为技术创新的主体，通过探索性创新和开发性创新活动，以产品、服务和过程等形式将创新的成果展示于世。

然而，以技术创新为目的的企业外部技术搜寻活动，甚至是技术本身，并不是企业竞争优势的来源，只有将技术创新活动与价值活动相结合，企业的技术创新才能与市场联合起来构成组织实现战略目标的驱动力量（波特，2005）[414]。同样，以提高企业创新效率，实现组织长期持续发展为目标的外部技术搜寻活动，要努力平衡探索性创新活动和开发性创新活动，其最根本的驱动力就是技术推动和市场拉动。

2. 企业外部技术搜寻平衡的制衡力

根据力学的理论，"力"是物质之间的相互作用，任何事物保持静止状态或运动状态均意味着来自不同方向的不同作用力的平衡。由于企业的创新能力既体现在组织适应环境变化方面，更体现在创新平衡这一变化和常规运营的关系方面（Meyer & Stensaker，2006）[415]，这就使企业外部技术搜寻平衡概念模型中，必定会存在起着缓冲作用并影响搜寻结果的制衡力。

作为一个开放性的创新系统，来自企业内外的信息、技术和资源等的交换和整合促进了组织的不断发展。根据现有文献的梳理，企业进行外部技术搜寻会受到组织的外部因素，如环境动荡程度、市场竞争性、知识产权保护体系、外部冲击、行业技术特征，以及组织的内部因素，如吸收能力、冗余资源、组织结构、文化和组织特质、组织年龄、组织规模和管理特质等的影响，这些因素既是促使企业进行外部技术搜寻的动因，同时又会制约企业通过外部技术搜寻来提升创新绩效。因此，在技术和市场驱动企业进行外部技术搜寻的同时，来自企业内外的多种因素所形成的外驱力和内驱力也制约着企业外部技术搜寻策略的选择以及搜寻的效率和效果。

3. 企业外部技术搜寻平衡的协调整合

被誉为战略管理鼻祖的安索夫（2013）[416]曾提出，企业战略管理的出发点是追求生存和发展，最终目的在于获得长期竞争优势，而企业的战略行为则是对其所面临环境的适应过程，以及由此而产生的企业内部结构化过程。战略的本质是通过组织与环境之间的互动优化，依托企业自身的知识、资源和能力，不断调整目标，以适应环境的各种不确定性活动。在复杂、动态和因果关系模糊的环境中，企业探索和开发能力的作用将逐渐凸显，且环境复杂性越低，动态性和竞争性越高，企业的开发性创新和探索性创新能力就会越强（Jansen et al.，2005）[417]。此时，企业不能仅依靠现有的竞争优势或深入挖掘现有能力，而需考虑战略的调整和适应能力。

由于企业与环境之间、企业内外部环境之间，以及环境各构成要素之间是一种相互影响、相互依存的动态互动关系，战略导向强调企业在进行外部技术搜寻的过程中，通过协调搜寻所带来的创新绩效和经济绩效之间、长期绩效与短期绩效之间的冲突，平衡探索和开发活动对它们的共同作用；环境适应强调在开放式创新的背景下，企业通过不断整合内外部创新资源，使之与环境变化相匹配，协调和平衡外部技术搜寻过程中的探索性创新活动和开发性创新活动。因此，战略匹配和环境适应是企业实现基于探索-开发的企业外部技术搜寻平衡并达到可持续发展的重要环节。

3.2.2 基于探索-开发的企业外部技术搜寻平衡机制

从现有技术搜寻文献来看，学界主要关注技术搜寻维度的划分，而对外部技术搜寻平衡的关注不足；从组织二元性研究的视角来看，则主要关注搜寻活动的内部平衡，对外部平衡研究较少。实际上，外部技术搜寻活动是企业二元性的一个重要体现（Rothaermel & Alexandre，2009）[234]，两者之间关系紧密。因此，本书在定义平衡机制的基础上，拟借鉴组织二元性中关于领域平衡的思想，围绕"规则—方式—功能"三位一体的线索来构造基于探索-开发的企业外部技术搜寻平衡机制，分析框架如图3-5所示。

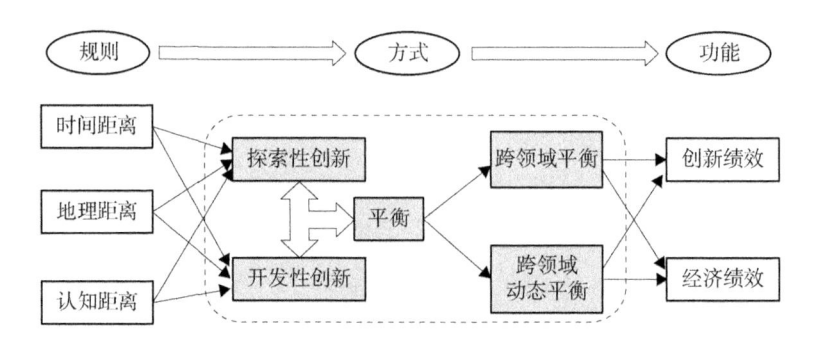

图 3-5 基于探索-开发的企业外部技术搜寻平衡机制分析框架

在图 3-5 中,"规则"是企业外部技术搜寻平衡机制的基础,本书在文献梳理的基础上,将搜寻的维度定义为"领域",用时间、地理和认知三个领域搭建出三维的技术空间;"方式"包括各领域的探索性创新或开发性创新搜寻行为,以及在此基础上的跨领域平衡和跨领域动态平衡运行机理,是企业外部技术搜寻平衡机制的主体部分;"功能"则是本书研究对象的最终指向,是其功能发挥和价值所在,即技术搜寻结果,包括平衡机制对企业创新绩效和经济绩效的影响,最终实现企业外部技术搜寻平衡的目的。

1. 三维技术空间

基于对现有文献的梳理,目前关于企业外部技术搜寻的国内外研究现状及动态发展过程大致可概括为三个发展阶段,即本地搜寻(开发性搜寻)、非本地搜寻(探索性搜寻)和平衡搜寻(保持适度的探索性搜寻和开发性搜寻),研究分析框架在时间、地理和认知维度的空间中,相互关系如图 3-6 所示。在图 3-6 中,技术知识的新旧程度、技术知识传播双方的空间距离和熟悉程度分别形成了时间、地理和认知三个搜寻领域,即搜寻维度。同时,根据异质性技术知识要素的来源与企业自身技术知识基础的距离,技术搜寻在各搜寻领域均可分为本地搜寻(开发性搜寻)和非本地搜寻(探索性搜寻)。

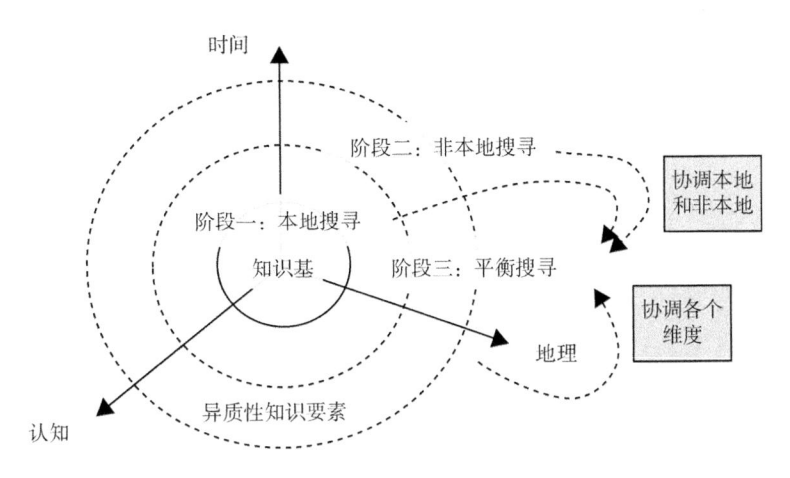

图 3-6　企业外部技术搜寻的研究分析框架

（1）阶段一：本地搜寻

技术搜寻的早期研究主要在组织行为学和演化经济学的背景下展开，认为当遇到问题时，企业通常在自己熟悉的、已有的知识领域及过去的经验和惯例中寻找解决方案，因此，技术搜寻就是在企业原有经验、惯例和文化轨道下的内部新知识搜寻过程（Nelson & Winter, 1982）[70]。特别是当受到隐性知识的转移限制时，企业通常在原有技术基础及其邻近区域中搜寻次优解决方案（Evangelista et al., 2001）[418]。后续研究则从个体有限理性和技术学习的视角进一步强化了对本地技术搜寻概念的理解（Simon, 1991; Stuart & Podolny, 1996; Dosi et al., 2006）[76,419,420]。总体来看，在技术搜寻研究前期，本地搜寻作为一种标准的外部技术搜寻模式被学术界广泛接受，其所具有的搜寻成本低、方案可靠和节省时间等优势也得到了学者们的肯定（Almeida, 1996; Rosenkopf & Nerkar, 2001; Leone & Reichstein, 2012）[27,421,422]。然而，由于企业面临的市场机会往往超越其原有的知识基础，尤其在面对重大技术创新和技术革命时，过度的本地搜寻可能导致"核心刚性"（Core Rigidity）和"认知惯性"（Cognitive Inertia），并忽略组织自身及其技术边界之外的机会和新知识、新技术，进而对企业绩效产生负面影响

(Nerkar, 2003; He & Wong, 2004)[43,60]。基于此，学者们开始将目光转向非本地搜寻活动。

(2) 阶段二：非本地搜寻

自 20 世纪 90 年代起，随着企业竞争的加剧和国际商业环境的快速变化，本地搜寻的有效性逐渐受到学者的质疑，企业技术搜寻的研究重点也开始向非本地搜寻转移（Sidhu et al., 2007; Van de Vrande et al., 2011; 肖丁丁和朱桂龙，2016; 彭本红和武柏宇，2017）[328,352,366,423]。非本地技术搜寻强调企业充分利用自身知识基础及其邻近区域之外的大量有价值的知识，基于此，Li 等（2008）[40]通过对 43 篇关于企业外部技术搜寻重要文献的梳理，定义了包含时间、认知和地理维度的非本地搜寻技术空间。企业可沿着各维度，搜寻非本地的技术知识，这为企业技术创新带来的好处是引入了大量新的、异质性的知识元素，提供更多可本地化的新知识组合，并为重大技术创新提供机会（Yang & Li, 2011; 吴晓波等，2016）[424,425]。然而，非本地搜寻也带来了新的问题，给企业技术搜寻管理提出了新的挑战，如大量外部技术知识存在于不同的组织和个体中，这些组织和个体通常具有不同的文化背景、价值观念和惯例，与这些组织和个体合作并充分利用其技术知识将无疑会导致企业搜寻成本上升，协调难度加大（Zhao et al., 2015）[426]。此外，频繁同外部主体合作也可能导致企业内部原有技术知识的泄露（Chen et al., 2011; Franzoni & Sauermann, 2014; 孔越，2017）[275,427,428]。

(3) 阶段三：平衡搜寻

平衡搜寻是近年来学术界提出的一种新的技术搜寻模式。研究者们认为，虽然本地搜寻仍是主要的技术搜寻模式，但企业应尽量跳出"本地搜寻陷阱"，开展适当的非本地搜寻，充分利用本地和非本地搜寻的优势，做到优势互补（Dosi et al., 2006; Gupta et al., 2006; Jansen et al., 2006; Jin et al., 2016; Amponsah & Adams, 2017; 李剑力，2009; 王凤彬等，2012; 芮正云和罗瑾琏，2018）[57,125,369,383,420,429-431]。Katila

和 Ahuja（2002）[44]最早对这一命题进行了检验，他们使用美国专利数据，发现企业的本地搜寻（开发性搜寻）和非本地搜寻（探索性搜寻）互补，可以同时促进企业新产品数量的增加。随后一些学者的相似研究也证明了这种积极作用（Laursen & Salter, 2006；Phelps et al., 2007；Raisch et al., 2009）[270,432,433]。然而，这些研究对于本地和非本地的划分基本局限在技术空间的某一或两个维度，如地理维度（Lucena, 2016）[434]、时间维度（Katila, 2002）[14]、组织和技术维度（Lublinski, 2003；Petruzzelli, 2014）[63,435]等，虽论证了探索-开发的平衡性对组织绩效的积极作用（Lavie et al., 2011；杨大鹏等，2018）[45,374]，但未能将各维度纳入一个整体的分析框架，将平衡搜寻置于三维的技术空间，并在本地搜寻和非本地搜寻平衡的基础上，分析不同搜寻领域之间的协调和平衡还有待进一步研究。

2. 技术搜寻平衡

企业在进行外部技术搜寻的过程中，会同时涉及多个领域，如一项技术在不同主体之间传播的过程中，必然存在技术本身的新旧程度、主体之间所跨越的自然空间距离、主体的体制差异等问题，这些因素构成了多维的技术空间。当企业在面对"去何处搜寻怎样的技术"诸如此类的问题时，抽象化的技术空间能够形象地展现本书所提出的"企业在外部技术搜寻这一多维技术空间中应该保持各个维度的某种恰当比例"这一假设前提，如图 3-7 所示。

根据前文对企业外部技术搜寻领域的定义以及探索性创新和开发性创新的阐释，图 3-7a 用三个维度分别表示技术的新旧程度（时间）、搜寻主客体之间的空间距离（地理）和体制差异（认知），并构成了一个三维的技术空间。在三个维度上，离原点越近，说明企业在该维度上的搜寻行为越偏向于开发性搜寻；反之，离原点越远，则越偏向于探索性搜寻。

(a) 三维技术空间

(b) 不同情况下的企业外部技术搜寻平衡

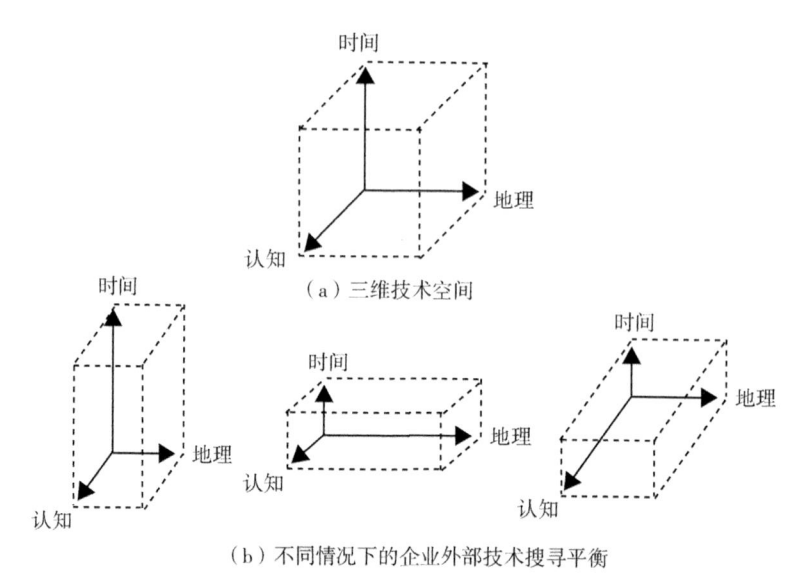

图 3-7 企业外部技术搜寻的三维技术空间及技术搜寻平衡

针对企业外部技术搜寻的三维技术空间，可借用长方体的体积概念进一步展示各个维度之间的关系以及技术搜寻平衡的机理。

$$V = Sh = abc \tag{3-5}$$

式（3-5）是通用的长方体体积公式，S 代表底面积，h 为长方体的高，a、b、c 分别是该长方体各边的长度。

在外部技术搜寻的三维技术空间中，企业在各个领域的搜寻行为（探索性搜寻/开发性搜寻）决定了各个维度的长短，进而也就决定了技术空间的"体积"。若用 x_{i1}、x_{i2}、x_{i3} 分别表示企业第 i 次外部技术搜寻的时间、地理和认知维度，α_i、β_i、γ_i 分别表示企业在进行该次外部技术搜寻时，在三个不同维度上探索性搜寻/开发性搜寻的程度（可考虑以 1 为分界点），则根据式（3-5），企业该次外部技术搜寻的效用 U_i 可用公式表示为：

$$U_i = x_{i1}^{\alpha_i} x_{i2}^{\beta_i} x_{i3}^{\gamma_i} \tag{3-6}$$

为进一步研究需要，对式（3-6）取对数并整理后可得：

$$\ln U_i = \alpha_i \ln x_{i1} + \beta_i \ln x_{i2} + \gamma_i \ln x_{i3} \tag{3-7}$$

现有研究表明，企业在技术搜寻的过程中，若过度偏向开发性搜寻，会陷入"能力陷阱"和"核心刚性"的困境；而过分依赖探索性创新，则又会出现"路径依赖"和"次优均衡"的局面，因此，企业应在各个维度上保持适当的探索性/开发性搜寻。同时，由于企业在技术搜寻过程中会消耗组织资源，如人力、时间、金钱和信息等，因此，该空间"体积"的大小会受到组织资源有限性和资源分配经济性等因素的限制，从而构成了企业外部技术搜寻的约束条件。

图3-8是经济学中约束条件下的效用最大化模型（曼昆，2013）[436]，其中，U_i为无差异曲线，EF为预算约束线。根据无差异曲线的特点可知，图3-8中三条无差异曲线的效用水平依次为$U_2 > U_1 > U_3$。在(x_1, x_2)的不同组合水平中，A、B、C、D四个点分别代表了四种不同组合下的效用，且有$U_B > U_A > U_C = U_D$。虽然(x_1, x_2)的效用水平在B点最高，但由于预算约束的存在，使得这一组合无法实现；而在C点和D点，虽然此时(x_1, x_2)的效用水平能够实现，但效用并未达到资源条件下的最大化。因此，只有当(x_1, x_2)位于无差异曲线和预算约束线相切的A点，此时才实现了约束条件下的效用最大化。

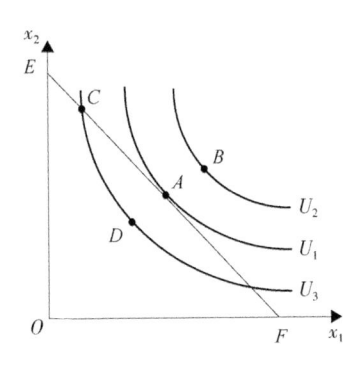

图3-8　经济学中约束条件下的效用最大化模型

在图3-8的基础上，结合式（3-7）可知，若企业在各个领域均采用开发性搜寻，技术空间"体积"较小，此时，企业一方面面临着"能力陷阱"和"核心刚性"的困境，另一方面搜寻效用 U_i 也未达到约束条件下的最大化；同理，若企业在各个领域均采用探索性搜寻，技术空间"体积"较大，此时，企业既会面临"路径依赖"和"次优均衡"的局面，搜寻效用 U_i 在约束条件下也无法实现。

因此，为了保持企业外部技术搜寻的效用 U_i 在资源约束的条件下实现最大化，企业可以跳出搜寻领域的限制，在不同维度的探索性搜寻/开发性搜寻之间寻找平衡，用某一或某两个领域的探索性搜寻/开发性搜寻来平衡其余维度的开发性搜寻/探索性搜寻，即通过 α_i、β_i、γ_i 之间某一或某两个系数增加/减少的同时其余系数减少/增加的"此消彼长"关系（α_i、β_i、γ_i 三者不会同向变动），来保证 U_i 在达到最优的前提下在一定范围内保持不变。

图3-7b描绘的三种情况形象地展示了企业在外部技术搜寻的过程中，通过其他领域的开发性搜寻来平衡其中某个领域的探索性搜寻，从而分别实现以时间维度探索性搜寻、地理维度探索性搜寻、认知维度探索性搜寻为代表特征的搜寻平衡，并保持总体搜寻效用最优（三种情况下长方体的边长虽然各不相同，但体积相等）。

以上技术搜寻过程中的跨领域平衡以及随着时间推移的跨领域动态平衡运行机理即本书定义的"基于探索-开发视角的企业外部技术搜寻平衡"。

3. 对绩效的影响

根据March（1991）[58]的观点，企业探索-开发活动的平衡是企业取得成功和可持续发展的核心要素，现有研究也通过考察企业外部技术搜寻对创新绩效的影响强调了外部技术搜寻对企业绩效的积极作用，同时，也论证了在同一搜寻领域，搜寻距离与企业创新绩效之间的倒U形关系（见图3-9），以及两种维度之间的协调。

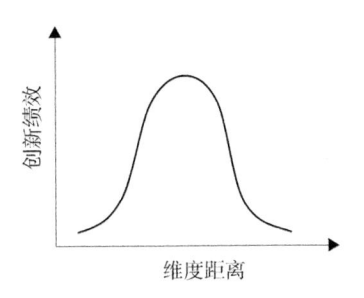

第3章 基于探索-开发的企业外部技术搜寻分析框架

图 3-9 技术搜寻维度距离与企业创新绩效之间的倒 U 形关系

已有研究通过理论推导发现，对探索性和开发性活动之间关系的前提预设会对组织的长期绩效产生不同的影响（Gupta et al., 2006）[369]：当二者相互排斥，处于同一连续体的两端时，其平衡关系与组织的长期绩效呈倒 U 形的相关关系，如图 3-10a 所示，过度开发或过度探索都将损害组织的长期绩效；但当二者处于正交关系相互协调时，影响效果将取决于开发性活动和探索性活动之间的交互影响程度，如图 3-10b 所示。

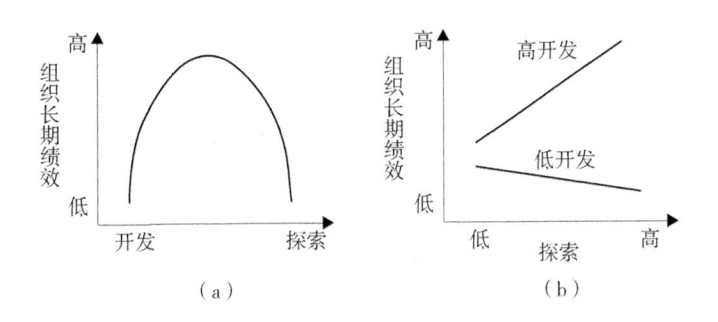

图 3-10 探索与开发的关系对组织长期绩效的影响

沿着这一思路，当加入第三个维度后，这种替代作用是否会改变？企业在实施外部技术平衡性搜寻策略下，其绩效水平是否得到了提高？不同的平衡策略是否导致不同的绩效水平？不同的平衡方式是否会受到不同调节变量（如企业规模）的作用？这一系列问题都还有待深入研究。

因此，本书在现有研究的基础上将企业外部技术搜寻的最终指向确定为企业绩效,并将其区分为创新绩效和经济绩效,分别考察探索-开发搜寻的跨领域平衡和跨领域动态平衡对企业创新能力和盈利能力的影响,从而保证研究结论能够更好地适用于追求长期技术进步与企业成长,或短期财务表现的不同规模的企业。

3.3 本章小结

本章基于企业外部技术搜寻与组织二元性研究的文献综述,借鉴组织惯性的相关理论和方法,构造了企业外部技术搜寻的前端,即技术搜寻决策的微观机制。然后,结合平衡的驱动、制衡和协调整合等不同层面,构建了基于探索-开发视角的企业外部技术搜寻平衡的概念模型;最后,在三维技术空间中,借用"约束条件下效用最大化"的原理,提出了企业外部技术搜寻的探索-开发平衡机制,并分析其对企业绩效的影响机理,为后续提出研究假设并进行实证研究奠定了理论方法基础。

第 4 章
企业外部技术搜寻平衡机制的实证研究

本章主要针对"命题一：基于探索-开发视角的企业外部技术搜寻平衡机制"，围绕企业外部技术搜寻平衡的实现机制进行理论分析和实证检验，以揭示企业外部技术搜寻的跨领域平衡及动态平衡特点。具体内容在文献梳理的基础上，首先，基于探索-开发视角，拓展了企业外部技术搜寻平衡的研究假设；其次，以中国企业为研究对象，运用中国情境下的企业内向专利许可数据作为主要数据源，以时间、地理和认知维度为切入点，定义企业外部技术搜寻的三维空间；最后，运用 SPSS 软件进行时间序列分析，并采用 Matlab 软件绘制企业外部技术搜寻的三维特征图，结合 STATA 软件进行的回归分析，从定量的角度探索中国企业外部技术搜寻跨领域平衡及动态平衡的特征，验证相关研究假设，并进行讨论。

4.1 理论推演与研究假设

企业获取新的技术，一般有两种来源：一是基于企业内部的自行研发；二是基于企业外部的技术交易或合作研发。在开放式创新的背景下，多元化的外部创新资源使得越来越多的企业选择从外部获取新的技术，进行跨界搜寻，但根据路径依赖理论，企业为了降低交易成本与潜在风险，往往倾向于从其熟悉的、固定的外部主体获取知识。相关研究表明，跨领域（如时间、技术等边界）的搜寻行为是组织摆脱路径依赖、实现技术跨越的重要因素，是组织提高竞争优势的重要途径之一（Lorenzoni & Lipparini, 1999）[437]。然而，现有研究仅考虑了搜寻的单一领域，如时间、地理、组织、内容等，虽然也将其拓展到了二维的边界，如时间-组织维度、技术-地理维度等（马如飞，2009；魏江和冯军政，2009；李生校，2013）[37,82,438]，但同时考虑三个维度的研究很少，也未能根据中国企业的现实情境进行系统的研究。

根据前文构建的企业外部技术搜寻平衡机制分析框架，本部分将从组织惯性对技术搜寻的作用出发，借鉴组织二元性中关于领域平衡的思想，即将技术搜寻的某一维度定义为某一领域，结合时间演化研究企业外部技术搜寻平衡的实现机制，并提出研究假设。

4.1.1 组织惯性与技术搜寻

资源是企业生产运营活动必不可少的生产要素，按照资源基础理论的观点，企业的竞争优势正是通过其所拥有的某些有价值、稀缺、难以被竞争对手模仿和不可替代的资源创造价值而形成的。建立在社会交换理论（Social Exchange Theory）基础上的资源依赖理论（Resource Dependency Theory）认为，由于任何组织都无法仅依靠自身能力生产所有发展所需要的资源（Jacobs, 1974; Pfeffer & Salancik, 2003）[439,440]，企业不得不通过与其他组织或个人建立和发展联系来获取稀缺资源。

开放式创新体系打破了原有的封闭式创新，为组织获取外部异质性关键资源提供了理论依据，而企业向组织外部多元化和多路径地搜寻并获取技术知识，正是其进行资源整合、提高创新能力、保持持续竞争优势的重要手段。但资源本身的黏滞性以及核心能力的路径依赖性（Teece et al., 1997）[441]，使得组织具有"非此地发明"的定势思维，并表现出惯性行为，因此，企业的外部技术搜寻行为具有较强的路径依赖性，往往会在某一维度上重复地寻找与现有技术知识类似的新知识。

根据 Levinthal 和 March（1993）[180]的研究结果，企业的探索性创新侧重于远距离、产业外知识的搜寻与整合，试图通过异质性知识的组织内化过程来实现企业在技术方面的突破与引领，但探索性活动本身的高不确定性、高失败率等特点，使得过度依赖探索性创新的企业陷入"探索—失败—再探索"的怪圈。同样，企业的开发性创新则强调基于现有市场、能力和技术等组织的惯例性要素，通过在现有的创新范式下寻找解决问题的方法和途径来实现企业的发展，但开发性活动容易将企业长期束缚于既有的技术轨迹中，使其无法实现跃迁。因此，探索性创新与开发性创新活动均具有路径依赖性，两者之间的平衡会受到自我强化趋势的干扰（肖丁丁，2013）[11]。

综上所述，基于探索-开发的企业外部技术搜寻平衡的微观机制，需要考虑组织惯性和路径依赖的作用，故提出以下研究假设：

H1：受到路径依赖的影响，企业在某一领域的开发性（探索性）技术搜寻经历会增强企业下一时刻在该领域进行开发性（探索性）技术搜寻的可能。

4.1.2 技术搜寻的领域平衡

根据交易成本理论，经济体系中专业分工的存在，使得市场价格机能存在成本（Coase，1937）[152]。从本质上讲，企业有对外交易合作，就必然会产生交易成本，是企业经营不可分割的组成部分，这主要源于作为决策主体的人的本性与交易环境因素互相影响下所产生的市场失灵及交易困难（Williamson，1975）[442]。进一步来看，围绕企业进行外部技术的搜寻和获取，造成交易成本或交易困难的主要原因如下：

（1）有限理性（Bounded Rationality），即决策主体由于受到自身能力、阅历和情感等因素的影响，在追求外部技术搜寻所产生的利益最大化的过程中所面临的限制约束。

（2）机会主义（Opportunism），即企业外部技术搜寻过程中，交易双方为寻求自身利益最大化而增加彼此之间的不信任，进而导致交易过程监督成本增加和经济效率的降低。

（3）专用性（Specificity），即由于企业搜寻并获取的外部技术大多具有较强的专用性，且涉及异质性（Idiosyncratic）的信息与资源，导致市场交易的搜寻成本和获取成本较高。

（4）不确定性（Uncertainty），即由于市场环境和外部技术的未来前景均不可预期，技术价值难以准确估量，故决策主体会将未来的不确定性纳入交易契约中，增加议价成本，并导致交易困难度上升。

（5）信息不对称（Information Asymmetric），即由于环境及技术的不确定性和决策主体的自利行为，企业外部技术搜寻与获取的交易双方往往拥有不同的信息，使得市场和技术的先占者（First Mover）因拥有较多有利信息而获益。此时，相对于技术拥有方，搜寻方因信息不对称而处于劣势，交易成本进一步增加。

尽管不同的交易会涉及不同类型的交易成本，但鉴于以上交易成本的来源，总体而言，企业外部技术搜寻的主要交易成本包括：搜寻成本，即为搜集技术信息与交易对象信息而付出的成本；信息成本，即获取技术信息和交易对象相关信息而付出的成本；决策成本，即选择特定外部技术并进行相关决策和签订合约所需的成本；监督成本，即监控技术拥有方是否按照合约内容进行技术交易的成本；以及在此过程中所涉及的各种机会成本。交易成本的存在使得企业很难在技术的多个维度（如时间、地理、认知等）同时选择并高效地实施某一搜寻策略（如非本地搜寻、远距离搜寻和探索性搜寻等），故而不得不考虑在外部技术的多个维度下，如何平衡和优化企业在各个维度的搜寻策略。

通过前文对企业外部技术搜寻相关文献的梳理可以发现，现有研究要么采用"点"的观点，即考察企业是否存在外部技术搜寻，或用于外部技术获取的费用；要么采取"线"的观点，仅考察技术的某一维度，如新旧程度，技术转移双方地理距离的远近情况等；或选择"面"的观点，同时考虑技术来源的某两个维度，如企业外部技术的新旧程度和技术转移双方的距离远近等。然而，基于上述观点的研究均无法完整地回答在三维的技术空间中，企业应该如何选择外部技术或优化技术搜寻方案等问题。

自March（1991）[58]提出组织学习的探索和开发两种能力以来，在技术创新领域，越来越多的学者通过研究发现，企业需要对探索性创新和开发性创新进行平衡，这样才能保证组织自身长久的生存和发展。如Utterback（1994）[443]等提出，企业应同时进行探索性创新和开发性创新，并尽可能地寻求二者的平衡，从而避免两类创新无序争夺企业资源而导致的低配置效率。Brown和Eisenhardt（1998）[117]研究发现，能够在持续变化的环境中获得成功的组织均表现出部分有序性，它们往往会处于极度刚性和极度混沌之间，平衡探索性创新和开发性创新。Kang等（2007）[444]认为，组织可以通过双元性学习来避免探索性创新和开发性创新之间的冲突和矛盾，从而实现二者的平衡并提高学习效率。王耀德和李俊华（2012）[134]提出，探索性创新和开发性创新之间的互动平衡是组织资源互动以及市场环境动态变化的必然要求。此外，柯达、诺基亚等昔日行业领先者迅速衰落的案例也在实践中印证了企业实现创新平衡的重要性（王建等，2015）[445]。

在技术搜寻领域，自外部技术搜寻二元性的概念在探索性创新和开发性创新的基础上提出以来，学界也将企业技术搜寻模式的研究重点从本地搜寻（又称为"开发性搜寻"）、非本地搜寻（又称为"探索性搜寻"）逐渐转移到平衡搜寻上来，强调外部技术搜寻的平衡性问题（Lavie et al., 2011）[45]，即企业在外部技术搜寻的过程中，最好不要沿任何一个维度走向两极。也有学者提出跨界平衡的问题（He & Wong, 2004; Lavie et al., 2010; 李剑力, 2009; 王凤彬等, 2012; 芮正云和罗瑾琏, 2016）[60,86,107,362,431]，即利用技术搜寻过程中某个维度的优势去弥补另一个维度的劣势，从而达到总体的平衡。

根据现有围绕技术平衡搜寻的相关研究，结合企业外部技术搜寻过程中所面临的交易成本问题可知，企业在从组织边界之外搜寻相关技术的过程中，面临着因本地搜寻而带来的"短视"以及企业创新对具有新颖性的非本地技术的需求,和远距离搜寻存在的有限理性、机会主义、技术专用、不确定性和信息不对称等导致的交易成本过高的两难困境。一方面企业基于创新能力提升和突破性创新的考虑偏向于远距离的探索性搜寻,而另一方面考虑到搜寻成本、信息成本、决策成本、监督成本以及相关机会成本,则倾向于近距离的开发性搜寻。因此,为平衡二者的关系,企业可能会在特定维度上选择探索性搜寻,同时,在另一维度上放弃探索性搜寻而选择开发性搜寻,进而表现出在不同维度上对探索性或开发性搜寻的不同选择(Leonard-Barton,1992;Katila & Ahuja,2002;Sidhu et al.,2004;Lucena,2016;张峰和邱玮,2013;李俊华,2013;王建等,2015)[44,129,131,221,434,445,446]。

针对已有关于外部技术搜寻的三个维度(Li et al.,2008)[40],在时间维度上,搜寻距离的远近主要用技术的新旧程度来衡量,远距离的探索性搜寻意味着获取的技术更新,新颖程度更高;近距离的开发性搜寻则意味着获取的技术较旧,成熟度更高。从创新的角度来看,相较于成熟技术,新技术所包含的新知识更贴近当前技术市场的需求并反映出未来的技术发展趋势,能够帮助企业更好地改进现有技术,进而有利于企业的创新(Katila,2002;Katila & Ahuja,2002;Rothaermel & Boeker,2008)[14,44,447]。然而,由于交易成本的存在,从外部搜寻并获取这些新技术会导致企业面临更大的不确定性和更高的风险(Nerkar,2003;雄伟等,2011;邬爱其和方仙成,2012)[3,43,52],故会限制企业在时间维度进行远距离的探索性搜寻。在地理维度上,搜寻距离的远近主要用技术所在地的地理距离来衡量,远距离的探索性搜寻意味着企业获取的技术来自更远的地区,甚至国外,差异化程度可能更大;近距离的开发性搜寻则意味着企业获得的技术来自当地或附近区域,差异化程度可能更小。已有研究表明,来自更远地理距离的技术,尤其是国外的技术,由于其在不同的制度和文化下,基于异质性知识而产生,潜在的差异性更强,能够给企业的现有技术带来"新鲜血液",避免其陷入"知识短视",进而有利于企业提高创新绩效,维持其可持续的竞争优势（Lublinski，2003；Kotabe & Murray，2004；Kotabe et al.，2007）[435,448,449]。然而，更远的地理距离导致企业面临的不确定性更大，技术的专用性更强，信息不对称程度更高，相关的搜寻成本、信息成本和机会成本大大增加，给企业带来更大的挑战（Ganesan et al.，2005；Kotabe & Mudambi，2009）[320,450]，故会限制企业在地理维度进行远距离的探索性搜寻。在认知维度上，搜寻距离的远近主要用企业对搜寻技术的熟悉程度来衡量，远距离的探索性搜寻意味着获取的技术来自企业不太熟悉的领域，可能更有利于企业实现突破性创新；近距离的开发性搜寻则意味着获取的技术来自企业熟悉的领域，可能更有利于企业的渐进性创新，而不利于突破性创新。当企业从不熟悉的知识领域搜寻并获取外部技术时，由于技术的异质性和新颖性能够给企业现有技术带来不同的知识源，因而往往成为企业实现突破性创新的基础（Ahuja & Katila，2001；Phenc et al.，2006；Capaldo et al.，2017；于飞等，2018）[55,293,326,451]。然而，搜寻并获取这些来自不同技术领域的非相似性技术，需要企业付出更高的交易成本，可能会导致企业陷入"过度搜寻"的陷阱，且对企业自身的消化吸收能力等也有更高的要求（Rosenkopf & Nerkar，2001；Lin，2011；Lai & Weng，2014）[27,200,452]，故会限制企业在认知维度进行远距离的探索性搜寻。

在综合考虑企业外部技术搜寻三个维度的基础上，来源于对资源基础观和核心能力理论反复推演的动态能力理论（Dynamic Capabilities Theory）强调企业对内外竞争力进行整合、构建和重置，以适应动态环境的能力（Teece et al.，1997）[441]，其所包含的创新能力聚焦于企业创新能力提升环节，强调随着时间的推移，组织通过内部价值链各环节的协调运作，克服路径依赖导致的组织惯性行为（Wang & Ahmed，2007）[453]。因此，在探索-开发的框架下，为深入研究企业外部技术搜寻平衡的实现机制，本部分借鉴组织二元性中关于领域平衡的思想（Lavie & Rosenkopf，2006）[261]，将技术搜寻的某一维度定义为某一领域，结合时间演化，提出以下研究假设：

H2：在某一时点，企业趋向于在不同领域间平衡开发性和探索性技术搜寻活动，即在某一领域进行的开发性（探索性）搜寻，会同时使用其他领域的探索性（开发性）搜寻来补偿。

H3：随着时间的推移，企业趋向于在某一领域内平衡开发性和探索性技术搜寻活动，从而实现从开发性技术搜寻到探索性技术搜寻的转变，反之亦然。

H4：在三维的技术空间中，企业趋向于通过跨领域动态平衡开发性和探索性技术搜寻，以避免企业在领域内实施开发性和探索性搜寻受组织张力的制约，即随着时间的变化，企业会提高某一领域的技术搜寻探索（开发）水平，同时会提高其他领域的技术搜寻开发（探索）水平。

综合上述理论分析及研究假设，构建本部分实证研究的技术搜寻平衡机制理论模型，如图4-1所示。

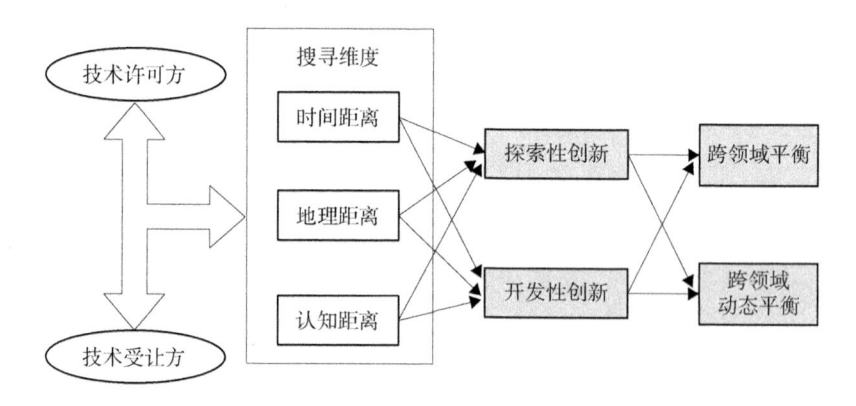

图4-1 基于探索-开发视角的企业外部技术搜寻平衡机制理论模型

4.2 数据来源与描述统计

4.2.1 数据来源

调查问卷是为了从被访者处获得有关某一主题的信息而有针对性地设计的一组或一系列问题。由于采用问卷收集信息资料具有实施方便、省时间和效率高等优势，因此，问卷调查法作为国际通行的调查方式，逐渐成为我国科学研究中应用最广的数据收集方法（王华清和程秀芳，2009）[454]。然而，即便是采用系统程序的科学方法能够基本保证所收集的数据能够满足调查者的需要，被调查主体的主观态度和行为仍然会受到诸多因素的影响（张灿鹏和郭砚常，2008）[455]，因此，问卷调查数据的一个致命弱点就是难以排除不可观测变量的影响，对因果关系判断力较弱。

目前，关于企业外部技术搜寻的研究多以欧美等发达国家的企业为样本，以发展中国家，尤其以我国企业为样本的实证研究较少。同时，这些研究大多使用专利引用信息和问卷调查数据，对于外部技术的存在方式并不知晓，即将外部技术搜寻作为研究中的外生变量看待。基于此，本书将以中国企业为研究对象，以中国情境下企业内向许可专利的客观数据作为主要数据源，进行企业外部技术搜寻平衡的实证研究，数据全部来自中国国家知识产权局❶（China National Intellectual Property Administration，CNIPR）的中国专利数据库❷。

由于国家知识产权局公布了1998年、1999年部分技术许可数据，2000—2013年几乎全部技术许可信息，因此，在1998年1月1日—2012年12月31日❸备案的专利许可数据中，通过对专利受让人所包含的关键词进行检索，用"企业""公司""厂""集团"四个关键词搜索企业作为受让人的专利数据。在筛选出的89545项专利中，让与人的类型有个人、教育机构、研究机构和企业。考虑到个人作为让与人时，其地理距离与组织邻近性具有较大的随机性和不确定性，最后，剔除让与人为"个人"的专利许可数据以及变量不全的无效专利，剩余有效的组织间许可专利共计49462项。每项专利均包含了申请号、申请日、许可年份、专利名称、分类号、让与人、受让人、地址、合同备案号、

---

❶ 国家知识产权局官方网站：http://www.cnipa.gov.cn/。
❷ 国家知识产权局专利数据服务试验系统官方网站：http://patdata1.sipo.gov.cn/。
❸ 该数据库的清洗工作完成于2015年，由于涉及上万条专利数据筛选和整理的工作量较大，加之笔者的时间和精力有限，故本书中的相关样本数据仍来源于该数据库。

许可种类和许可年份等信息。

4.2.2 描述性统计

根据国家知识产权局公布的1998—2012年企业内向专利许可数据（企业作为受让方的专利许可数据），89545项专利中，有约55%的专利由非个人（企业、教育机构或研究机构）许可给企业，其中，企业作为让与人的专利占非个人许可专利总数的85.5%，如图4-2所示。

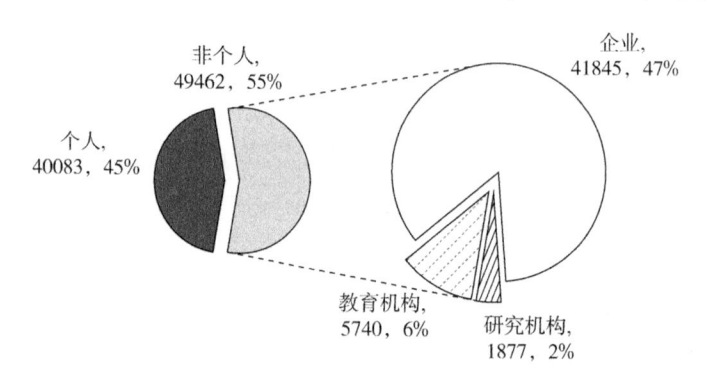

图4-2 1998—2012年中国企业内向专利许可数据让与人类型构成比例

剔除让与人为"个人"后，剩余49462项组织间许可的专利在各年度（专利许可年度）的分布如图4-3所示。

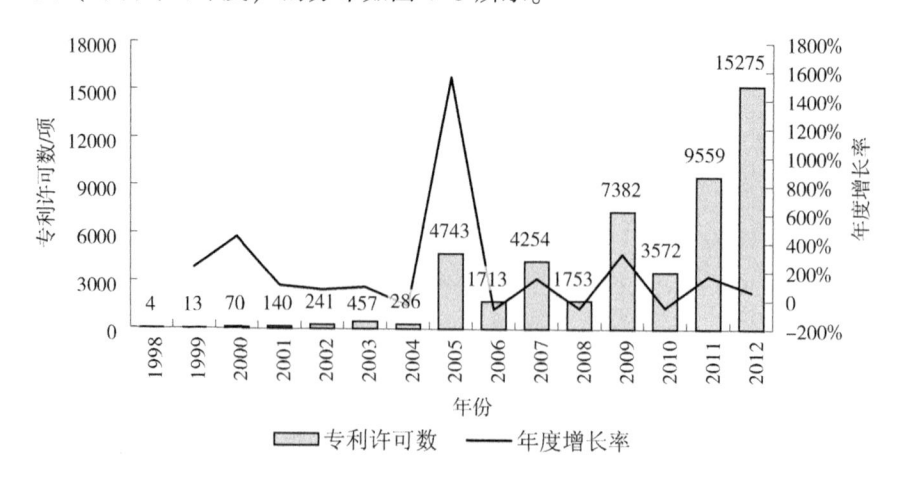

图4-3 1998—2012年中国企业内向专利许可数年度分布

第4章 企业外部技术搜寻平衡机制的实证研究

由图4-3可以看出，自2005年开始，我国不同组织之间的专利许可活动日益频繁，特别是2010年以后，企业内向专利许可数量快速增加。

通过进一步分析可知，1998—2012年，共有9825家中国企业从6378个不同国内外组织（包括企业、教育机构和研究机构）获取外部技术（专利的许可），其中，有5986个让与人的所在地位于我国境内。5986个让与人和9825个受让人共来自我国34个不同的地区，将各地区让与人和受让人数量按照百分比的形式进行标准化处理后，15年间，中国许可专利让与人和受让人在我国境内的地域分布情况如图4-4所示。

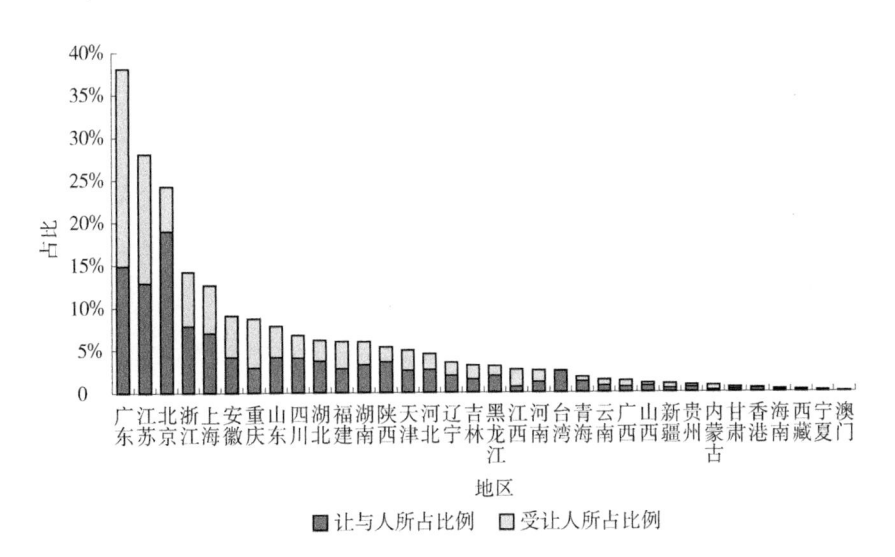

图4-4 1998—2012年中国许可专利让与人和受让人地域分布情况

在图4-4中，各地区柱状图的高低代表该地区让与人和受让人的总数，可以看出，大部分让与人和受让人均位于我国中东部地区，特别是沿海城市，而西部地区，如新疆、西藏、甘肃和宁夏等地则数量较少。此外，从图中还可以直观地看出各地区让与人和受让人的相对比例。例如，北京作为我国知识创造能力最强的地区（柳卸林和高太山，

2015)[456]，其让与人数量及所占比例均比较高（由于客观条件的限制，受让人所在地为我国台湾地区的专利暂无法统计）；而被誉为世界制造中心地带的广东，作为我国经济对外开放的先驱者，其受让人数量及所占比例则更高。

4.3 研究变量及测算

借鉴 Lavie 等人（2010）[107] 的研究，本书将企业外部技术搜寻的"探索"和"开发"定义为一个连续谱上的两个点，采取连续变量（Ardito et al., 2018; Asakawa et al., 2018）[306,307] 的方式来定义，这种定义的优势是可以考察最优平衡点的位置。此外，由于一项许可技术合同的签订，同时定义了企业外部技术搜寻的一个三维空间，因此，根据现有研究文献，确定以下三个研究变量。

1. 时间距离

由于专利的申请和许可往往会存在一定的时滞性，即某项专利在提出申请并获得授权后，会因企业技术需求的不同以及许可合同的谈判、签订等时间消耗而导致在一定时期后才被许可。因此，本书用专利许可滞后期（Patent Licensing Lag）来衡量时间领域的探索性搜寻，用于测量企业外部技术搜寻的时间维度，其计算公式为：

$$lag_i = year_{li} - year_{ai} \qquad (4-1)$$

式（4-1）中，$year_{li}$ 为技术 i 被许可给中国企业的时间（年）；$year_{ai}$ 则代表该许可技术 i 首次申请专利的时间（年）。lag_i 值越小，表明企业从外部获取的技术越新，即越偏向于探索性搜寻。

2. 地理距离

本书采用受让企业和让与组织（企业、教育机构或研究机构）之间的地理空间距离来衡量地理领域的探索性搜寻，选择地理距离（Geo-

第4章 企业外部技术搜寻平衡机制的实证研究

graphic Distance）来测量企业外部技术搜寻的地理维度。所使用的公式为地理学上根据 A、B 两地的经度和纬度计算得到的球面直线距离：

$$d_{AB} = R\arccos[\sin(lat_A)\sin(lat_B) + \cos(lat_A)\cos(lat_B)\cos(|long_A - long_B|)] \quad (4-2)$$

式（4-2）中，R 为地球的平均半径，计算时取常数 6371km；lat_A 和 lat_B 分别代表 A、B 两地的纬度（弧度值）；$long_A$ 和 $long_B$ 分别代表 A、B 两地的经度（弧度值）。d_{AB} 值越大，表明企业从相距更远的组织获取外部技术，越偏向于探索性搜寻。

为了检验该公式的准确性，将北京和上海两地的经纬度数值转换成弧度值后代入式（4-2），得到北京和上海之间的地理距离为 1067.08km，与谷歌地球测量的两地之间直线距离 1066.55km 相近。从实际来看，航空公司公布的北京和上海之间的飞行距离为 1084km，近似于直线距离。因此，笔者认为，使用式（4-2）测量地理距离的准确度较高。

经过计算得到的企业外部技术搜寻的时间距离和地理距离均为连续变量。为便于在 Matlab 软件中进行描述统计及回归分析，本书借用 Cochran（1968）[457] 提出的概率分布，即以 0%、11%、35%、65%、89% 和 100% 为分界点，将实际计算得到的专利许可滞后期和地理距离转换为 1~5 的数值，以便于进行比较分析，取值越大表明企业越倾向于探索性搜寻。

在时间维度的变量中，1 代表专利许可滞后期为 89%~100%，定义为"知识很旧"；2 代表专利许可滞后期为 65%~89%，定义为"知识较旧"；其余数字由小到大依次定义为"知识一般""知识较新"和"知识很新"，其中，5 代表企业受让到的是最新技术知识。

在地理维度的变量中，1 代表地理距离为 0%~11%，定义为"距离很近"；2 代表地理距离为 11%~35%，定义为"距离较近"；其余数字由小到大依次定义为"距离一般""距离较远"和"距离很远"，其中，

089

5代表地理距离最远。

3. 认知距离

由于不同让与人与企业之间存在制度、观念、发展目标等或大或小的组织差异（Hong & Su，2013）[458]，因此，本书用受让企业和受让组织间的邻近性，即组织邻近（Organizational Proximity）来衡量企业在认知领域的探索性搜寻，用于测量企业外部技术搜寻的认知维度。

当让与人为企业时，让与人与受让人有相同的发展目标和相似的管理制度，此时，组织具有邻近性的特点，认知距离取值为1；当让与人为研究机构时，让与人与受让人的发展目标互补（企业在技术开发的基础上更关注技术的商业化，而研究机构在技术商业化的目标下更关注技术的开发），也具有一定的邻近性，认知距离取值为2；而当让与人为教育机构时，由于管理制度、发展目标及考核观念等的不同，邻近性最弱，认知距离取值为3。因此，在认知维度的变量中，取值越大表明企业越倾向于探索性搜寻。

此外，根据现有相关研究文献，本书还将引入企业规模这一变量，按照专利许可数据登记的企业类型，将受让企业分为大型企业和中小型企业，用数值1代表大型企业，数值0表示非大型企业，即中小型企业。

依据研究内容和假设检验的需要，本书运用STATA软件对大样本数据进行描述性统计分析后，可以得到1998—2012年中国企业外部技术搜寻各相关变量的统计指标，见表4-1。

表4-1 企业外部技术搜寻平衡机制研究变量的描述统计分析结果

变量	N	极小值	极大值	均值	标准差	方差
许可年度	49462	1998	2012	2009.53	2.572	6.614
滞后期	49462	1	5	4.15	0.704	0.496
地理距离	49462	1	5	2.56	1.717	2.947
组织邻近	49462	1	3	1.27	0.655	0.429
企业规模	49462	0	1	0.52	0.500	0.250

在相关研究变量中，滞后期、地理距离、组织邻近和企业规模四个变量的偏相关分析结果见表4-2。

表4-2 企业外部技术搜寻平衡机制各变量的偏相关系数

变量	滞后期	地理距离	组织邻近	企业规模
滞后期	1			
地理距离	-0.492***	1		
组织邻近	-0.033***	-0.241***	1	
企业规模	-0.183***	0.258***	0.042**	1

注：**、***分别代表在1%、0.1%的显著性水平下显著。

从表4-2中可以看出，定义三维技术空间的三个变量——滞后期、地理距离、组织邻近两两显著相关，说明相关系数均具有统计学意义，从数值看来，三个变量之间的偏相关系数均为负（-0.492，$p<0.001$；-0.033，$p<0.001$；-0.241，$p<0.001$），初步印证了前文提出的企业外部技术搜寻平衡（各领域在探索性搜寻或开发性搜寻的程度上不会同向变化）。此外，企业规模与滞后期显著负相关（-0.183，$p<0.001$），而与地理距离和组织邻近显著正相关（0.258，$p<0.001$；0.042，$p<0.01$），表明相较于大型企业来说，中小型企业在时间领域选择探索性技术搜寻的可能性更大，而大型企业则在空间领域和认知领域更偏向于选择探索性技术搜寻。

4.4 实证结果与分析

4.4.1 平衡微观机制

在考虑组织惯性和路径依赖对企业外部技术搜寻行为的影响后，针对研究假设中的搜寻平衡微观机制，笔者首先在大样本数据中筛选出统计期内有连续技术搜寻行为的中国企业，然后针对这些企业的专利许可数据，运用SPSS软件对企业外部技术搜寻各领域的数据进行了时间序列分析（Time Series Analyze）。数据的自相关（Autocorrelations）分析结果见表4-3，同时，绘制中国企业外部技术搜寻各领域在不同滞后期（Lag）的偏自相关系数（Partial ACF）图，其变化趋势如图4-5所示。

表4-3 中国企业外部技术搜寻各领域的时间序列分析结果

变量 滞后期	许可滞后期 自相关[ab]	偏自相关	标准误差	地理距离 自相关[ab]	偏自相关	标准误差	组织邻近 自相关[ab]	偏自相关	标准误差
1	0.715*** (25322.5)	0.715	0.004	0.817*** (32996.3)	0.817	0.004	0.411*** (8350.7)	0.411	0.004
2	0.620*** (44343.0)	0.222	0.004	0.770*** (62315.6)	0.309	0.004	0.312*** (13179.1)	0.173	0.004
3	0.564*** (60053.8)	0.129	0.004	0.746*** (89870.7)	0.198	0.004	0.259*** (16506.1)	0.102	0.004
4	0.510*** (72908.4)	0.059	0.004	0.729*** (116160.5)	0.138	0.004	0.237*** (19281.6)	0.086	0.004
5	0.476*** (84116.2)	0.062	0.004	0.718*** (141633.7)	0.113	0.004	0.210*** (21458.6)	0.056	0.004
6	0.440*** (93672.7)	0.030	0.004	0.706*** (166264.6)	0.083	0.004	0.188*** (23200.4)	0.041	0.004
7	0.419*** (102376.9)	0.049	0.004	0.694*** (190124.6)	0.065	0.004	0.173*** (24676.7)	0.036	0.004
8	0.403*** (110398.1)	0.042	0.004	0.686*** (213436.5)	0.061	0.004	0.161*** (25951.1)	0.031	0.004
9	0.387*** (117801.6)	0.034	0.004	0.679*** (236231.6)	0.052	0.004	0.143*** (26967.1)	0.018	0.004
10	0.365*** (124382.1)	0.011	0.004	0.671*** (258526.0)	0.043	0.004	0.122*** (27709.3)	0.005	0.004
11	0.345*** (130281.0)	0.011	0.004	0.664*** (280334.2)	0.037	0.004	0.118*** (28401.5)	0.017	0.004
12	0.332*** (135722.4)	0.019	0.004	0.660*** (301877.0)	0.043	0.004	0.112*** (29020.6)	0.015	0.004

续表

变量	许可滞后期			地理距离			组织邻近		
滞后期	自相关[ab]	偏自相关	标准误差	自相关[ab]	偏自相关	标准误差	自相关[ab]	偏自相关	标准误差
13	0.320*** (140802.4)	0.021	0.004	0.654*** (323021.8)	0.031	0.004	0.106*** (29576.6)	0.014	0.004
14	0.306*** (145439.2)	0.010	0.004	0.649*** (343888.0)	0.033	0.004	0.102*** (30095.7)	0.016	0.004
15	0.303*** (149994.0)	0.032	0.004	0.647*** (364624.4)	0.039	0.004	0.092*** (30514.1)	0.006	0.004
16	0.294*** (154278.8)	0.014	0.004	0.642*** (385045.5)	0.026	0.004	0.090*** (30913.4)	0.012	0.004

注：***代表在0.1%的显著性水平下显著，括号内为Box-Ljung统计量。
a. 自相关标准误差假定的基础过程是独立的（白噪声）。
b. 显著性基于渐进卡方近似。

从表4-3中可以看出，中国企业在外部技术搜寻三个领域的偏自相关系数的标准误差值均小于0.01，且自相关系数Box-Ljung统计量的相伴概率（Sig.）均在0.1%的水平上显著。因此，可以得出，在中国企业外部技术搜寻的三个领域，其时间序列均不是白噪声，而是具有自相关性的时间序列，验证了前文提出的假设H1。

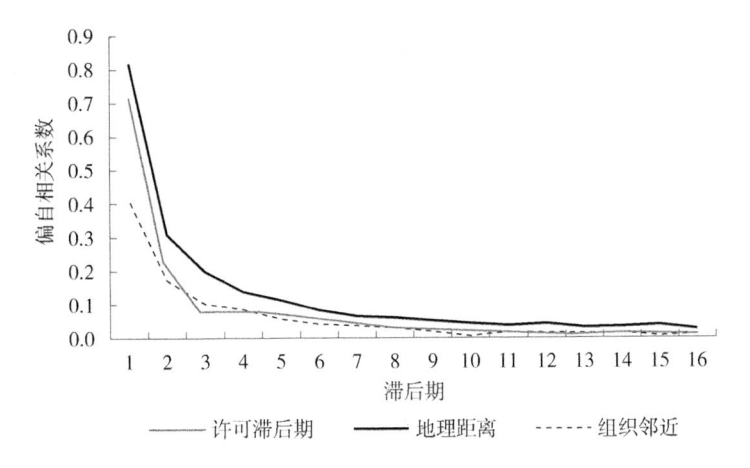

图4-5 中国企业外部技术搜寻各领域偏自相关系数的变化趋势

从图 4-5 中可以进一步看出，在技术搜寻的三个领域，随着滞后期的增加，偏自相关系数均呈现出逐渐衰减的趋势，说明随着时间间隔的增加，组织惯性和路径依赖对企业外部技术搜寻行为的影响逐渐减弱。

4.4.2 平衡形成机制

为进一步研究中国企业外部技术搜寻平衡的形成机制，本书将中国本土进行外部技术搜寻的企业置于三维技术空间，运用 Matlab 软件绘制企业的外部技术搜寻特征图。其中，x 轴为专利许可滞后期，数字越大代表知识越新；y 轴为专利许可地理距离，数字越大表示知识越远；z 轴为组织邻近性，数字越大代表组织越不相似，认知距离越大。在坐标轴上的取值越大，表明企业在该领域越倾向于探索性搜寻；反之，则越倾向于开发性搜寻。

1998—2012 年中国企业总体外部技术搜寻特征如图 4-6 所示。

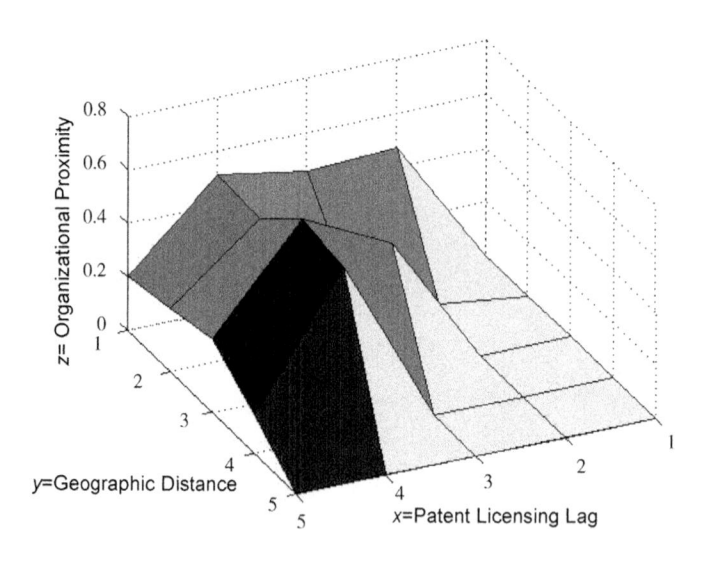

图 4-6　1998—2012 年中国企业外部技术搜寻特征

由图 4-6 可以看出，自 1998 年以来，中国企业在三维技术空间中进行外部技术搜寻时，既没有完全的探索性搜寻（无新的、远的、认知距离大的技术许可数据），也没有完全的开发性搜寻（无旧的、近的、认知距离小的技术许可数据）的情况，即存在技术搜寻在某种程度上的平衡。总体来看，组织较为邻近，即选择企业作为让与人的专利占绝大多数，此外，较多的点主要分布在：较新的、较远的、组织不太邻近的技术知识搜寻许可，当地理距离较远时基本都选择的是企业专利，即组织邻近，且知识较旧。此时，H2 得以验证。

此外，笔者在统计期内，以 5 年为单位，绘制出中国企业外部技术搜寻的演化趋势图，如图 4-7~图 4-9 所示。

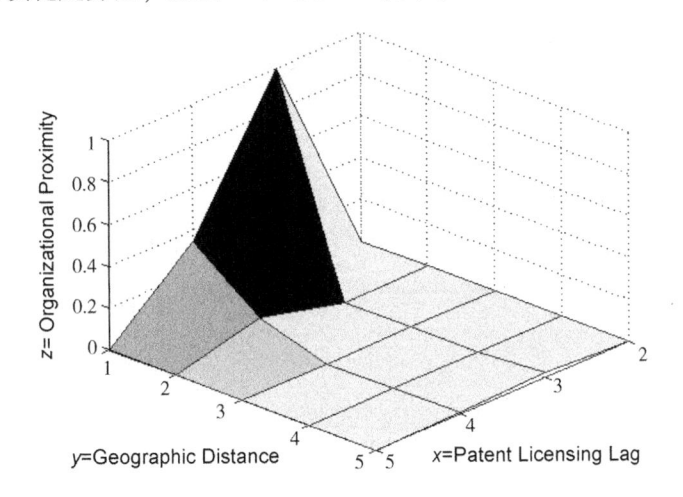

图 4-7　1998—2002 年中国企业外部技术搜寻的特征

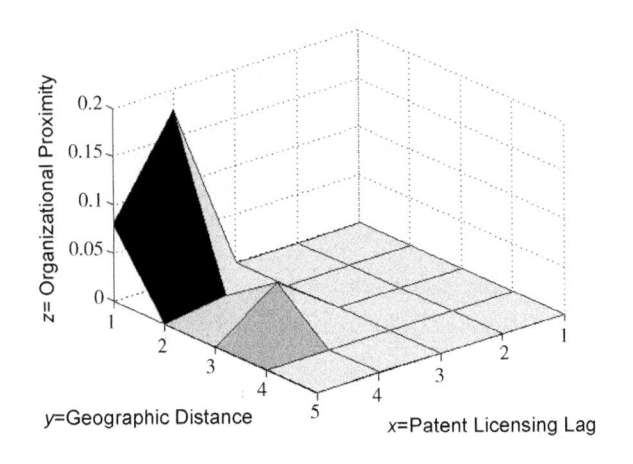

图 4-8　2003—2007 年中国企业外部技术搜寻的特征

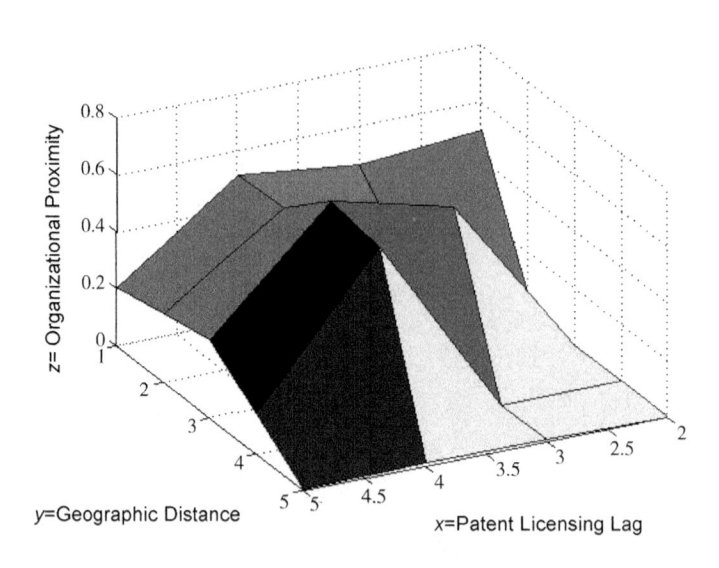

图4-9 2008—2012年中国企业外部技术搜寻的特征

由图4-7可知，在2003年以前，中国企业在外部技术搜寻的过程中，仅在时间领域和地理领域均选择开发性搜寻（获取地理距离很近的、较旧的技术）时，才会在认知领域采用探索性搜寻（向不具有组织邻近性的研究机构或教育机构获取外部技术）。

图4-8展示了在接下来的5年时间里，中国企业在地理距离较近的情况下，逐渐向不具有组织邻近性的机构搜寻并获取较新的技术，但此时，组织邻近性维度的峰值从1下降到了不到0.2。即随着时间的变化，在地理领域的搜寻行为没有较大改变的情况下，企业在认知领域从探索性技术搜寻转为开发性技术搜寻，而在时间领域，则从开发性技术搜寻转为探索性技术搜寻。换句话说，企业用认知领域的开发性搜寻来平衡时间领域的探索性搜寻。

从图4-9可以看出，2008—2012年，虽然越来越多的中国企业在认知领域选择探索性技术搜寻（大多数许可专利的组织邻近性维度得分非零），但图形中凸起的部分大多分布在地理距离较近或者滞后期较长的区域，即用时间领域或者地理领域的开发性搜寻来平衡认知领域的探索性搜寻。在这个过程中，企业仍然在各个领域内平衡探索性技术搜寻和开发性技术搜寻。

总体来看，在1998—2012年的15年间，随着竞争加剧、产品寿命周期缩短、全球经济一体化进程加快以及交通网络越来越发达，中国企业进行外部技术搜寻的过程中，在时间、地理和认知领域，总体均越来越倾向于选择探索性技术搜寻。但在搜寻的过程中，总是在三个维度之间寻找某种平衡，当其中一个或两个领域的探索性搜寻增加时，必然会减少对其余领域的探索性追求，即转而寻求开发性搜寻。同时，企业在各领域内也适当地保持着平衡，以保证在总体平衡的基础上，同一维度在探索性技术搜寻和开发性技术搜寻之间的转变。

由此可知，随着时间的推移，企业趋向于通过领域内平衡开发性和探索性技术搜寻活动，从而实现从开发性（探索性）技术搜寻到探索性（开发性）技术搜寻的转变，H3得以验证。

在以上描述性统计分析的基础上，笔者使用中国企业内向专利许可数据，基于三维技术空间，将企业外部技术搜寻的三个维度分别作为因变量，其余两个维度则作为自变量，并控制各项专利的许可年份及受让企业所在地❶，利用STATA软件进行回归分析❷，以分析三个领域之间的关系，分析结果见表4-4。

表4-4 企业外部技术搜寻平衡机制的回归分析结果

自变量＼因变量	滞后期	地理距离	组织邻近
常数项	3.818*** (0.109)	5.441*** (0.988)	1.637*** (0.060)
滞后期	—	−0.471*** (0.047)	−0.074*** (0.005)

---

❶ 根据专利许可年份及受让企业所在地进行虚拟变量转换，将各年份和各地区重新编码为0/1虚拟变量。

❷ 考虑到企业作为外部技术搜寻的决策主体，属于同一家企业的许可专利其搜寻策略具有相似性，因此，本部分所有回归分析中的标准误差均按照受让企业进行聚类处理。

续表

自变量 \ 因变量	滞后期	地理距离	组织邻近
地理距离	-0.158*** (0.008)	—	-0.117*** (0.013)
组织邻近	-0.106*** (0.007)	-0.201*** (0.018)	—
专利许可年	控制	控制	控制
企业所在地	控制	控制	控制
R^2	0.287	0.644	0.095
F	57.76***	433.3***	35.69***

注：***代表在1%的显著性水平下显著，括号内为稳健标准误差。

从表4-4中可以看出，当三个维度分别作为因变量时，各回归方程中其余两个维度作为自变量的系数均显著地为负（$\beta_1=-0.158$，$p<0.01$，$\beta_2=-0.106$，$p<0.01$；$\beta_1=-0.471$，$p<0.01$，$\beta_2=-0.201$，$p<0.01$；$\beta_1=-0.074$，$p<0.01$，$\beta_2=-0.117$，$p<0.01$），说明在三维技术空间中，中国企业进行外部技术搜寻时，趋向于在不同维度间平衡开发性和探索性技术搜寻活动，三者总会呈现出一种平衡的状态，当企业过分追求其中某一维度的探索性或开发性搜寻时，会适当放弃其余两个维度的类似搜寻行为。

通过进一步比较表4-4中不同情况下各自变量系数的变化可以发现：

（1）当企业追求新知识时，会更多地选择地理距离较近的让与人（-0.158<-0.106），以便于沟通交流，提高技术的学习效率，即用地理领域的开发性技术搜寻来平衡时间领域的探索性技术搜寻。

（2）当企业寻求地理距离较远的异质性知识时，会更多地考虑选择相对较成熟的知识（-0.471<-0.201），以提高技术许可的效率，即用时间领域的开发性技术搜寻来平衡地理领域的探索性技术搜寻。

（3）当企业选择认知距离较大的让与人，即研究机构甚至教育机构时，会更多地考虑选择地理距离较近的让与人（-0.117<-0.074），

这样有利于沟通以及知识（特别是隐性知识）的传播（Jaffe et al., 1993）[459]，从而便于双方合作效率的提高，即用地理领域的开发性技术搜寻来平衡认知领域的探索性技术搜寻。

综上所述，随着时间的变化，当企业提高某一领域的探索性（开发性）技术搜寻水平时，必然会同时降低其他领域的探索性（开发性）技术搜寻水平，转而用开发性（探索性）技术搜寻来"补偿"，从而通过领域内和跨领域平衡探索性技术搜寻和开发性技术搜寻，H4得以验证。

由于经过计算得到的企业外部技术搜寻的时间距离和地理距离均为连续变量，为便于进行比较分析，前文将实际计算得到的专利许可滞后期和地理距离转换为了1~5的数值。为进一步验证H4，笔者使用连续变量作为替换❶，利用STATA软件进行稳健性检验。从表4-5可以看出，稳健性检验的结果与前文保持一致。

表4-5 企业外部技术搜寻平衡机制的稳健性检验结果

自变量 \ 因变量	滞后期	地理距离	组织邻近
常数项	0.175*** (0.016)	8.481*** (1.838)	1.067*** (0.072)
滞后期（连续变量）	—	-4.126*** (0.450)	-0.005* (0.003)
地理距离（连续变量）	-0.016*** (0.003)	—	-0.381*** (0.089)
组织邻近	-0.008*** (0.001)	-0.100* (0.059)	—
专利许可年	控制	控制	控制

❶ 由于实际计算所得到的专利许可滞后期数值越小表示知识越新，且地理距离取值范围较大，故针对专利许可滞后期，采用数值+1再取倒数的形式处理，地理距离则采用数值+1再取自然对数的形式处理，经处理后的两个变量，数值越大表明企业在该维度越倾向于探索性搜寻。

续表

自变量 \ 因变量	滞后期	地理距离	组织邻近
企业所在地	控制	控制	控制
R^2	0.247	0.371	0.081
F	87.94***	44.33***	31.63***

注：*、***分别代表在10%、1%的显著性水平下显著，括号内为稳健标准误差。

此外，由于企业规模大小的差异会导致企业可利用的资源及企业经营的特点有较大区别，因此，在考虑企业规模的基础上，按照中国专利许可数据库对受让企业规模的划分标准，分别研究不同类型的中国企业在外部技术搜寻平衡时的特点。引入该变量后，1998—2012年，中国不同类型的本土企业进行外部技术搜寻的特征如图4-10和图4-11所示。

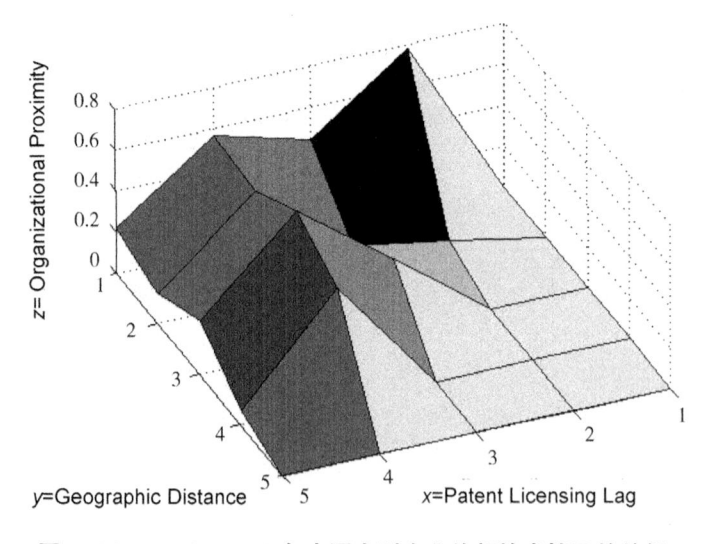

图4-10　1998—2012年中国大型企业外部技术搜寻的特征

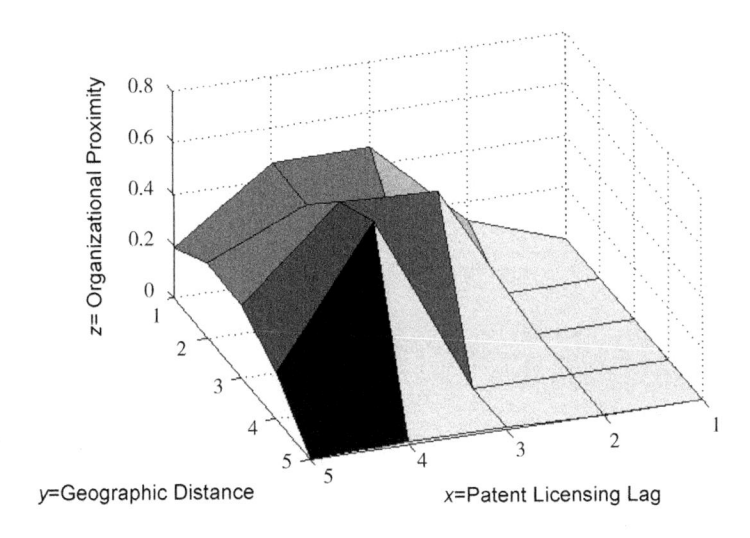

图 4-11　1998—2012 年中国中小型企业外部技术搜寻的特征

在描述性统计分析的基础上，进一步加入"企业规模"这一虚拟变量（1 表示大型企业，0 表示非大型企业，即中小型企业）后，回归分析结果见表 4-6。

表 4-6　考虑企业规模的外部技术搜寻平衡机制的回归分析结果

自变量＼因变量	滞后期	地理距离	组织邻近
常数项	4.843*** (0.007)	7.604*** (0.037)	1.983*** (0.020)
滞后期	—	-1.108*** (0.008)	-0.104*** (0.004)
地理距离	-0.204*** (0.002)	—	-0.114*** (0.002)
组织邻近	-0.096*** (0.003)	-0.573*** (0.007)	—
企业规模	-0.082*** (0.006)	0.568*** (0.013)	0.020*** (0.006)
专利许可年	控制	控制	控制

续表

自变量 \ 因变量	滞后期	地理距离	组织邻近
企业所在地	控制	控制	控制
R^2	0.288	0.645	0.095
F	57.52***	328.89***	34.65***

注：***代表在1%的显著性水平下显著，括号内为稳健标准误差。

由图4-10、图4-11和表4-6可以看出，相较于中小型企业来说，大型企业在时间领域和认知领域的开发性技术搜寻（$\beta_1=-1.108$，$p<0.01$，$\beta_2=-0.573$，$p<0.01$）基础上，会增加地理领域探索性技术搜寻的力度（$\beta_3=0.568$，$p<0.01$），即从更远的地区搜寻异质性技术，以实现跨领域平衡，且数量更多。同时，大型企业在时间领域和地理领域的开发性技术搜寻（$\beta_1=-0.104$，$p<0.01$，$\beta_2=-0.114$，$p<0.01$）基础上，会增加认知领域探索性技术搜寻的力度（$\beta_3=0.020$，$p<0.01$），即加大和让与人之间的认知距离，以实现跨领域平衡，且数量更多。究其原因，大型企业由于具有更为雄厚的资金和研发实力，人才和信息等关键资源也更为丰富，因此，在选择外部技术让与人时，受组织资源的限制，相对于中小型企业来说较小，有条件选择更远地区甚至国外的技术，且从较远的认知角度来看，也能够更好地与研究机构甚至教育机构进行高效率的合作。

相对而言，中小型企业则更多地选择在时间领域进行探索性技术搜寻，以平衡地理领域和认知领域的开发性技术搜寻行为（$\beta_1=-0.204$，$p<0.01$，$\beta_2=-0.096$，$p<0.01$，$\beta_3=-0.082$，$p<0.01$）。这也印证了前文根据表4-2中滞后期与企业规模两个变量之间的偏相关系数（-0.183，$p<0.001$）所做的推测——相较于大型企业来说，中小型企业在时间领域选择探索性搜寻的可能性更大。这可能与中小型企业组织灵活性强，对新技术更敏感，反应更为迅速有关。

表4-7在表4-6的基础上，加入企业规模与各维度的交叉项，稳健性检验的结果进一步验证了以上结论。

表 4-7 考虑企业规模的外部技术搜寻平衡机制的稳健性检验结果

自变量 \ 因变量	滞后期	地理距离	组织邻近
常数项	4.847*** (0.007)	7.514*** (0.039)	1.989*** (0.021)
滞后期	—	-1.089*** (0.008)	-0.104*** (0.004)
地理距离	-0.204*** (0.002)	—	-0.111*** (0.002)
组织邻近	-0.098*** (0.003)	-0.583*** (0.007)	—
企业规模	-0.084*** (0.006)	0.575*** (0.013)	0.016*** (0.006)
滞后期×企业规模	—	-0.075*** (0.006)	0.014*** (0.003)
地理距离×企业规模	-0.013*** (0.003)	—	-0.030*** (0.003)
组织邻近×企业规模	-0.007*** (0.002)	-0.138*** (0.005)	—
专利许可年	控制	控制	控制
企业所在地	控制	控制	控制
R^2	0.289	0.646	0.096
F	55.24***	348.2***	33.61***

注：***代表在1%的显著性水平下显著，括号内为稳健标准误差。

4.5 本章小结

在开放式创新的背景下，本章以研究命题一为基础，构建了基于探索-开发的企业外部技术搜寻平衡机制理论模型，并以中国企业为研究对象，将我国1998—2012年企业的内向许可专利作为外部技术搜寻的具体形式。通过构建三维技术空间、时间序列分析、绘制三维特征图和回归分析等方法，研究针对49462项有效专利数据，从领域内平衡和跨领域平衡两个角度实证分析了中国企业的外部技术搜寻平衡，为下文进一步分析外部技术搜寻平衡机制对企业绩效的影响奠定了基础。相关研究假设的实证检验结果见表4-8。

表4-8　企业外部技术搜寻平衡机制的假设检验结果汇总

研究假设		实证结果
H1	受到路径依赖的影响，企业在某一领域的开发性（探索性）技术搜寻经历会增强企业下一时刻在该领域进行开发性（探索性）技术搜寻的可能。	支持
H2	在某一时点，企业趋向于在不同领域间平衡开发性和探索性技术搜寻活动，企业在某一领域进行的开发性（探索性）搜寻，会同时使用其他领域的探索性（开发性）搜寻来补偿。	支持
H3	随着时间的推移，企业趋向于在某一领域内平衡开发性和探索性技术搜寻活动，从而实现从开发性技术搜寻到探索性技术搜寻的转变，反之亦然。	支持
H4	在三维的技术空间中，企业趋向于通过跨领域动态平衡开发性和探索性技术搜寻，以避免企业在领域内实施开发性和探索性搜寻组织张力的制约，即随着时间的变化，企业会提高某一领域的技术搜寻探索（开发）水平，同时会提高其他领域的技术搜寻开发（探索）水平。	支持

从表4-8可以看出，本章实证研究发现：①组织惯性和路径依赖会影响企业外部技术搜寻行为，但这种影响随着时间间隔的增加而逐渐减弱；②企业在外部技术搜寻的三维空间中存在平衡性；③三个维度中，地理距离和时间距离的替代作用更为显著；④相较于中小型企业来说，更多的大型企业选择较大认知距离进行外部技术引进。

对于企业来说，由于外部知识源具有更强的异质性特点，相较于内部研发技术来说，更能促进企业能力结构的提高，并对企业的创新绩效具有显著的影响（Brown & Eisenhardt，1997）[217]。因此，中国企业在我国建设创新型国家的背景下，要提高其自主创新能力，尤其需要与供应商企业、科研机构和教育机构等外部主体协同互动，通过外部技术搜寻与学习，充分发挥其后发优势。根据本章的研究结论可知，我国企业在外部技术搜寻的三维空间中，既不能完全采用探索性技术搜寻模式，

第 4 章　企业外部技术搜寻平衡机制的实证研究

选择新的、远的、许可双方组织不相近的外部技术（能快速进入市场并取得先发优势，但技术难以消化，且引进成本高），也不能完全采用开发性技术搜寻模式，选择旧的、近的、许可双方组织相近的外部技术（引进成本低，技术容易消化吸收，但不利于增强自身在市场中的竞争力），而应结合自身情况，在不同领域中采用有效的平衡机制，以寻求领域内和跨领域的平衡，找到适合组织的外部技术搜寻模式，从而在现有的资源和能力条件下，更好地利用外部技术，增强企业的核心竞争力，有效提高企业创新能力，保证组织的长期持续发展。

第 5 章
外部技术搜寻平衡机制对企业绩效影响的实证研究

本章主要针对"命题二：外部技术搜寻平衡机制对企业绩效的影响"，以第 4 章的结论为基础，围绕外部技术搜寻平衡机制对企业绩效的影响机理进行理论分析和实证检验，以揭示外部技术搜寻平衡与企业创新绩效和经济绩效之间的关系。具体内容在文献梳理的基础上，首先，区分了企业的创新绩效和经济绩效，并在考虑企业规模调节效应的基础上，拓展了外部技术搜寻平衡对企业绩效影响的研究假设；其次，在第 4 章使用的专利许可数据库中，筛选出 165 家上市公司，结合中国工业企业数据库、中国专利数据库、德温特专利数据库和国泰安数据库等数据来源，确定研究变量及样本数据；最后，采用结构方程模型（SEM）和层次回归分析法，运用 AMOS 和 STATA 软件对面板数据进行统计分析，从定量的角度验证外部技术搜寻的领域内平衡和跨领域平衡对企业绩效的作用效果，验证相关研究假设，并进行讨论。

5.1 理论推演与研究假设

外部技术搜寻作为有效解决当代创新过程复杂性和不确定性增加的

重要途径之一，通过建立与外部主体的联系，获取和整合企业外部技术知识，能够克服组织内部技术知识的局限，确保技术创新的效率和效果，提高企业的创新能力，因而受到理论界和企业界的推崇与采纳（Katila & Ahuja，2002；Chesbrough，2003；Laursen & Salter，2006；Enkel et al.，2009；Laursen，2012；Ferreras-Méndez et al.，2015；Radicic & Pugh，2017）[16,33,44,175,270,412,460]。现有研究从不同的角度论证了外部技术搜寻对企业创新绩效的正向积极作用，并发现这种作用在特定维度或某两个维度上通常以倒 U 形的形式呈现，即适度的搜寻对企业创新绩效有积极影响。但相关理论研究大多针对西方发达国家展开，虽有部分学者基于中国企业的创新搜寻实践围绕企业绩效进行实证研究（谭狄溪，2011；宋晶等，2014；唐朝永等，2014；魏江等，2015；董振林，2017；郑浩，2018）[20,84,85,461-463]，却未能综合考虑企业同时在多个维度搜寻外部技术知识时，相关平衡机制对企业创新绩效和经济绩效的影响。

根据前文构建的企业外部技术搜寻平衡机制分析框架及实证研究结论，本部分将从外部技术搜寻的领域平衡出发，借鉴现有关于创新搜寻和跨界搜寻对企业绩效影响的研究结论，综合考虑企业的创新绩效和经济绩效，并结合企业规模对技术搜寻平衡的影响，提出相关研究假设。

5.1.1 搜寻平衡与企业绩效

对于企业来说，外部技术搜寻可以帮助组织充分利用行业内外技术知识溢出和区域技术知识溢出等机会，促进不同领域技术知识的融合与技术资源的整合，从而提高企业的创新能力和绩效水平（马如飞，2009）[438]。例如，全球最大的日用消费品公司之一宝洁（P&G）就曾采用开放式创新模式，通过外部技术获取，使其产品创新成功率提高了50%，R&D 效率提高了约 60%（Enkel et al.，2009）[33]。因此，自"探索"和"开发"的概念提出以来，如何运用企业有限的资源，实现探索性创新或开发性创新以及二者某种程度上的平衡，从而提高组织绩效,成为学者们关注的焦点。

由于企业在进行外部技术搜寻时,会从不同的搜寻维度寻找外部知识,早期的研究者们大多从单一维度对企业的外部技术搜寻行为进行刻画,如地理领域、知识领域和时间领域等。随着研究的深入,二维的划分方法逐渐成为主流。针对中国企业,国内学者也从一维或二维的角度进行了相关实证研究。

从单一维度来看,郑华良(2012)[303]以浙江省115家集群企业为样本进行实证研究,问卷调查结果表明,在地理维度的外部知识探索性搜寻和开发性搜寻与集群企业创新绩效之间均呈现倒U形影响关系。缪根红等(2014)[18]研究发现,在知识的时间维度上,新知识的探索性搜寻和开发性搜寻以及旧知识的探索性搜寻分别对企业的创新绩效有显著的正向影响。唐朝永等(2014)[84]研究表明,认知维度的探索性搜寻及开发性搜寻均对组织创新绩效有显著的正向影响。张峰和刘侠(2014)[19]采用问卷调查的方法获取了294家中国企业的数据,研究结果表明,各搜寻渠道(维度)的探索性搜寻和开发性搜寻均显著线性影响企业的创新绩效。王元地等(2015)[464]基于181家中国样本企业的实证研究,通过回归分析发现,认知领域的探索性技术搜寻与企业多元化发展之间存在负向的相关关系,而地理领域的探索性技术搜寻则对企业的多元化发展起着更强的促进作用,时间领域的探索性技术搜寻和企业多元化发展之间存在倒U形关系。范雅楠和云乐鑫(2016)[114]以294家制造型企业为样本开展实证研究,结果表明,企业在认知维度上对市场知识的探索性搜寻对企业创新绩效产生了直接的正向影响。陈朝月和许治(2018)[21]基于广东省2010—2013年高新技术民营企业4年面板数据的实证分析发现,企业在认知维度上的探索性外部技术获取与企业绩效之间存在显著的倒U形关系。

基于两个维度的相互作用,谭狄溪(2011)[461]通过综述研究,发现了探索性学习对开发性知识搜寻与企业创新绩效关系的正向调节作用以及对探索性知识搜寻与企业创新绩效关系的负向调节作用,而开发性学习的调节作用则刚好相反。李生校（2013）[82]基于对知识的空间（本地/全球）和时间（以往/现在）维度的问卷调查，通过实证研究发现，四种组合与企业的创新绩效之间均存在倒 U 形相关关系。岳意定和卢澎湖（2014）[465]在综合考虑企业外部技术知识搜寻策略的基础上进行实证研究，结果发现，探索性技术搜寻和开发性技术搜寻对企业产品创新绩效均有正向影响。魏江等（2015）[85]采用纵向单案例的方法考察了先声药业的创新搜寻与创新绩效之间的演化，研究表明，随着企业创新搜寻由国内科研搜寻和供应商搜寻向国外科研搜寻、市场搜寻和供应商搜寻演化（地理维度和认知维度的开发性搜寻向探索性搜寻转变），企业的创新绩效也从低到高不断演化。赵凤等（2016）[466]利用 2012—2013 年深沪市高技术制造业 A 股上市公司的 190 个年度数据为样本数据进行多元层次回归分析，研究结果显示，探索性外部技术获取对企业财务绩效和产品多元化均没有显著影响，而开发性外部技术获取对企业财务绩效和产品多元化均有显著的正向促进作用。

可见，国内现有的关于跨界搜寻与企业绩效关系的研究大多基于技术创新或知识管理的视角，缺乏对成本效益的考虑，故而忽视了跨界搜寻对企业产品市场绩效和财务绩效的影响，无法反映市场对企业跨界搜寻的认可程度（熊伟等，2011）[3]。此外，随着中国企业在创新搜寻过程中在各搜寻维度均越来越偏向于探索性搜寻（如国外搜寻、前沿知识、高校和研究机构等）（魏江等，2015）[85]，当考虑不同维度之间的相互影响后，单一领域开发性搜寻对知识利用的报酬边界（Dosi，1988）[77]是否会发生变化、外部技术搜寻策略对企业绩效的影响是否仍然存在倒 U 形关系等问题，都还有待进一步研究。

现有研究表明，中国企业通过参与开放式创新，其创新绩效得到了显著的提升（Wang et al., 2012；张振刚等，2015；赵立雨，2016）[31,35,467]。由于利用外部技术知识提升组织的技术创新能力是中国企业融入开放式创新体系的必然选择（Chen et al., 2011）[275]，因此，为进一步研究外部技术搜寻平衡机制对企业绩效的影响，本书在综合考

虑创新绩效和经济绩效的基础上,提出以下研究假设:

H5a:企业在领域内平衡探索性技术搜寻活动和开发性技术搜寻活动,与企业创新绩效之间存在显著的负向相关关系。

H5b:企业在领域内平衡探索性技术搜寻活动和开发性技术搜寻活动,与企业经济绩效之间存在显著的负向相关关系。

H6a:企业通过跨领域平衡探索性技术搜寻活动和开发性技术搜寻活动,与企业创新绩效之间存在显著的正向相关关系。

H6b:企业通过跨领域平衡探索性技术搜寻活动和开发性技术搜寻活动,与企业经济绩效之间存在显著的正向相关关系。

5.1.2 企业规模的调节效应

在统计学中,当因变量 Y 与自变量 X 之间的关系是随变量 M 变化的函数时,则称 M 为调节变量(James & Brett, 1984)[468],即 Y 与 X 的关系受第三个变量 M 的影响。由于调节变量会影响因变量 Y 和自变量 X 之间的关系方向(正向或负向)和关系强弱(Baron & Kenny, 1986)[469],因此,调节效应的一般模型如图5-1所示。

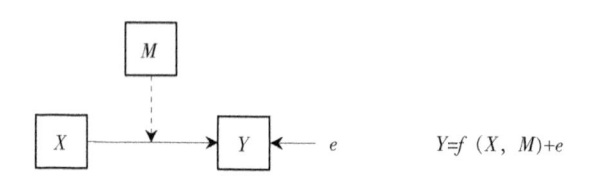

$$Y = f(X, M) + e$$

图5-1 调节变量对其他变量影响示意图

作为企业管理研究领域控制组织情境最常见的变量之一,企业规模通常采用从业人数、年末总资产或主营业务收入进行衡量,并对企业创新的绩效产生影响(Rasiah et al., 2010;Petruzzelli, 2011;李宇和安玉兴,2008;杨砚峰和李宇,2009;刘锦英,2010;李大军等,2014)[41,470-474]。

在创新管理的研究领域,企业规模和技术创新之间的关系一直以来都是具有争议性的问题之一。以"熊彼特假设"（Schumpeter，1942）[475]为代表性观点的学者认为，大型企业的研发实力和抗风险能力更强，因而对技术创新有绝对的影响作用（Galbraith，1952；Villard，1958；胡德勤，2018）[476-478]。而持倒 U 形观点的学者则发现，随着企业规模的扩张，大型企业的官僚体制会对技术创新产生抑制作用，当企业规模对技术创新的负效应大于正效应时，"熊彼特假设"会得到相反的结论（Scherer，1965；孙晓华和田晓芳，2009；陈琨等，2016）[479-481]。

一般认为，企业规模越大，其生产资源越丰富，就越有可能促进组织创新活动的开展（Tsai，2001）[482]，创新绩效越好（马艳艳等，2014）[483]。比如，在联盟网络中实施探索性创新和开发性创新的平衡，相对于小企业的聚焦战略来说，大型企业能够取得更高的绩效（Lin et al.，2007）[484]；大型企业的组织惯性更有利于实施开发性技术创新（高良谋和李宇，2008）[485]。但现有研究也发现，企业规模越大，面临的管理情境越复杂，出现因规模扩张而导致的内部沟通协调难度加大和效率下降等问题的概率就越高，如 Jaffe（1988）[486]发现，相对于大型企业来说，小企业的技术创新效率更高；在组织学习领域，探索性学习和开发性学习平衡的实施也可能导致在组织层面部门之间的协调更加困难（张振刚和余传鹏，2015）[68]；现有针对中国上市公司或大中型工业企业的实证研究表明，一定程度的企业规模更有利于组织从事技术创新相关活动，但规模过大则会抑制企业技术创新活动，尤其是探索性技术创新活动的开展（董晓庆等，2013；周方召等，2014；于长宏和原毅军，2017）[258,487,488]。

围绕企业外部技术搜寻，有学者提出，随着规模的扩大，企业的惰性会逐渐提高，更倾向于沿着原有的技术轨迹来提高生产率，技术创新意愿降低，故会相对地减少外部知识搜寻的频率（Rothaermel & Deeds，2004；Shao & Hart，2017）[257,489]。也有研究认为，企业规模越大，其所拥有的可利用的冗余资源越多，就越有可能促进企业进行外部知识搜寻，从而有利于企业绩效的提高（Levinthal & March，1993；Lin et al.，

2007；Parida et al.，2016）[180,259,484]。基于上述研究成果，在考虑企业规模对组织绩效的影响后，本书就企业规模调节领域内和跨领域平衡与企业绩效之间的关系，提出以下研究假设：

H7a：企业规模越大，其在领域内平衡开发性和探索性外部技术搜寻活动的难度就越大，即企业规模负向调节领域内技术搜寻平衡与企业创新绩效的关系。

H7b：企业规模越大，其在领域内平衡开发性和探索性外部技术搜寻活动的难度就越大，即企业规模负向调节领域内技术搜寻平衡与企业经济绩效的关系。

H8a：企业规模越大，跨领域平衡开发性和探索性外部技术搜寻活动对企业绩效的积极作用将被放大，即企业规模正向调节跨领域技术搜寻平衡与企业创新绩效的关系。

H8b：企业规模越大，跨领域平衡开发性和探索性外部技术搜寻活动对企业绩效的积极作用将被放大，即企业规模正向调节跨领域技术搜寻平衡与企业经济绩效的关系。

综合上述分析及研究假设，构建本部分实证研究的理论模型，如图5-2所示。

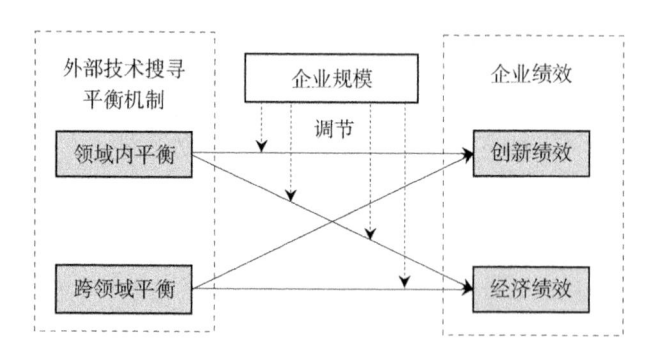

图 5-2 外部技术搜寻平衡机制对企业绩效影响的理论模型

5.2 研究变量与描述统计

5.2.1 数据来源

通过对现有文献的整理可以发现，针对中国本土企业样本进行创新搜寻和企业绩效相关研究的数据来源大多通过问卷调查的方法获取。由于前文已分析了问卷调查数据的不足，且相较于企业调查数据，专利许可数据能够客观地反映企业从外部获取的技术知识，因此，本章的实证研究数据来源，仍然选择客观的、容易获取的、具有可操作性的官方公布数据。

目前，满足上述条件的企业数据主要来自上市公司每年公布的年度报表以及基于中国国家统计局进行"规模以上工业统计报表统计"所取得的资料整理编制而成的中国工业企业数据库。在此基础上，根据研究的目标和内容，本部分首先在第4章使用的专利许可数据库中，针对9825家受让企业，通过名称匹配和人工查缺补漏的方式，找出其中的上市公司，共计769家；其次，剔除同一家公司内部许可的情况，即专利技术由上市公司许可给其子公司的情况，剩余605家；最后，考虑到数据须具有一定的时间效应并能够体现动态变化趋势，以便于构建研究所需的面板数据，故仅选择2000—2012年有10条及以上专利许可记录，且分布在至少2个自然年度的上市公司，最终确定165家中国企业作为本部分的研究样本。

165家上市公司各年度总受让专利数、所属板块及地域分布如图5-3~图5-5所示。

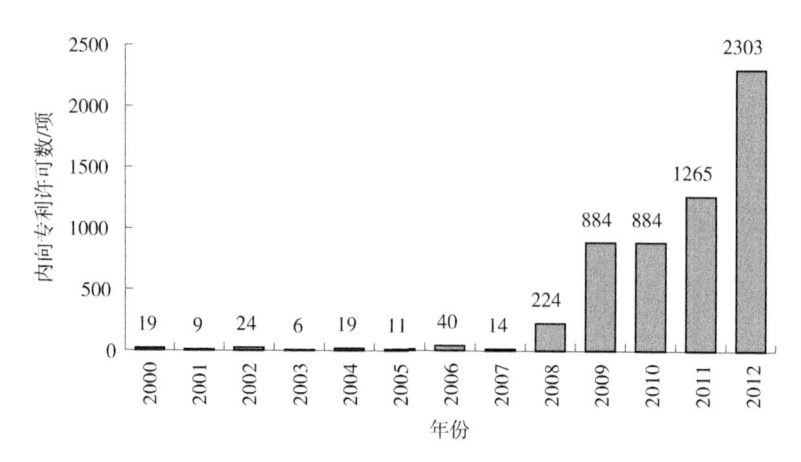

图 5-3 2000—2012 年 165 家上市公司内向专利许可数年度分布

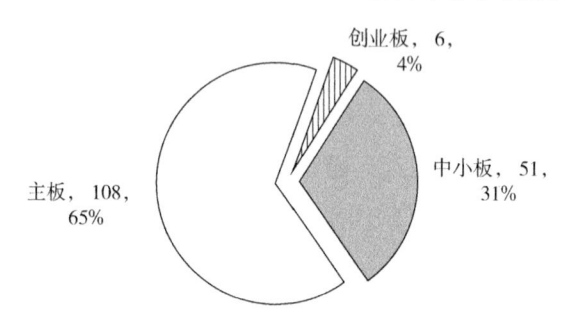

图 5-4 受让样本企业所属板块构成比例

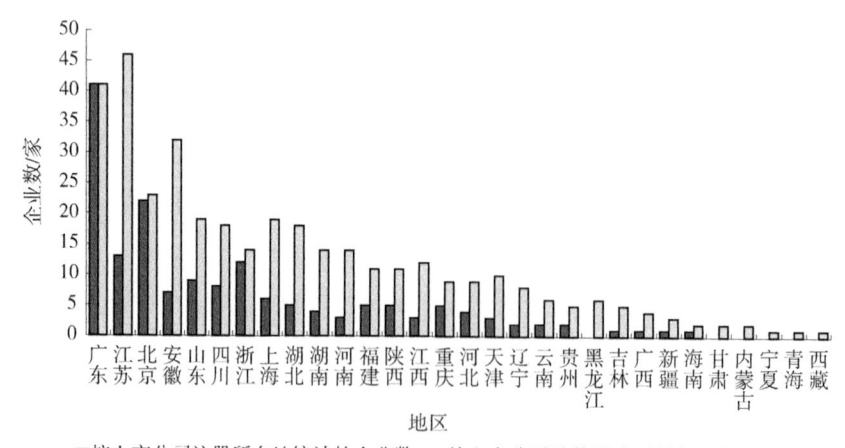

图 5-5 受让样本企业及其子公司地域分布情况

第 5 章 外部技术搜寻平衡机制对企业绩效影响的实证研究

由图 5-3 可知，2000—2012 年，165 家上市公司通过外部技术搜寻共获得了 5702 项许可专利，其中，大部分专利于 2008 年及以后被许可，且呈逐年递增的趋势。从图 5-4 和图 5-5 则可以看出，165 家研究样本企业涵盖了主板、中小板和创业板三大市场，按照其上市时登记的公司注册所在地统计，大部分企业分布于我国中东部地区，特别是沿海一带省市。若加上这些上市公司的共 200 家在统计期内有内向专利许可记录的子公司后，365 个企业共分布于我国 30 个不同的省市，其中来自广东的企业最多。

按照中国证监会 2012 年公布的《上市公司行业分类指引》（2012 年修订），165 家上市公司共来自 30 个不同的行业，其中，计算机、通信和其他电子设备制造业的上市公司数量最多，占样本总数的 19.4%。总体来看，制造业的企业数量占样本总量的绝大多数，具体参见表 5-1。

表 5-1 样本企业所属行业分布情况

序号	行业名称	企业数量	序号	行业名称	企业数量
1	计算机、通信和其他电子设备制造业	32	16	医药制造业	3
2	电气机械及器材制造业	23	17	房地产业	2
3	汽车制造业	15	18	酒、饮料和精制茶制造业	2
4	专用设备制造业	12	19	纺织服装、服饰业	1
5	化学原料及化学制品制造业	11	20	黑色金属矿采选业	1
6	通用设备制造业	10	21	化学纤维制造业	1
7	铁路、船舶、航空航天和其他运输设备制造业	7	22	煤炭开采和洗选业	1
8	有色金属冶炼及压延加工业	7	23	木材加工及木、竹、藤、棕、草制品业	1
9	非金属矿物制品业	5	24	软件和信息技术服务业	1

续表

序号	行业名称	企业数量	序号	行业名称	企业数量
10	农副食品加工业	5	25	石油加工、炼焦及核燃料加工业	1
11	土木工程建筑业	5	26	食品制造业	1
12	金属制品业	4	27	文教、工美、体育和娱乐用品制造业	1
13	橡胶和塑料制品业	4	28	仪器仪表制造业	1
14	电力、热力生产和供应业	3	29	造纸及纸制品业	1
15	建筑装饰和其他建筑业	3	30	综合	1

根据研究假设，为客观衡量样本企业的创新绩效和经济绩效，笔者针对筛选出的165家上市公司，选择国泰安数据库、中国工业企业数据库、中国专利数据库和德温特专利数据库等数据来源，确定研究变量及样本数据。

5.2.2 研究变量

由于本部分实证研究的目的在于探究企业外部技术搜寻的领域内平衡和跨领域平衡对企业创新绩效和经济绩效的影响，以及企业规模对其关系的调节作用。因此，根据图5-2构建的研究理论模型，在第4章研究变量的基础上，确定本部分实证研究所需的自变量、因变量和调节变量。其中，自变量包括领域内平衡和跨领域平衡，因变量包括企业创新绩效和企业经济绩效，调节变量则为企业规模，各变量的二级衡量指标见表5-2。

表 5-2　平衡机制对企业绩效影响研究所需的主要变量及其衡量指标

变量类型	一级指标	二级指标
自变量	领域内平衡	时间领域
		地理领域
		认知领域
	跨领域平衡	二维跨领域平衡（时间-地理；时间-认知；地理-认知）
		三维跨领域平衡
因变量	企业创新绩效	发明专利数
		外观和实用新型专利数
	企业经济绩效	净资产收益率
		托宾 Q 值
		营业毛利率
		总资产增长率
调节变量	企业规模	员工数
		总资产

1. 领域内平衡

前文在定义企业外部技术搜寻的三维技术空间时，按照搜寻的具体功能环节，划分了时间距离、地理距离和认知距离三个维度。在此基础上，借鉴组织二元性中关于领域平衡的思想，本部分将企业外部技术搜寻的领域内平衡定义为在外部技术搜寻的时间领域、地理领域和认知领域，企业对探索性搜寻和开发性搜寻行为的协调和均衡。

根据第 4 章对企业各维度探索性搜寻和开发性搜寻行为的量化可知，时间维度和地理维度的数值 1~5，以及认知维度的数值 1~3，代表了企业在各外部搜寻维度实施探索性技术搜寻的程度，数值越小，表明企业越倾向于开发性搜寻，反之，则越倾向于探索性搜寻。因此，本部分根据研究需要及变量定义，将各维度的数值进行调整：最大和最小的数值（如时间维度和地理维度的数值 1 和 5）调整为 1，代表企业在该搜寻维度平衡性最低，即企业此时采用的是探索性或开发性技术搜寻；

次大和次小的数值（如时间维度和地理维度的数值2和4）调整为2，代表企业在该搜寻维度偏向于平衡性搜寻，即企业此时既未采用绝对的探索性技术搜寻，也不是完全的开发性技术搜寻；中间值则调整为3，代表企业在该搜寻维度实施平衡性搜寻，即领域内平衡。

基于此，本部分研究的自变量A：领域内平衡（domain balance）有三个指标测度，分别是时间领域（lag）、地理领域（distance）和认知领域（proximity），各领域经量化调整后的数值越大，表明企业在外部技术搜寻的过程中，领域内平衡程度越高。

2. 跨领域平衡

本书在研究企业外部技术搜寻平衡机制时，将企业置于三维技术空间，提出企业在进行外部技术搜寻的过程中，在不同搜寻维度之间平衡开发性和探索性搜寻活动，并通过实证分析验证了研究假设。在此基础上，确定本部分研究的自变量B：跨领域平衡（cross-domain balance）有两个指标测度，分别是二维（2D）的跨领域平衡和三维（3D）的跨领域平衡。其中，二维的跨领域平衡又包括时间-地理、时间-认知和地理-认知三个跨领域平衡指标。

为量化企业外部技术搜寻的跨领域平衡行为，本部分基于第4章对各领域的量化数值，用相应的乘积代表企业外部技术搜寻的跨领域平衡程度。其中，$lag \times distance$（$l \times d$）代表企业的时间-地理二维跨领域平衡；$lag \times proximity$（$l \times p$）代表企业的时间-认知二维跨领域平衡；$distance \times proximity$（$d \times p$）代表企业的地理-认知二维跨领域平衡；$lag \times distance \times proximity$ 代表企业的三维跨领域平衡，即本书定义的企业外部技术搜寻平衡（balance）。

经过计算得到的企业跨领域平衡各衡量指标均为连续变量，为便于进行描述统计及回归分析，本部分仍然沿用以0%、11%、35%、65%、89%和100%为分界点的方法，将实际计算得到的跨领域平衡各衡量指标取值转换为1~5的数值，以便于进行比较分析，取值越大表明企业跨领域平衡程度越高，即在二维或三维的技术空间中，用某个领域的探索性（或开发性）搜寻平衡其余维度的开发性（或探索性）搜寻。

3. 企业创新绩效

在创新管理的研究领域，专利申请数作为衡量企业创新产出的通用指标之一，被学者们广泛使用（Pakes & Griliches，1980；Trajtenberg，1990；钟卫等，2007；刘凤朝等，2013）[490-493]。根据我国专利法对专利类型的划分，专利又分为发明（Invention）、实用新型（Utility Model）和外观设计（Industrial Design），其中，发明专利因其在推动技术创新方面的重要作用，常被学者们将其与实用新型和外观设计专利区分开来，用于衡量企业或区域的科技水平含量及创新能力（刘凤朝和冯婷婷，2011；曹勇和苏凤娇，2012；徐晨和吕萍，2013；刘岩等，2015）[208,494-496]。由于技术创新可分为突破性创新和渐进性创新，且采用专利数量衡量企业的创新绩效具有一定的可靠性（Acs et al.，2002）[497]。因此，本书在考虑专利指标一致性和通用性的基础上，拟用企业发明专利申请数量衡量企业突破性创新的绩效，用外观和实用新型专利申请数量衡量企业渐进性创新的绩效，以技术创新绩效作为企业创新绩效的近似值（曾铖和郭兵，2014）[498]。

根据现有研究的经验数据，企业研发投入与创新产出之间有 3~6 年的滞后期（Ahuja & Katila，2001；Hagedoorn & Cloodt，2003；Singh，2008）[55,499,500]，其中，中国企业投入要素与专利产出之间存在3年的时间滞后关系（葛仁良，2010）[501]。基于此，本部分使用技术受让企业接受外部技术后3年内申请的中国发明类专利总数（*INV*）和接受技术后3年内申请的中国外观和实用新型类专利总数（*U&D*）来衡量企业的创新绩效。

4. 企业经济绩效

通过前文对现有研究文献的梳理可知，目前国内关于外部技术搜寻对企业绩效的影响研究大多关注企业的创新绩效，而缺乏对经济绩效的综合考虑。由于企业技术创新水平的高低以及开发性和探索性创新行为,不仅会影响企业的创新能力,同时也对其财务绩效,即本书定义的经济绩效有显著影响(王凤彬等,2012;周煊等,2012)[431,502]。因此,基于研究的目的和内容,在考虑数据可获得性和可靠性的基础上,本部分最终确定 4 个指标,用技术受让企业接受外部技术后第 3 年的各项指标数值综合衡量企业的经济绩效。

(1)净资产收益率(ROE)

净资产收益率(Rate of Return on Common Stockholders' Equity, ROE),又称为股东权益报酬率,常用以衡量企业运用自有资本的效率,反映公司股东权益的收益水平,指标值越高,说明投资带来的收益越高。其计算公式为:

$$ROE = 净利润 \div 股东权益余额 \qquad (5-1)$$

由于该指标体现了企业自有资本获得净收益的能力(顾纪生,2002)[503],因此,本书选择国泰安数据库中上市公司的"净资产收益率 A"指标,将其用于测度企业的短期经济绩效。

(2)托宾 Q 值(Q)

托宾 Q 值(Tobin's Q Ratio,Q),即托宾 Q 比率,是公司市场价值(金融市场上的价值)与资产重置成本(实际基本价值)的比值。当 $Q>1$ 时,会增加公司投资的需求,反之,则减少资本需求。其计算公式为:

$$Q = (股权市值 + 净债务市值) \div 期末总资产 \qquad (5-2)$$

由于该指标常被用于衡量公司业绩表现或成长性(徐炜和胡道勇,2006;丁守海,2006)[504,505],因此,本书选择国泰安数据库中上市公司的"托宾 Q 值 A"指标,将其用于测度企业的长期经济绩效。

(3) 营业毛利率（OGM）

营业毛利率（Operating Gross Margin，OGM）作为净利润的基础，是公司营业毛利额与营业净收入的比值，用以反映公司每单位营业收入中毛利额的含量。指标值越大，企业的获利能力就越强。其计算公式为：

$$OGM = （营业收入-营业成本）\div 营业收入 \qquad (5-3)$$

由于该指标是分析企业获利能力的重要财务指标之一（陈兴述和陈煦江，2007）[506]，因此，本书选择国泰安数据库中上市公司的"营业毛利率"指标来测度企业的盈利能力。

(4) 总资产增长率（TAGR）

总资产增长率（Total Assets Growth Rate，TAGR），又称为总资产扩张率，反映企业资产规模的增长情况。由于资产是公司用于获取收入的重要资源以及偿还债务的保障，故指标值越大，说明企业的发展能力越强。其计算公式为：

$$TAGR = （资产总计本期期末值-资产总计本期期初值）\div \\ 资产总计本期期初值 \qquad (5-4)$$

在公司成长性的相关文献中，该指标常作为因变量，用以衡量企业的成长与发展潜力（唐跃军和李维安，2008；鄢波等，2011）[507,508]，因此，本书选择国泰安数据库中上市公司的"总资产增长率A"指标来测度企业的发展能力。

5. 企业规模

在现有研究的基础上，本部分选择技术受让企业接受外部技术当年的企业员工人数和总资产两项指标综合度量企业规模。由于上市公司公布的以上两个指标数值均为绝对数，因此，结合研究需要，笔者将员工人数和总资产分别取自然对数后，再用于衡量上市公司的企业规模。其中，员工人数用 E 表示，总资产则用 TA 表示。

经处理后的研究自变量 X 和调节变量 M 均为连续变量，故本书借鉴温忠麟等（2005）[509]针对调节效应的研究，采用式（5-5）的层次回归分析法，考虑企业规模与研究自变量之间的交互效应项（自变量×调节变量），对企业规模的调节效应进行实证研究，以弄清自变量在控制变量的影响下，其与因变量 Y（企业绩效）的关系会发生怎样的变化。

$$Y = aX + bM + cXM + e \tag{5-5}$$

5.2.3 描述性统计

在确定研究变量及分析指标后，本部分首先针对筛选出的165家有外部技术搜寻行为的上市公司，量化其领域内平衡或跨领域平衡的行为，将结果进行标准化处理；然后利用上市公司代码，结合中国工业企业数据库、中国专利数据库、德温特专利数据库和国泰安数据库等数据来源，匹配每项专利考虑滞后期后对应的各项创新绩效和经济绩效衡量指标，以及接受外部技术时，企业的规模；最后通过数据整理，剔除因统计年度公司尚未上市而无法获得相应财务指标的情况，剩余有效专利共计4981项。

在此基础上，本书运用STATA软件对15个变量（其中前7个属于自变量，中间6个为因变量，最后2个用于调节变量）进行描述性统计分析后，可以得到1998—2012年中国企业外部技术搜寻平衡与企业绩效各相关研究变量的统计指标，见表5-3。

表5-3 平衡机制对企业绩效影响各研究变量的描述统计分析结果

变量	N	极小值	极大值	均值	标准差	方差
lag	4981	1	3	1.63	0.622	0.387
$distance$	4981	1	3	1.45	0.647	0.418
$proximity$	4981	1	3	1.05	0.288	0.083

续表

变量	N	极小值	极大值	均值	标准差	方差
$lag \times distance$	4981	1	5	2.28	0.576	0.331
$lag \times proximity$	4981	1	5	2.04	0.323	0.105
$distance \times proximity$	4981	1	5	1.24	0.573	0.329
$balance$	4981	1	5	1.47	0.566	0.320
ROE	4981	−0.955	20.525	0.15	0.727	0.529
Q	4981	0.115	33.270	1.44	1.605	2.576
OGM	4981	−0.014	0.982	0.24	0.153	0.023
$TAGR$	4981	−0.576	10.279	0.56	1.176	1.383
INV	4981	1	6932	291.22	703.837	495386.770
$U\&D$	4981	0	4653	428.19	823.042	677397.564
E	4981	5.357	12.594	9.05	1.475	2.176
TA	4981	−0.155	8.453	4.59	1.548	2.395

通过计算得到的上述 15 个研究变量间的相关系数见表 5-4。可以看到，企业在外部搜寻的三维技术空间中，领域内平衡（lag、$distance$、$proximity$）与企业经济绩效（ROE、Q、OGM、$TAGR$）部分显著负相关，而跨领域平衡（$balance$）则分别与企业经济绩效和企业创新绩效（INV、$U\&D$）显著正相关。同时，企业规模（E、TA）与领域内平衡均显著负相关，而与跨领域平衡（$balance$）显著正相关。以上结果为本部分研究的假设提供了初步的验证依据。

表 5-4 平衡机制对企业绩效影响各研究变量的相关系数

变量	lag	distance	proximity	lxd	lxp	dxp	balance	ROE	Q	OGM	TAGR	INV	U&D	E	TA
lag	1														
distance	-0.036*	1													
proximity	-0.123***	-0.008*	1												
lxd	-0.256***	0.504***	-0.095***	1											
lxp	0.080***	-0.020***	-0.902***	0.110***	1										
dxp	-0.278***	-0.245***	0.267***	0.576***	0.102***	1									
balance	0.043**	0.665***	0.274***	0.731***	0.224***	0.589***	1								
ROE	-0.002	-0.022*	-0.017*	-0.034**	-0.012*	-0.038**	0.040**	1							
Q	-0.061***	-0.114***	0.021*	-0.051***	-0.013*	0.001	0.081***	0.052***	1						
OGM	-0.102***	0.088***	-0.052***	-0.015*	-0.028**	-0.141***	0.016*	-0.067***	0.298***	1					
TAGR	-0.136***	-0.011	-0.035**	0.001	-0.013*	-0.068***	0.039***	0.105***	-0.074***	0.461***	1				
INV	0.095***	0.045***	-0.050***	0.083***	0.055***	-0.018*	0.086***	-0.013*	0.151***	0.129***	-0.068***	1			
U&D	0.041**	-0.029**	0.066***	0.090***	0.054***	0.051***	0.087***	-0.001	0.154***	0.100***	-0.077***	0.752***	1		
E	-0.026**	-0.142***	-0.033**	0.137***	0.013*	0.095***	0.165***	-0.058***	0.297***	0.243***	0.228***	0.434***	0.475***	1	
TA	-0.034**	-0.167***	-0.030**	0.167***	-0.010*	0.101***	0.220***	0.074***	0.420***	0.283***	0.225***	0.393***	0.425***	0.843***	1

注：*、**、***分别代表在 5%、1%、0.1% 的显著性水平下显著。

5.3 实证结果与分析

笔者首先将 165 家样本上市公司置于三维技术空间，运用 Matlab 软件绘制 1998—2012 年企业的外部技术搜寻特征图，如图 5-6 所示。

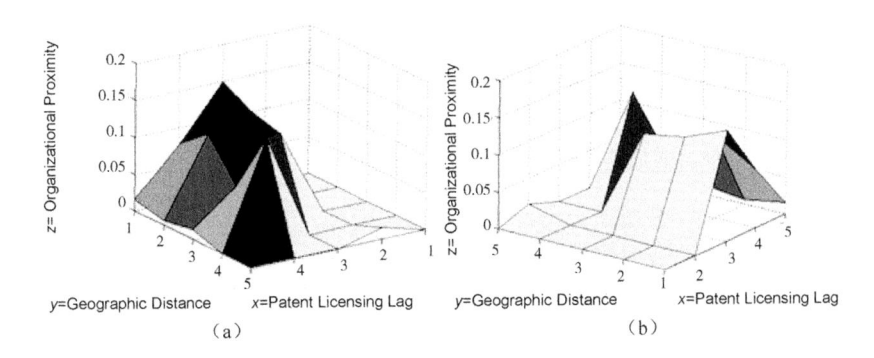

图 5-6　1998—2012 年 165 家上市公司外部技术搜寻的特征

在图 5-6 中，x 轴为技术搜寻的时间领域（专利许可滞后期），y 轴为技术搜寻的地理领域（专利许可地理距离），z 轴为技术搜寻的认知领域（组织邻近性）。坐标轴上的取值越大，表明企业在该领域越倾向于探索性搜寻，反之，则越倾向于开发性搜寻。从图 5-6a 中可以看出，样本上市公司在 1998—2012 年，通过外部搜寻获得的技术大多较新，地理距离有远有近，而认知距离则较小，即企业更偏向于在时间领域进行探索性技术搜寻。通过图 5-6b 则可以进一步发现，上市公司在时间领域的探索性技术搜寻大多以地理领域或认知领域的开发性技术搜寻来平衡，即存在第 4 章提出的外部技术搜寻平衡。

在此基础上，本部分将结合企业的财务指标和专利申请数据，探究外部技术搜寻平衡机制对企业绩效的影响，并对研究假设 H5～H8 进行验证。

5.3.1 外部技术搜寻平衡机制对企业绩效的影响

由于本部分研究假设 H5 和 H6 所涉及的变量，如领域内平衡、跨领域平衡等，均不能准确、直接地测量，因此，本部分采用 SEM 这一基于变量的协方差矩阵来分析变量之间关系的统计方法（侯杰泰等，2004）[510]，在探索性因子分析（Exploratory Factor Analysis，EFA）的基础上，运用 AMOS 软件实证检验外部技术搜寻平衡机制对企业绩效的影响。

对本部分实证研究所需的自变量和因变量分别进行信度和效度检验后，结果见表 5-5 和表 5-6。

表 5-5 自变量和因变量的信度检验

变量		CITC	项已删除的 Cronbach's α 值	Cronbach's α 系数
自变量 A：领域内平衡	lag	0.581	0.611	0.721
	distance	0.503	0.717	
	proximity	0.517	0.674	
自变量 B：跨领域平衡	l×d	0.632	0.600	0.831
	l×p	0.582	0.737	
	d×p	0.619	0.609	
	balance	0.778	0.496	
因变量 A：企业创新绩效	ROE	0.602	0.794	0.823
	Q	0.612	0.735	
	OGM	0.654	0.772	
	TAGR	0.747	0.724	
因变量 B：企业经济绩效	INV	0.752	—	0.853
	U&D	0.752	—	

表 5-6 自变量和因变量的效度检验

变量	自变量 A：领域内平衡	自变量 B：跨领域平衡	因变量 A：企业创新绩效	因变量 B：企业经济绩效
KMO 值	0.802	0.852	0.800	0.705

第5章 外部技术搜寻平衡机制对企业绩效影响的实证研究

从表 5-5 中可以看出，2 个自变量和 2 个因变量的总 Cronbach's α 系数均大于 0.7，且各衡量指标删除后新的内部一致性 α 系数均小于总 α 系数，项目-总体相关系数（Corrected Item-Total Correlation，CITC）均大于 0.5，说明研究使用的各项指标内部一致性较好。同时，从表 5-6 的因子分析结果可知，各变量的 *KMO* 值均大于 0.7，适合在 SEM 中进一步做验证性因子分析（Confirmatory Factor Analysis，CFA）。

在 SEM 中，模型拟合指数是考察理论结构模型对数据拟合程度的统计指标，Hair 等（1998）[511] 将多种不同的指标分为绝对拟合指数、相对拟合指数和简约拟合指数 3 类，不同类别的拟合指数可以从模型复杂性、样本大小、相对性与绝对性等方面对理论模型进行度量。

本部分根据研究需要，在 3 类拟合指数中各选择了 3 个拟合指标，确定指标的评价标准（黄芳铭，2005）[512]，具体参见表 5-7，用于综合评价各模型与数据的适配程度。

表 5-7 研究所需的拟合指数评价指标及标准说明

指数名称	拟合指标	评价标准说明
绝对拟合指数	χ^2	显著，越小越好
	GFI	大于 0.9，越接近 1 越好
	RMSEA	小于 0.05，拟合较好；0.05~0.08，拟合尚可
相对拟合指数	NFI	大于 0.9，越接近 1 越好
	TLI	大于 0.9，越接近 1 越好
	CFI	大于 0.9，越接近 1 越好
简约拟合指数	χ^2/df	$1<\chi^2/df<5$
	PNFI	大于 0.5，越大越好
	PCFI	大于 0.5，越大越好

首先，对研究的自变量 *A*（领域内平衡）和自变量 *B*（跨领域平衡）做验证性因子分析，构建测量模型，如图 5-7 所示。

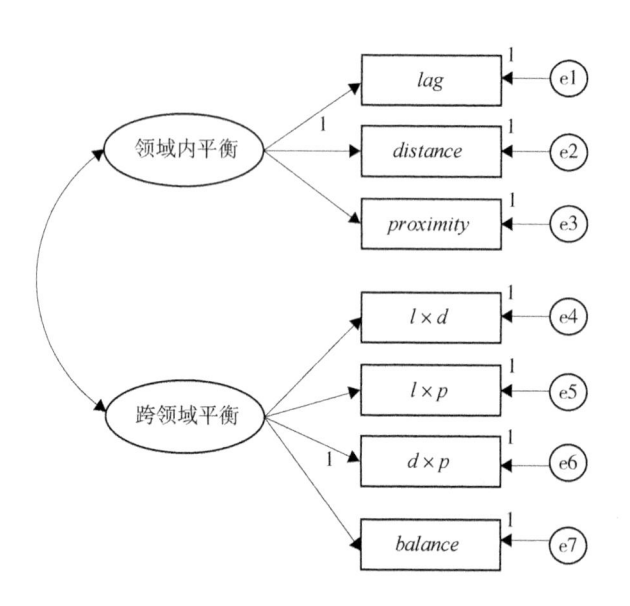

图 5-7 领域内平衡和跨领域平衡的测量模型

从模型的总体拟合结果来看，χ^2 值为 63 （$p=0.000$），自由度 $df=14$，χ^2/df 的值为 4.5，小于标准值 5；绝对拟合指数 GFI 为 0.966，RMSEA（0.057）介于 0.05~0.08 之间；相对拟合指数 NFI、TLI、CFI 分别为 0.893、0.840、0.893；简约拟合指数 PNFI（0.502）和 PCFI（0.503）均大于 0.5。同时，表 5-8 中各路径系数均在 $p<0.001$ 水平上具有统计显著性。因此，可以认为，该自变量的测量模型拟合效果较好，图 5-7 所示的因子结构通过验证，即 7 个研究变量对企业外部技术搜寻平衡机制的测度是有效的。

表 5-8 领域内平衡和跨领域平衡测量模型的拟合结果

路径	估计值	S. E.	C. R.	p	标准化系数
lag ← 领域内平衡	0.071	0.014	5.099	***	0.573
distance ← 领域内平衡	1				0.913
proximity ← 领域内平衡	0.185	0.010	18.387	***	0.342
l×d ← 跨领域平衡	0.684	0.011	60.096	***	0.612

续表

路径	估计值	S.E.	C.R.	p	标准化系数
$l×p$ ← 跨领域平衡	0.121	0.007	16.617	***	0.213
$d×p$ ← 跨领域平衡	0.530	0.012	43.566	***	0.967
balance ← 跨领域平衡	1				0.807

注：*、**、***分别代表在5%、1%、0.1%的显著性水平下显著。

其次，对研究的因变量 A（企业创新绩效）和因变量 B（企业经济绩效）进行验证性因子分析，构建测量模型，如图 5-8 所示。

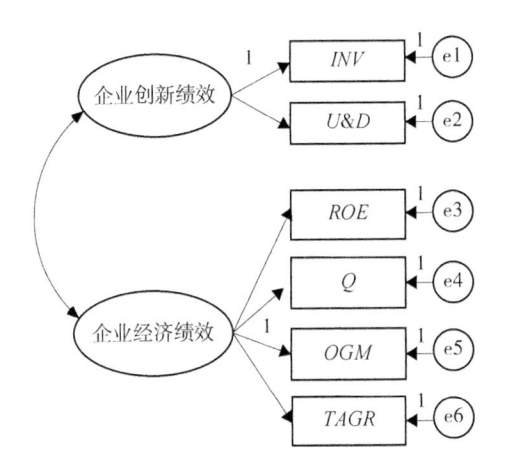

图 5-8 企业创新绩效和经济绩效的测量模型

从模型的总体拟合结果来看，χ^2 值为 17.48（$p=0.000$），自由度 $df=8$，χ^2/df 的值为 2.25，小于标准值 5；绝对拟合指数 GFI 为 0.989，接近于 1，RMSEA（0.065）介于 0.05~0.08 之间；相对拟合指数 NFI（0.971）、TLI（0.948）、CFI（0.973）均大于 0.9；简约拟合指数 PNFI（0.618）和 PCFI（0.619）均大于 0.5。同时，表 5-9 中各路径系数均在 $p<0.001$ 水平上具有统计显著性。因此，可以认为，该因变量的测量模型拟合效果较好，图 5-8 所示的因子结构通过验证，即 6 个研究变量对企业绩效的测度是有效的。

表5-9 企业创新绩效和经济绩效测量模型的拟合结果

路径	估计值	S.E.	C.R.	p	标准化系数
INV ← 企业创新绩效	1				0.993
U&D ← 企业创新绩效	0.893	0.088	10.174	***	0.758
ROE ← 企业经济绩效	0.269	0.066	4.104	***	0.059
Q ← 企业经济绩效	2.857	0.279	10.245	***	0.285
OGM ← 企业经济绩效	1				1.048
TAGR ← 企业经济绩效	3.233	0.29	11.166	***	0.44

注：***代表在0.1%的显著性水平下显著。

最后，基于图5-2所构建的外部技术搜寻平衡机制对企业绩效影响的理论模型，本部分设立结构方程模型如图5-9所示。该模型通过13个显变量对4个潜变量（领域内平衡、跨领域平衡、企业创新绩效、企业经济绩效）进行测量。

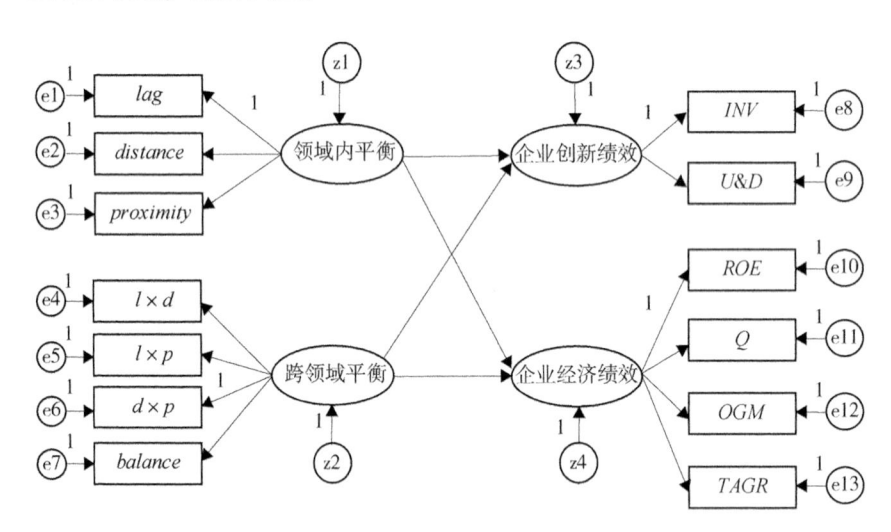

图5-9 平衡机制对企业绩效影响的结构模型

在AMOS软件中使用最大似然估计进行模型运算，并对输出结果的路径系数进行标准化处理后，拟合结果见表5-10。

第5章 外部技术搜寻平衡机制对企业绩效影响的实证研究

表 5-10 平衡机制对企业绩效影响结构模型的拟合结果

路径	估计值	S.E.	C.R.	p	标准化系数
创新绩效 ←── 跨领域平衡	1258.403	190.213	6.616	***	0.209
创新绩效 ←── 领域内平衡	93.706	21.181	4.424	***	0.07
经济绩效 ←── 跨领域平衡	0.354	0.103	3.418	***	0.706
经济绩效 ←── 领域内平衡	-0.016	0.004	-4.408	***	-0.144
lag ←── 领域内平衡	1				0.178
$distance$ ←── 领域内平衡	1.372	0.194	7.069	***	0.234
$proximity$ ←── 领域内平衡	0.131	0.054	2.415	***	0.05
$balance$ ←── 跨领域平衡	1				0.883
$l \times d$ ←── 跨领域平衡	0.952	0.017	56.276	***	0.827
$l \times p$ ←── 跨领域平衡	0.073	0.01	7.443	***	0.113
$d \times p$ ←── 跨领域平衡	0.78	0.016	48.778	***	0.68
INV ←── 企业创新绩效	1				0.947
U&D ←── 企业创新绩效	0.98	0.073	13.427	***	0.793
ROE ←── 企业经济绩效	1				0.076
Q ←── 企业经济绩效	9.068	1.801	5.036	***	0.312
OGM ←── 企业经济绩效	2.675	0.536	4.988	***	0.958
TAGR ←── 企业经济绩效	10.329	2.017	5.121	***	0.485

注：***代表在0.1%的显著性水平下显著。

从模型的总体拟合结果来看，χ^2 值为 61（$p=0.000$），自由度 $df=17.03$，χ^2/df 的值为 3.58，小于标准值 5；绝对拟合指数 GFI 为 0.942，RMSEA（0.043）小于 0.05；相对拟合指数 NFI（0.904）、TLI（0.945）、CFI（0.941）均大于 0.9；简约拟合指数 PNFI（0.524）和 PCFI（0.525）均大于 0.5。同时，表 5-10 中各路径系数均在 $p<0.001$ 水平上具有统计显著性。参照表 5-7 各拟合指标的评价标准，有理由认为，基于模型的整体适配度和路径系数，图 5-9 结构模型的拟合效果比较理想。

根据表 5-10 中各潜变量之间的标准化路径系数及其显著性（p）可知，在外部技术搜寻的过程中，跨领域平衡对企业的创新绩效和经济绩效均有显著的正向影响，路径标准化系数分别为 0.209 和 0.706，假设 H6a 和 H6b 得到验证；领域内平衡与企业的创新绩效显著正相关（路径标准化系数为 0.07），拒绝假设 H5a；领域内平衡与企业的经济绩效显著负相关（路径标准化系数为-0.144），支持假设 H5b。

5.3.2 企业规模的调节作用

根据调节效应的一般模型（见图 5-1），本部分研究在式（5-5）的基础上，运用 STATA 软件，用带有交叉项的回归模型，针对企业创新绩效和企业经济绩效，分别做层次回归分析，实证检验企业规模对搜寻平衡机制和企业绩效关系的调节作用。

由于本部分实证研究所涉及的变量包括 2 个被解释变量（企业创新绩效和企业经济绩效）、2 个解释变量（领域内平衡和跨领域平衡）和 1 个控制变量（企业规模），且各变量均由 2 个或 2 个以上的指标测度。因此，首先运用因子分析法，在 SPSS 软件中对各研究变量进行降维，提取特征根大于 1 的因子，用于度量研究所需的自变量 A/B、因变量 A/B 和控制变量；然后运用 STATA 软件进行层次回归分析，通过比较相关统计指标数值的变化，总体检验企业规模的调节效应是否存在；最后，根据各回归系数，逐项检验企业规模对搜寻平衡机制与企业绩效关系的调节作用，检验相关研究假设。

为使提取的因子变量更具有可解释性，笔者在 SPSS 软件中选择最大方差法进行因子矩阵的正交旋转，各研究变量的因子分析结果见表 5-11。

表 5-11　各研究变量的因子分析结果汇总

初始变量	KMO 值	Bartlett 检验	提取因子	特征值	累积解释变差
lag、distance、proximity	0.802	82.008***	donmain	1.130	78.67%
l×d、l×p、d×p、balance	0.852	7497.798***	2D balance	2.279	56.64%
			3D balance	1.061	83.50%

续表

初始变量	KMO 值	Bartlett 检验	提取因子	特征值	累积解释变差
INV、U&D	0.800	4155.337***	innovation	1.752	87.61%
ROE、Q、OGM、TAGR	0.705	1741.375***	financial	1.612	64.78%
E、TA	0.853	6178.506***	size	1.843	92.16%

注：*** 表示 Bartlett 检验的相伴概率为 0.000，在 0.01% 的显著性水平下显著。

表 5-11 中第一列为本部分实证研究的 15 个初始变量，按照表 5-2 对自变量 A/B、因变量 A/B 和调节变量的划分，将其分为 5 组，分别进行因子分析。从 KMO 值（均大于 0.7）和 Bartlett 检验结果可以看出，样本数据可进行因子分析。其中，初始变量 lag、distance、proximity 通过因子分析提取了 1 个因子，其旋转后的总方差解释量达到 78.67%，基于研究假设，将其命名为领域内平衡（domain balance），用 domain 表示这一新的变量；初始变量 l×d、l×p、d×p、balance 的因子分析结果共提取了 2 个因子，其旋转后的总方差解释量达 83.50%，由于无双重负荷大于 0.4 的情况（见表 5-12），因此，根据研究内容，将其统称为跨领域平衡（cross-domain balance），分别用 2D balance（二维跨领域平衡）和 3D balance（三维跨领域平衡）来命名两个新的变量；初始变量 INV 和 U&D 通过因子分析提取了 1 个因子，其旋转后的总方差解释量达到了 87.61%，新变量用于测度企业的创新绩效；初始变量 ROE、Q、OGM、TAGR 通过因子分析也提取了 1 个因子，其旋转后的总方差解释量为 64.78%，根据 4 个初始变量的内涵，使用新变量来测度企业的经济绩效；初始变量 E 和 TA 通过因子分析提取了 1 个因子，其旋转后的总方差解释量高达 92.16%，将其命名为 size（企业规模），并将其作为调节变量用于层次回归分析。

表 5-12 跨领域平衡研究变量旋转后的负荷矩阵

初始变量	成分 1	成分 2
l×d	0.900	-0.200
l×p	0.990	0.044
d×p	0.817	0.093
balance	0.214	0.886

基于因子分析提取的 6 个变量，本书在 STATA 软件中通过 4 个回归模型[1]分别对企业规模在技术搜寻平衡机制和企业创新绩效及企业经济绩效的关系中所起的调节作用进行实证检验，并控制了专利许可当年、受让企业的年龄、营业收入、净利润、流动资产总额，以及各项专利的许可年份、受让企业所在地和受让企业所属行业[2]。其中，模型 1-1 和模型 1-2 仅包含了控制变量；模型 2-1 和模型 2-2 分别在模型 1-1 和模型 1-2 的基础上加入了领域内平衡和跨领域平衡的 3 个自变量，用于检验技术搜寻平衡机制对企业创新绩效和企业经济绩效的影响；模型 3-1 和模型 3-2 分别在模型 2-1 和模型 2-2 的基础上加入了调节变量，用于检验企业规模对企业创新绩效和企业经济绩效的影响；模型 4-1 和模型 4-2 分别在模型 3-1 和模型 3-2 的基础上加入了企业规模与领域内平衡、二维跨领域平衡以及三维跨领域平衡的交互项，目的在于检验企业规模对技术搜寻平衡机制与企业创新绩效和企业经济绩效关系的调节作用。回归分析结果见表 5-13。

---

[1] 考虑到属于同一家企业的许可专利在同一年度其对应的企业创新绩效和企业经济绩效相同，因此，各回归分析中的标准误差均按照受让企业进行聚类处理。

[2] 根据专利许可年份、受让企业所在地和所属行业进行虚拟变量转换，将各年份、各地区、各行业重新编码为 0/1 虚拟变量。

表 5-13 企业规模调节作用的层次回归分析结果汇总

自变量 \ 因变量	企业创新绩效 模型 1-1	模型 2-1	模型 3-1	模型 4-1	企业经济绩效 模型 1-2	模型 2-2	模型 3-2	模型 4-2
常数项	13.231*** (1.595)	14.003*** (1.583)	12.578*** (1.611)	12.642*** (1.639)	13.090*** (1.259)	12.812*** (1.281)	11.051*** (1.359)	11.432*** (1.361)
企业年龄	0.252*** (0.032)	0.262*** (0.032)	0.265*** (0.032)	0.261*** (0.032)	0.101*** (0.026)	0.096*** (0.026)	0.101*** (0.026)	0.096*** (0.025)
营业收入	0.064*** (0.015)	0.055*** (0.016)	0.071*** (0.019)	0.067*** (0.019)	0.698*** (0.021)	0.670*** (0.020)	0.897*** (0.025)	0.892*** (0.024)
净利润	0.125* (0.073)	0.154** (0.072)	0.191** (0.075)	0.209*** (0.076)	0.691*** (0.063)	0.681*** (0.064)	0.726*** (0.068)	0.757*** (0.069)
流动资产	0.409*** (0.032)	0.411*** (0.033)	0.354*** (0.039)	0.329*** (0.039)	0.371*** (0.028)	0.367*** (0.029)	0.296*** (0.033)	0.272*** (0.033)
领域内平衡		0.052*** (0.017)	0.066*** (0.018)	0.075*** (0.019)		−0.094*** (0.015)	−0.069*** (0.015)	−0.049*** (0.014)
二维跨领域平衡		0.026* (0.015)	0.020 (0.014)	0.017 (0.014)		−0.057*** (0.011)	−0.049*** (0.010)	−0.034*** (0.011)
三维跨领域平衡		0.073*** (0.017)	0.075*** (0.016)	0.084*** (0.018)		0.086*** (0.014)	0.081*** (0.015)	0.073*** (0.014)
企业规模			0.363*** (0.028)	0.361*** (0.029)			0.656*** (0.031)	0.659*** (0.031)
领域内平衡×企业规模				−0.119*** (0.022)				−0.088*** (0.018)
二维跨领域平衡×企业规模				0.025 (0.018)				0.046*** (0.013)
三维跨领域平衡×企业规模				0.111*** (0.021)				0.116*** (0.020)
专利许可年	控制	控制	控制	控制	控制	控制	控制	控制
企业所在地	控制	控制	控制	控制	控制	控制	控制	控制
企业所属行业	控制	控制	控制	控制	控制	控制	控制	控制
R^2	0.523	0.525	0.526	0.532	0.735	0.736	0.738	0.744
ΔR^2	—	0.002	0.001	0.006	—	0.001	0.002	0.006
F 统计值	218.96***	126.73***	118.34***	88.15***	390.78***	247.00***	257.20***	203.50***

注：*、**、***分别代表在10%、5%、1%的显著性水平下显著，括号内为稳健标准误差。

从表 5-13 的检验结果来看，当解释变量分别为企业创新绩效和企业经济绩效时，8 个模型的 F 值均在 $p<0.01$ 的显著性水平上显著，说

明在与研究样本数据的拟合检验下，8个回归模型均成立。

具体来看，模型2-1中，企业在领域内和跨领域平衡外部技术的开发性和探索性搜寻活动，均对企业的创新绩效有显著的正向影响（$\beta_1=0.052$，$p<0.01$，$\beta_2=0.026$，$p<0.1$，$\beta_3=0.073$，$p<0.01$），且在三个领域中的搜寻平衡对企业创新绩效的促进作用最大（0.073>0.052>0.026）；同时，从模型2-2可以看出，企业仅在三维的技术空间中平衡外部技术的开发性和探索性搜寻活动时，才对企业的经济绩效有显著的正向影响（$\beta_3=0.086$，$p<0.01$），而领域内平衡和二维跨领域平衡的回归系数均显著地为负（$\beta_1=-0.094$，$p<0.01$，$\beta_2=-0.057$，$p<0.01$），说明企业在领域内或两个维度上平衡外部技术的开发性和探索性搜寻活动均与企业的经济绩效呈负向相关关系。这一结果也印证了SEM对假设H5和H6的验证结论。

模型3-1和模型3-2分别在模型2-1和模型2-2的基础上增加了调节变量企业规模后，R^2值均有显著意义的提高（ΔR^2分别为0.001和0.002），且企业规模的回归系数均显著地为正（$\beta_4=0.363$，$p<0.01$，$\beta_4=0.656$，$p<0.01$），说明企业规模的大小对企业创新绩效和经济绩效均有正向影响，即随着企业规模的扩大，创新绩效和经济绩效也随之提高，特别是企业的经济绩效。但企业规模与创新绩效和经济绩效之间正向相关关系的深层次原因，还需要通过模型4-1和模型4-2的结果来分析和解释。

模型4-1和模型4-2分别在模型3-1和模型3-2的基础上增加了企业规模与领域内平衡、二维跨领域平衡以及三维跨领域平衡的交互项。从表5-13中可以看出，两个回归模型的R^2值均有显著意义的提高（ΔR^2均为0.006），说明企业规模对外部技术搜寻平衡机制与企业创新绩效和企业经济绩效的关系均有显著的调节作用。其中，企业规模与领域内平衡的交互项系数在模型4-1和模型4-2中均显著地为负（$\beta_5=-0.119$，$p<0.01$，$\beta_5=-0.088$，$p<0.01$），说明企业规模负向调节企业领域内平衡与企业创新绩效和企业经济绩效的关系，假设H7a和H7b得以验证；而

第 5 章　外部技术搜寻平衡机制对企业绩效影响的实证研究

企业规模与三维跨领域平衡的交互项系数则均显著地为正（$\beta_7 = 0.111$，$p<0.01$，$\beta_7 = 0.116$，$p<0.01$），即随着企业规模的扩大，企业在时间领域、地理领域和认知领域之间平衡外部技术的开发性和探索性搜寻活动对企业创新绩效和企业经济绩效的正向积极作用将被放大，假设 H8a 和 H8b 得到支持。

图 5-10 的交互作用结果也显示，随着企业规模的扩大，在三维技术空间中，跨领域平衡探索性搜寻和开发性搜寻更有利于企业创新绩效和企业经济绩效的提高。

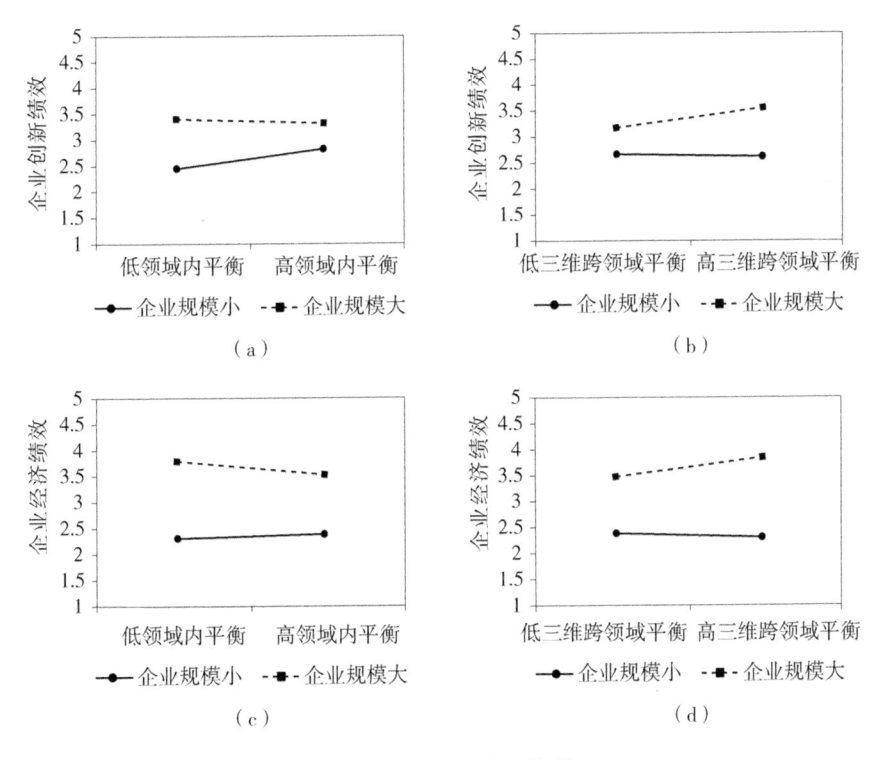

图 5-10　两项交互作用

此外，在模型 4-1 中，企业规模与二维跨领域平衡的交互项系数为正，但不显著（$\beta_6 = 0.025$，$p>0.1$），而在模型 4-2 中，交互项系数则显著地为正（$\beta_6 = 0.046$，$p<0.01$），说明企业在两个维度之间平衡外部技术的开发性和探索性搜寻活动与创新绩效的关系不受企业规模的影

响，而与经济绩效的关系则受到企业规模的正向调节。

5.4 本章小结

在第 4 章研究结论的基础上，本章以研究命题二为基础，在进一步考虑企业创新绩效、企业经济绩效和企业规模的调节效应后，拓展了外部技术搜寻平衡机制对企业绩效影响的研究假设。通过对中国本土 165 家上市公司 1998—2012 年的专利许可数据、专利申请数据和相关财务指标等数据的统计分析，运用 SEM、因子分析和层次回归分析等方法，实证检验了企业外部技术搜寻的领域内平衡和跨领域平衡对企业创新绩效和经济绩效的影响，以及企业规模的调节作用。研究的最终模型如图 5-11 所示。

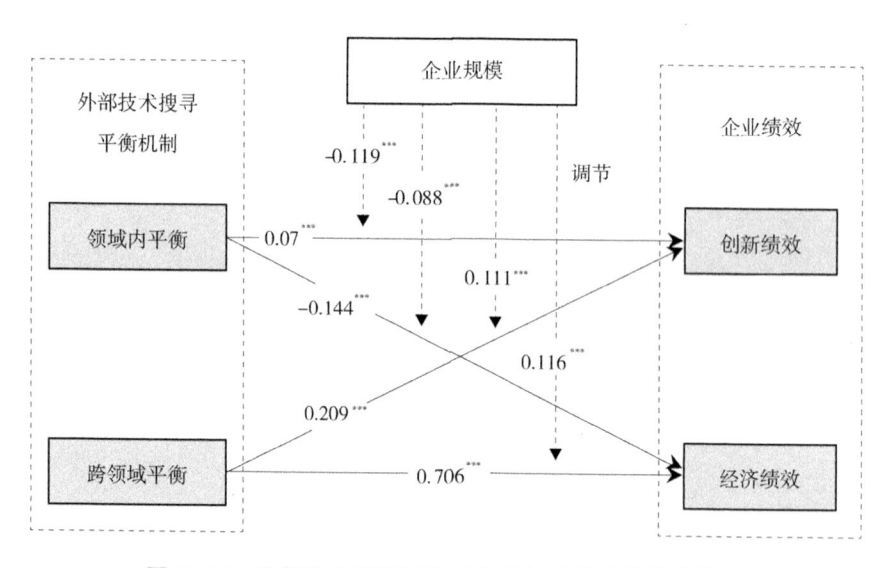

图 5-11 外部技术搜寻平衡对企业绩效影响的最终模型

由图 5-11 可以看出，研究结果表明：①企业的创新绩效与企业在领域内和跨领域平衡外部开发性和探索性技术搜寻活动均呈正向相关关系，但相对来看，企业在三维技术空间中跨领域平衡开发性技术搜寻和探索性技术搜寻，对企业创新绩效的积极作用比领域内平衡更大；②企业的经济绩效与企业在领域内平衡外部开发性和探索性技术搜寻活动呈负向相关关系，而与企业跨领域平衡外部开发性和探索性技术搜寻活动呈显著的正向相关关系；③企业规模负向调节领域内平衡和企业绩效之间的关系，即随着企业规模的扩大，企业在领域内平衡外部开发性和探索性技术搜寻活动将变得更加困难，创新绩效和经济绩效均会下降；④企业规模正向调节跨领域平衡和企业绩效之间的关系，即随着企业规模的扩大，企业在时间领域、地理领域和认知领域之间跨领域平衡外部开发性和探索性技术搜寻活动，将对其创新绩效和经济绩效产生更为积极的促进作用。

综上所述，本章相关研究假设的实证检验结果见表 5-14。

表 5-14　外部技术搜寻平衡机制对企业绩效影响的假设检验结果汇总

	研究假设	实证结果
H5a	企业在领域内平衡探索性技术搜寻活动和开发性技术搜寻活动，与企业创新绩效之间存在显著的负向相关关系	不支持
H5b	企业在领域内平衡探索性技术搜寻活动和开发性技术搜寻活动，与企业经济绩效之间存在显著的负向相关关系	支持
H6a	企业通过跨领域平衡探索性技术搜寻活动和开发性技术搜寻活动，与企业创新绩效之间存在显著的正向相关关系	支持
H6b	企业通过跨领域平衡探索性技术搜寻活动和开发性技术搜寻活动，与企业经济绩效之间存在显著的正向相关关系	支持
H7a	企业规模越大，其在领域内平衡开发性和探索性外部技术搜寻活动的难度就越大，即企业规模负向调节领域内技术搜寻平衡与企业创新绩效的关系	支持
H7b	企业规模越大，其在领域内平衡开发性和探索性外部技术搜寻活动的难度就越大，即企业规模负向调节领域内技术搜寻平衡与企业经济绩效的关系	支持
H8a	企业规模越大，跨领域平衡开发性和探索性外部技术搜寻活动对企业绩效的积极作用将被放大，即企业规模正向调节跨领域技术搜寻平衡与企业创新绩效的关系	支持
H8b	企业规模越大，跨领域平衡开发性和探索性外部技术搜寻活动对企业绩效的积极作用将被放大，即企业规模正向调节跨领域技术搜寻平衡与企业经济绩效的关系	支持

根据研究结论可知，在开放式创新的背景下，我国企业在外部技术

搜寻的三维空间中，选择"平衡"的搜寻方式，特别是跨领域的平衡方式，即用其中一个或两个领域的探索性技术搜寻去调和其余领域的开发性技术搜寻，能够在资源约束的条件下实现"效用最大化"，将吸收难度保持在适当的水平，有效促进企业的创新绩效和经济绩效，在提高企业创新能力的同时，还能改善企业的财务表现，增强企业的盈利能力和发展能力等，从而有利于企业的长期持续发展。特别是拥有丰富创新资源的大型企业，在外部技术搜寻的过程中采用跨领域平衡的方式，如获取国外企业的成熟技术、国内企业的新技术、当地研究机构或教育机构的新技术等，跨领域平衡对企业创新绩效和经济绩效的促进作用能够被有效放大，进一步提高企业的外部技术搜寻效率，从而获得竞争优势。

第 6 章
典型企业外部技术搜寻案例分析与研究

根据研究目的，案例研究可分为探索性（Exploratory）案例研究、描述性（Descriptive）案例研究和因果性（Causality）案例研究三种不同的类型（Yin，1994）[513]。由于探索性案例研究是在已有研究的基础上，从新的视角和观点来重新观察事物，以尝试对现有理论进行扩展和补充（Shavelson & Towne，2002）[514]，多用于发现问题、构建概念模型并提出研究假设。而描述性案例研究则主要追求对实际事件和情况进行准确的阐述（Eisenhardt，1989）[515]。因此，基于研究需要，本书选择因果性案例研究，即解释性案例研究的方法，主要目的在于对第 4 章和第 5 章的研究结论进行分析和归纳，以对企业外部技术搜寻平衡机制及其对企业创新绩效和企业经济绩效影响的相关性和因果性问题进行考察，检验相关实证研究结果。

6.1 典型企业的选择

作为组织与管理研究的常用实证方法之一（陈晓萍等，2008）[516]，案例研究按照目标案例数量的不同，可分为单案例研究和多案例研究两种。其中，多案例研究要求从多个研究对象中获取信息，强调研究发现的真实性、稳定性和精确度，故而具有相互比较、多方求证和构念关系严谨等优势，能够有效提高研究结果的普适性（Johnston et al.，1999）[517]，常用于寻找规律、抽象问题或构建理论。由于本书是在基于对客观数据的实证研究基础上，试图通过案例研究来证实理论假设和验证定量分析结果，因此，结合研究目的和研究逻辑性，本章采用单案例研究的方法，选择一个典型技术受让企业作为案例研究对象，将其作为独立的整体进行全面分析，以对本书提出的企业外部技术搜寻平衡机制及其对企业绩效影响的理论模型以及基于大样本数据的相关统计研究结果进行补充性研究。

6.1.1 典型企业的选择依据

由于采用单案例因果性研究的方法，并且要同时兼顾企业绩效等相关数据的真实性和连续性。因此，在第5章使用的专利许可数据库中，本章基于165个所在地位于中国境内，1998—2012年有10条及以上外部技术获取记录（专利许可记录）的上市公司，按照以下步骤，确定案例研究所需的典型技术受让企业。

第一步：整理165家企业在统计期内各年度的专利许可情况，为了能够结合企业发展历程，了解其外部技术搜寻行为的演变过程，筛选出2008—2012年，至少在5个自然年度内有专利许可记录的上市公司，共计28个。

第二步：为保证企业的外部技术搜寻行为（许可的专利）在统计期内较均匀地分布，以便于与企业成长阶段相结合，人工剔除外部技术获取的5个自然年度为2008—2012年的上市公司。剩余的6家企业（按2008—2012年专利许可总数排名）分别是：比亚迪股份有限公司（比亚迪，002594）、TCL集团股份有限公司（TCL集团，000100）、康佳集团股份有限公司（深康佳A，000016）、四川长虹电器股份有限公司（四川长虹，600839）、中兴通讯股份有限公司（中兴通讯，

000063)、安泰科技股份有限公司（安泰科技，000969）。

第三步：逐条分析6家上市公司的专利许可数据，选择让与人的类型同时包括企业、教育机构和研究机构三种，且各类让与人的许可专利在10条以上的企业，以确保案例能够有效验证本书的研究假设与结论。最终确定TCL集团股份有限公司为典型技术受让企业，作为本部分的案例分析与研究对象。

TCL集团（其中有专利许可记录的18家子公司）在统计期内各年度的专利许可数如图6-1所示。

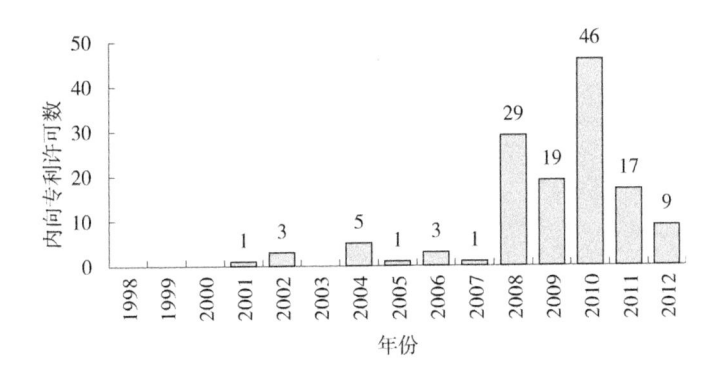

图6-1 1998—2012年TCL集团在统计期内各年度的专利许可数

6.1.2 典型企业的发展简介

TCL，即The Creative Life的首字母缩写，意在创意感动生活。TCL集团股份有限公司（以下简称"TCL"）是全球化的智能产品制造及互联网应用服务企业集团，整体在深交所上市（SZ.000100），股票名称为"TCL集团"。

TCL创立于1981年，其前身为中国首批13家合资企业之一——TTK家庭电器（惠州）有限公司，主要从事录音磁带的生产制造，后拓展到电话、电视、手机、冰箱、洗衣机、空调、小家电和液晶面板等领域。经过30多年的发展，TCL现已成为中国电子信息产业中的佼佼者，集团现有7万余名员工、26个研发中心、10余家联合实验室、22

个制造加工基地，业务遍及 160 余个国家和地区。近年来，TCL 主营业务稳步增长，连续多年营收超过千亿元。2018 年，实现营业收入 1133.6 亿元，同比增长 1.6%，净利润 40.7 亿元，同比增加 14.7%，其中归属于母公司所有者的净利润 34.7 亿元，同比增加 30.2%，继续稳居中国百强品牌前十，连续多年蝉联中国彩电业第一品牌❶。

目前，TCL 的"7+3+1"产业结构共包括 11 个业务板块，涵盖七大产品业务领域、三大服务业务领域以及创投及投资业务。其中，产品业务领域包括 TCL 多媒体电子、TCL 通讯科技、华星光电、家电产业集团、通力电子、商用系统业务群和部品及材料业务群，服务业务领域则包括互联网应用及服务事业本部、销售及物流服务业务群以及金融控股集团。

根据 TCL 公布的官方资料，其发展历程大致可分为以下三个阶段：

第一阶段（1981—1991 年），规模累积阶段。

1981 年，在惠阳地区机械局电子科的基础上，惠阳地区电子工业公司组建，开始了 TCL 的早期创业历程。1986 年，公司开发出我国最早的免提式按键电话并通过生产鉴定，"TCL"品牌创立。1989 年，TCL 电话机产销量跃居全国同行业第一名，并持续名列前茅。1991 年，TCL 在上海、哈尔滨、武汉和成都等地建立销售分支机构，全国性的销售网络初具雏形。

第二阶段（1992—1998 年），高速成长阶段。

1992 年，公司自主研制并生产 TCL 王牌大屏幕彩电，在投放市场后一炮而红。1993 年，TCL 作为国内通信终端产品企业中第一家上市公司，在深交所上市，并将品牌拓展到电工领域。1994 年，推出国内第一部无绳电话。1997 年，TCL 在改组、兼并、联合等的基础上调整企业结构，重组为 TCL 集团有限公司，并于 1998 年与中国进出口银行签订"20 亿元人民币出口卖方信贷一揽子授信协议"，为 TCL 开拓海外

---

❶ 资料来源：TCL 官方网站 http://www.tcl.com/。

市场提供了有力的资金支持。

第三阶段（1999年至今），创建全球领先企业阶段。

自1999年在越南投资开设其第一家境外工厂以来，TCL进入国际化阶段，先后与印度巴郎国际有限公司合资，收购德国施耐德公司和美国高威达公司，与法国阿尔卡特公司合作，与日本东芝电器营销株式会社合作。经过早期探索、跨国并购、稳步成长，TCL现已在全球80多个国家和地区设有销售机构，通过全球的23个研发机构、21个制造基地、4万余个销售网点及"4条供应链"管理（产品设计与制造链、物流供应链、质量保证链、产品创造与支持链），实现了全球资源高效配置。

在公司发展过程中，TCL通过技术学习不断提升其创新能力（毛蕴诗和李家鸿，2005；贺莉，2006）[518,519]，从战略联盟、企业并购、专利许可到自主研发，不断进行技术创新，快速发展。

1996年，TCL通过兼并香港陆氏集团，吸收其彩电研发人员，形成了早期的正式研发机构。

1998年，TCL与台湾致福（GVC）合资成立TCL-GVC电脑公司，利用GVC的研发能力从事电脑整机及周边设备的开发、生产和销售，生产规模达到年产40万台电脑（整机）。

2001年，TCL HiD299e型家庭信息显示器通过广东省科技成果鉴定，开创了中国彩电网络化的先河。

2002年，TCL先后与微软、英特尔、高通等领先企业建立合作关系，以此来弥补企业经验与技术的欠缺，并在外方提供的技术平台上进行二次创新，逐步掌握了应用层面软件开发、结构外观设计、基层电路设计和射频电路设计等技术，大大降低了产品成本。

2004年，TCL通过收购法国最大的电子产品制造商汤姆逊公司大大提升了自身的核心技术水平，该公司在传统彩电领域拥有3.4万项专利，是全球拥有彩电技术专利数量最多的企业。

2007年，TCL自主研发的国内外首创"增强型液晶电视数字视频动态背光控制技术"通过国家高新技术成果鉴定,达到国际领先水平,并成功实现技术转让。当年年底,TCL 与韩国三星达成合作协议,由三星通过技术支持和业务合作方式,协助 TCL 建设液晶模组厂。

2008 年,TCL 首台液晶模组下线,标志着中国彩电业在建立新兴的平板电视核心竞争力和实施产业整体转型升级方面迈出了关键一步。

2009 年,TCL 推出 MiTV 互联网电视,掀起了一场电视产业的革命性变革。当年 11 月,TCL 自主启动了 8.5 代液晶面板项目,新成立的华星光电注册资本 100 亿元,项目总投资规模高达 245 亿元。

2010 年,TCL 推出国内首款基于 Android 操作系统的智能电视,通过省科技成果鉴定,达到国际先进水平。

2012 年,TCL 与腾讯联合推出革命性创新产品 iCE SCREEN 冰激凌智屏。同年,由企业自主研发的全球最大 110 寸 4 倍全高清 3D 液晶显示屏正式发布,并被命名为"中华之星"。

2014 年,TCL 集团发布互联网转型时代下全新的转型战略——"智能+互联网"与"产品+服务"的"双+"战略,以互联网思维全面构建 TCL 集团的战略转型和新商业模式,重新定义 TCL 集团以用户为中心的新价值观和愿景。

2015 年,TCL 提出国际化再出发的"双轮驱动发展"战略,并发布了 TCL 企业的新定位——全球化的智能产品制造及互联网应用服务企业集团。

2016 年,TCL 携手紫光集团共同宣布,将充分利用双方在各自行业强大的影响力、产业上下游丰富的投资经验及横跨境内外的资本市场平台优势,协同打造百亿规模的产业投资平台,兼具产业协同效应和资本效应,促进中国半导体和消费电子产业的转型与升级。同年,BlackBerry(黑莓)公司与 TCL 通讯宣布达成长期的授权许可协议,正式完成授权。至此,TCL 将经营黑莓手机。

2018 年,TCL 在上海 AWE 家博会上展示了其在内容、服务和人工智能等领域的成果。同年,福布斯首次发布全球数字经济 100 强榜单,在16家入围的中国大陆企业中，TCL成为唯一登榜的中国家电品牌。

在技术创新领域的不断突破和成功帮助TCL建立起了一条完整的液晶彩电产业链，并奠定了企业在新一代平板电视领域的全球产业优势。同时，中国也成为继日本和韩国之后，又一个掌握自主研发高端显示科技的国家（薄连明和井润田，2014）[520]。

6.2 TCL的外部技术搜寻平衡

作为全球少数同时拥有多媒体、移动通信及8.5代液晶面板业务的企业，TCL的技术创新体系由其工业研究院、技术中心以及下属各产业16个研发中心构成，并拥有6个与国际知名公司联合的实验室。但在国际化的发展过程中，TCL除了企业内部不断持续进行新产品和新技术的探索与研发，同时也通过外部资源整合，不断加强技术创新的力度和厚度，以提升公司以及TCL品牌在国际消费电子产业的整体竞争优势。其中，自2001年开始实施的外部技术搜寻和获取，为企业的发展开辟了一条新的技术创新道路。

截至2012年12月31日❶，TCL的18家子公司通过专利许可的形式共从企业外部获取了134项专利技术，其中大部分专利于2008—2011年获得许可（见图6-1），具体专利类型构成如图6-2所示。

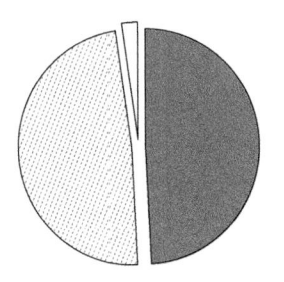

■发明专利　□实用新型专利　□外观设计专利

图6-2　1998—2012年TCL集团外部获取的专利类型构成比例

---

❶ 相关数据均来自前文实证研究使用的专利许可数据库，故统计日期仅到2012年年底。

从图 6-2 中可以看出，TCL 的 18 家子公司从外部获取的专利中，49.3%为发明专利，主要用于新技术或新产品的研发。这些发明专利分别来自声像技术、电气设备及电气工程、光学、热处理及设备、通信、环境技术 6 个领域，其中，有 74.2%为声像技术领域的许可专利，具体见表 6-1。

表 6-1 TCL 集团外部获取的专利所属技术领域及类型分布

编号	技术领域	发明专利	实用新型专利	外观设计专利	总计
1	半导体	0	1	0	1
2	材料加工、纺织、造纸	0	2	0	2
3	电气设备及电气工程	3	11	0	14
4	分析及测量控制技术	0	2	0	2
5	光学	4	7	0	11
6	环境技术	2	0	0	2
7	机械组件	0	3	0	3
8	热处理及设备	5	7	0	12
9	声像技术	49	21	0	70
10	通信	3	3	0	6
11	消费品及设备	0	8	3	11

2001—2007 年，TCL 通过外部技术搜寻，共获得了 14 项专利技术，其中，TCL 通力电子（惠州）有限公司作为受让人，于 2002 年 8 月从让与人"株式会社东芝"处获取了一项名称为"具有双信息表面的光盘"的发明专利（专利实施许可的合同备案号：200210079），专利号为 95121149.8。通过查阅发明专利说明书可以发现，该项专利于 1995 年申请，1999 年被授权，发明人为 5 名来自日本大阪的松下电器员工，发明涉及具有双信息表面的光盘，在储存声信息数据、图像信息数据等大量数据的同时，提高了光盘的容量并减小光盘的尺寸。自 2002 年 12 月 18 日被授权为南靖万利达试听有限公司等企业开始，到 2005 年 4 月，这项发明专利共被授予 79 家不同的公司。

自2008年起，TCL的外部技术搜寻行为日渐频繁，多家子公司通过外部技术搜寻获取发展所需的相关技术。

2010年6月，TCL通力电子（惠州）有限公司作为受让人，从让与人"皇家飞利浦电子有限公司"处获取了一项名称为"电子信息数据库的发送和接收装置以及发送方法"的发明专利（专利实施许可的合同备案号：2010990000362），专利号为96190970.6。发明专利说明书显示，该项专利于1996年申请，2002年被授权，发明人为2名来自荷兰艾恩德霍芬的飞利浦电子公司员工。该发明涉及向电视接收机发送信息项的图文电视，通过提供发送电子数据库的方法，使在电视接收机中能够产生多个可以用友好的方式访问的项，并以吸引人的方式将其呈现出来。除TCL通力电子（惠州）有限公司外，该项专业也被授予其他7家中国本土企业，属于较成熟技术。经统计，2010年，TCL通力电子（惠州）有限公司共从荷兰皇家飞利浦电子有限公司处获得专利技术21项，其中10项专利于2000年及以前申请，21项技术中，"最新"的专利技术申请年度为2006年。

2011年7月，惠州TCL环境科技有限公司作为受让人，从让与人"浙江师范大学"处获取了一项名称为"一种电解处理含锌电镀废水并回收锌的方法"的发明专利（专利实施许可的合同备案号：2011440020280），专利号为200910154765.X。查阅发明专利说明书可知，该项专利于2009年申请，2011年被授权，6位发明人均来自浙江省金华市浙江师范大学生化学院。由于含重金属离子的工业废水排放到环境中不能被降解、易积累，危害很大，该发明涉及含重金属离子电镀废水的处理领域，通过电解处理含锌电镀废水装置析出锌并加以回收利用，具有工艺简单，无二次污染，去除率高，所沉积的金属锌可回收利用的特点。目前，该项专利暂未许可给其他企业，属于较新技术。

TCL通力电子（惠州）有限公司和惠州TCL环境科技有限公司的外部技术搜寻行为相关信息归纳汇总见表6-2。

表6-2　TCL的三次外部技术搜寻

外部技术搜寻	发明专利 95121149.8	发明专利 96190970.6	发明专利 200910154765.X
受让人	TCL通力电子（惠州）有限公司	TCL通力电子（惠州）有限公司	惠州TCL环境科技有限公司
让与人	株式会社东芝	皇家飞利浦电子有限公司	浙江师范大学
让与人所在地	日本大阪	荷兰艾恩德霍芬	中国浙江
让与人类型	企业	企业	教育机构
专利申请时间	1995年	1996年	2009年
专利许可时间	2002年	2010年	2011年
专利技术领域	声像技术	声像技术	环境技术
分类号	G11B7/24	H04N5/445	C02F1/461（2006.01）I
IPC分类	G：物理 G11：信息存储	H：电学 H04N：图像通信	C：化学、冶金 C02F：水、废水、污水或污泥的处理
主要涉及内容	具有双信息表面的光盘，提高光盘的容量并减小光盘的尺寸	在电视接收机中能够产生多个可以用友好且吸引人的方式访问的项	通过电解处理含锌电镀废水装置析出锌并加以回收利用
探索-开发的主要特征	地理领域的探索性搜寻	地理领域的探索性搜寻（探索性程度加大）	时间和认知领域的探索性搜寻

从以上信息可以看出，TCL在国际化发展的早期，开始尝试从企业外部以专利许可的形式寻找相关技术，以弥补企业自身知识的不足，具体表现在2001—2007年，出现了少量的内向许可专利记录。通过分析2002年TCL通力电子（惠州）有限公司获取的发明专利"具有双信息表面的光盘"的说明书可知，企业进行此次外部技术搜寻，主要特征为地理领域的探索性搜寻（国外技术），同时，在时间领域则偏向于开发性技术搜寻（专利滞后期为7年）。由于该项专利的让与人类型也是企业，虽然存在文化制度的差异，但总体认知距离相对较小。因此，在该次技术搜寻的过程中，企业采用认知领域和时间领域的开发性技术搜寻来降低地理领域探索性技术搜寻带来的技术吸收难度，从而使企业的技术搜寻总体效用达到"约束条件下的最优"。

自2008年以来，TCL在迅速全球化的同时，也加大了对外部技术的搜寻力度，除了适当地并购与合作之外，专利许可的数量相较于2001—2007年成倍增长。从2010年TCL通力电子（惠州）有限公司从荷兰皇家飞利浦电子有限公司处获取发明专利"电子信息数据库的发送和接收装置以及发送方法"以及2011年惠州TCL环境科技有限公司从让与人浙江师范大学处获取发明专利"一种电解处理含锌电镀废水并回收锌的方法"的搜寻行为分析可知，企业开始在外部技术搜寻的某一领域加强探索性技术搜寻，如向远在欧洲的公司获取技术，或从高校获取新技术（专利滞后期仅为2年）。但同时，企业也在其他领域通过开发性技术搜寻来协调特定领域被强化的探索性技术搜寻，如从荷兰的企业获取专利许可时，选择更为成熟的技术（专利滞后期为14年）；当选择高校作为让与人并获取新技术时，考虑地理距离更近的浙江师范大学。换句话说，企业在外部技术搜寻的过程中，随着时间的推移，趋向于在某一领域内实现从开发性技术搜寻到探索性技术搜寻的转变，且当其提高某一领域的探索性技术搜寻水平时，会同时提高其他领域的开发性技术搜寻水平。

TCL的搜寻行为再一次证实了前文关于企业外部技术搜寻平衡形成机制的研究假设H4。

6.3 TCL外部技术搜寻平衡对企业绩效的影响

面对起伏动荡的国内国际市场，TCL集团以液晶产业垂直一体化的战略布局和技术创新能力的不断提高为动力，经营规模和盈利水平不断创历史新高。截至2014年年底❶，公司累计开发新产品4350余项，累计申请专利14275项，其中发明专利占近69%，累计授权专利7161项。2014年，集团共实现营业收入1010.29亿元，首次突破千亿元大关，同比增长18.41%，其中销售收入975.56亿元，同比增长16.54%。同时，

---

❶ 由于前文针对TCL外部技术搜寻分析的相关专利数据仅到2012年年底，考虑到技术引进与企业绩效之间存在时间滞后关系，故本部分企业绩效的统计仅截至2014年年底。

净利润同比增长46.73%达42.33亿元,其中归属于上市公司股东的净利润同比增长59.83%达31.83亿元。

6.3.1 企业创新绩效

通过查询中国专利数据库可以发现,自2001年开始实施外部技术搜寻,并通过专利许可的形式获取企业外部的技术知识以来,2002—2014年,TCL共申请专利9956项,其中,发明专利占总数的45.03%,且已有1352项发明专利获得了授权。2002—2014年TCL专利申请总数和发明专利数比例如图6-3所示。

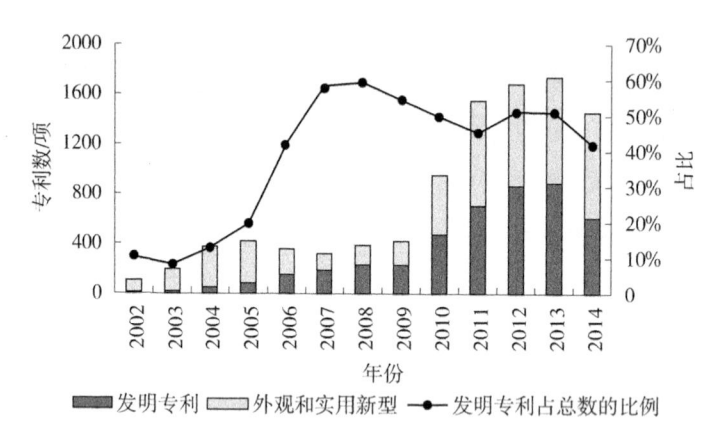

图6-3 2002—2014年TCL专利申请总数和发明专利数比例

从图6-3可以看出,自2004年起,TCL开始申请发明专利,且申请数量在专利申请总数中所占比重逐渐增加。专利申请总数则在2010年以后迅速增多,且持续保持在年申请量1000件以上。在考虑从技术知识获取到专利产出约有3年滞后期的基础上,这一现象与公司在2008—2010年多次进行外部技术搜寻活动(见图6-1)可能有密切的联系。基于此,本部分针对TCL的三次外部技术平衡搜寻活动,进一步分析外部技术搜寻平衡对企业创新绩效的影响。

首先,针对TCL通力电子(惠州)有限公司于2002年和2010年获得许可的两项专利,以及惠州TCL环境科技有限公司在2011年获得的内向许可专利，根据其IPC分类号（G11、H04N、C02F），在中国专利数据库中分别查询这两家子公司自进行外部技术的平衡搜寻以来，相应技术领域的专利申请情况。表6-3总结了TCL的两家子公司自获得许可专利后，截至2014年12月，在对应领域的各类专利申请数量及授权数。

表6-3 TCL三次外部技术搜寻后相应技术领域的专利申请情况

子公司名称	TCL通力电子（惠州）有限公司		惠州TCL环境科技有限公司
时间范围	2003—2014年	2011—2014年	2012—2014年
分类领域	G11	H04N	C02F
发明公布	8件	4件	2件
发明授权	2件	1件	1件
外观和实用新型	21件	7件	0件
专利申请总数	31件	12件	3件

从表6-3可以看出，两家子公司通过外部技术平衡搜寻获取专利许可后，均在各相应技术领域有专利申请记录，且搜寻时间越早，申请的专利数量越多。而惠州TCL环境科技有限公司由于在2011年才通过搜寻获得内向许可专利，因此，仅有3件专利申请的记录。这一现象也与现有研究发现的企业技术知识获取与专利产出存在滞后期的结论相符。

若按年均申请专利数计算，TCL前两次外部技术搜寻对企业创新绩效的影响分别是2.6件/年、3件/年、1件/年。换句话说，相较于2002年的外部技术搜寻行为，2010年，TCL通力电子（惠州）有限公司在地理领域加强了探索性技术搜寻的程度，并大大提高时间领域的开发性技术搜寻水平，这一形式的外部技术搜寻平衡所带来的创新绩效更高。

其次，为更深入地分析外部技术搜寻平衡对企业技术创新能力的影响，本书在中国专利数据库中，用细分后的IPC分类号，进一步查询两家子公司基于其所获技术知识的专利申请情况。结果显示，截至2014年年底，TCL通力电子（惠州）有限公司和惠州TCL环境科技有限公司在其所获许可专利的基础上,对应各有 1 件发明专利的申请。3 件发明专利分别是:2006 年申请的"一种激光视盘机判碟的方法以及采用该方法的激光视盘机"(申请号:200610157176.3)、2012 年申请的"一种短焦投影系统"(申请号:201210529684.5)和 2013 年申请的"一种高浓度有机废水蒸发浓缩处理方法"(申请号:201310420866.3)。

最后,通过查阅三件发明专利的说明书可将其与企业通过外部技术搜寻获得的三项许可专利进行详细比较与分析,具体参见表 6-4 和表 6-5。

表 6-4　TCL 通力电子(惠州)有限公司的内向许可专利与申请专利比较

内向许可专利	申请发明专利
专利名称:具有双信息表面的光盘 **申请日**:1995 年 12 月 28 日 **许可备案日期**:2002 年 8 月 1 日 **摘要**:一种光盘包括:具有第一信息表面的第一基片;在第一基片的第一信息表面上的半透明反射膜;具有第二信息表面的第二基片;在第二基片的第二信息表面上的反射膜;及黏结第一基片和第二基片,以使第一信息表面和第二信息表面相对,第一基片的厚度是 0.56mm 或更大些,黏结层的厚度为 30μm 或更大些,第一基片和黏结层的总厚度是 0.59~0.68mm,且该半透明反射膜的反射率在 20%~35% 的范围内。 **主要优点**:光盘的存储容量提高;在该光盘的一个表面上印制标记非常容易,且与常规设备兼容,可再现存储在该光盘中的信息。	**专利名称**:一种激光视盘机判碟的方法以及采用该方法的激光视盘机 **申请日**:2006 年 11 月 29 日 **摘要**:本发明公开了一种激光视盘机判碟的方法,所述的方法包括如下步骤:a. 激光视盘机检测其读取测试碟的实际读碟周期 $T1$,所述的实际读碟周期 $T1$ 为所述的激光视盘机光头从接触所述的测试碟介质层移动至数据层所用的时间;b. 所述的激光视盘机根据所述的实际读碟周期 $T1$ 设定判碟时间门限值,并将所述的判碟时间门限值存储在其存储器中。本发明技术方案大大地提高了判碟准确率,将单机软件自动调整至最佳状态,从而尽可能提高读碟速度,并且本发明方案简单易行,符合大规模生产的需要,对关键部品的参数要求降低,有利于提高部品生产的良品率和降低采购成本,此外,能够扩展单台碟机所能兼容的碟片厚度范围。 **主要优点**:可改良解决激光视盘机判碟问题。
专利名称:电子信息数据库的发送和接收装置以及发送方法 **申请日**:1996 年 6 月 21 日 **许可备案日期**:2010 年 6 月 9 日 **摘要**:发送和接收电子数据库(例如电子电视节目指南)的方法和装置。数据库包括多个节目项。为了帮助用户检索感兴趣的项,也发送一个菜单结构。菜单结构使得以不同方式访问数据库成为可能。	**专利名称**:一种短焦投影系统 **申请日**:2012 年 12 月 10 日 **摘要**:本发明公开了一种短焦投影系统,包括主处理器、微投模块、红外光投射模块及红外光获取模块,其中:微投模块将获取的多媒体信号投射至显示平面进行显示;红外光投射模块形成与显示平面平行的红外平面;红外光获取模块用于接收所述红外平面反射的红外光数据并将其传送至主处理器;当使用者通过手指或者其他不透

续表

内向许可专利	申请发明专利
所发送的菜单参考节目项,而不是包括节目项(例如已知形式的图文电视系统)。在必要的地方,可以参考不同电视台发送的节目信息。 **主要优点**:避免更多的图文电视页需要附加发送容量,增加电视接收机中访问项的吸引力。	明物体经过红外平面触摸显示平面,并在投影画面上进行动作时,手指或者物体会反射红外平面上的红外光,且反射的红外光会被红外光获取模块感应捕捉,随后将其感应的位置坐标数据传递至主处理器,主处理器对接收到的红外光数据进行处理并确定操作指令,同时根据操作指令控制多媒体信号进行相应操作,从而实现人机互动。 **主要优点**:可在不使用激光笔或红外笔的情况下,仅通过人手或其他不透明物体即可进行人机互动的短焦投影系统。

表6-5 惠州TCL环境科技有限公司的内向许可专利与申请专利比较

内向许可专利	申请发明专利
专利名称:一种电解处理含锌电镀废水并回收锌的方法 **申请日**:2009年12月4日 **许可备案日期**:2011年7月19日 **摘要**:本发明是一种电解处理含锌电镀废水并回收锌的方法。本发明具有工艺简单、无二次污染、去除率高、所沉积的金属锌可回收利用的特点。本发明电解处理含锌电镀废水是通过电解处理含锌电镀废水装置进行的,电解处理含锌电镀废水装置包括电解槽和电解液搅拌装置,阳极采用钛基铂电极,阴极采用锌电极或石墨电极,在电解槽内设有pH计。电解处理含锌电镀废水的方法是:电解处理前,含锌的电镀废水中作为电解液放入电解槽内,在电解液中加入碱溶液,以调节电镀废水的pH;电解过程中在电解液中加入弱碱溶液,将电解液的pH调节至6.0~7.9范围内,通过计量电解液的电荷累积量,对阴极板析出的锌加以回收利用。 **主要优点**:提供一种工艺简单、易控制、无二次污染、去除率高、所沉淀的金属锌可回收利用的电解处理含锌电镀废水并回收锌的方法。	**专利名称**:一种高浓度有机废水蒸发浓缩处理方法 **申请日**:2013年9月16日 **摘要**:本发明公开了一种高浓度有机废水蒸发浓缩处理方法,使用多效蒸发器、分馏塔的组合,实现有机物和水的高效分离,并通过逆流换热来预热进料废水,实现热量的高效利用。对于有机物浓度较高($COD \geq 20000mg/L$)、成分复杂、难生化降解废水尤其适用。这种有机废水在沉淀过滤后,经过预热、多效蒸发与分馏,得到的蒸馏水有机物浓度很低($COD \leq 1000mg/L$)。与传统的多效蒸发浓缩相比,不仅实现了热量的高效利用,又显著地降低蒸馏出水的有机物浓度,从而减轻后续蒸馏水生化处理的处理负荷,甚至可以免除蒸馏水后续处理环节而直接达标排放。 **主要优点**:针对现有技术的不足,提供了一种高浓度有机废水蒸发浓缩处理的方法,将蒸发和分馏技术有机结合,有效地分离水和有机物。

从表6-4和表6-5可以看出,TCL于2002年、2010年和2011年通过三次外部技术的平衡搜寻,分别获得了三项内向许可专利,即从企业外部获取技术知识。在此基础上,TCL通过技术学习,利用其所获取的外部知识,分别于2006年、2012年和2013年申请了相关领域的发明

专利,且从专利摘要来看,申请的发明专利与内向许可专利有较大的技术关联。此外,TCL在外部技术搜寻的动态跨领域平衡过程中,其从外部技术搜寻到产生创新绩效(申请专利)的滞后期也在逐渐缩短,从最初的4年减少到2年。

在不断进行的外部技术搜寻及企业内部研发活动日益频繁的基础上,2011年,TCL液晶电视背光控制系统及方法获得中国专利金奖,同年,TCL获认定首家国家级创新型企业。2013年,集团获中国管理模式杰出奖理事会颁发的"研发创新奖"。2014年荣获2014 IFA展(柏林国际电子消费品展览会)"量子点显示技术金奖"和"2013—2014全球消费电子50强",连续六年入选"全球消费电子50强"和"中国消费电子领先品牌TOP10",稳居中国电视品牌榜首。

通过以上针对TCL两家子公司外部技术搜寻行为的分析可知,外部技术搜寻平衡,尤其是跨领域的动态平衡,对企业创新绩效有积极的促进作用。

6.3.2 企业经济绩效

据TCL集团2014年年度报告显示,在当年中国经济增幅回落,全球经济整体欠佳的背景下,TCL以技术创新能力不断提高为动力,在2014年实现了逆势增长。2003—2014年,TCL经营业绩相关指标的变化情况如图6-4~图6-6所示。

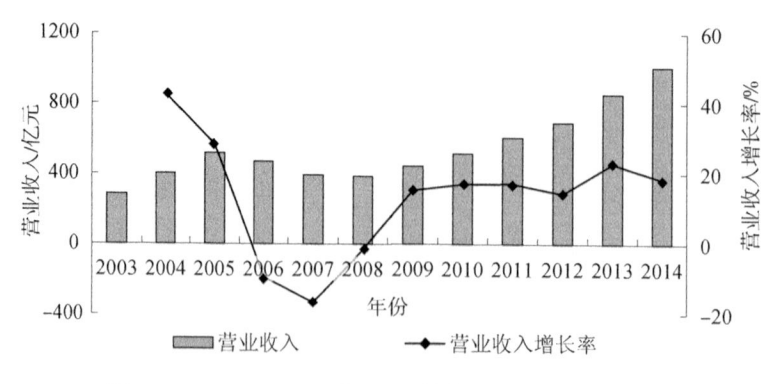

图6-4 2003—2014年TCL的营业收入及其增长率

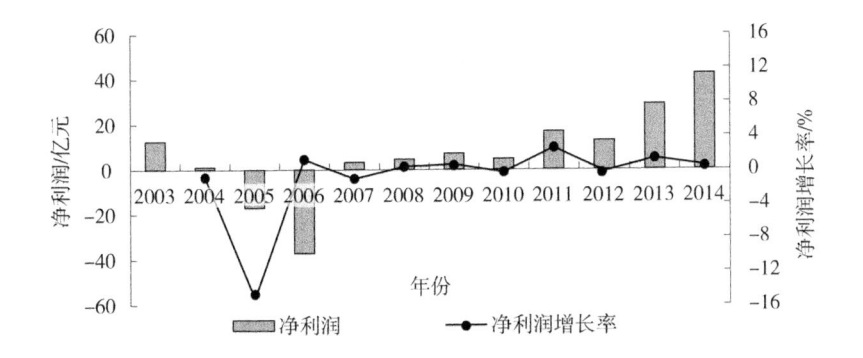

图 6-5　2003—2014 年 TCL 的净利润及其增长率

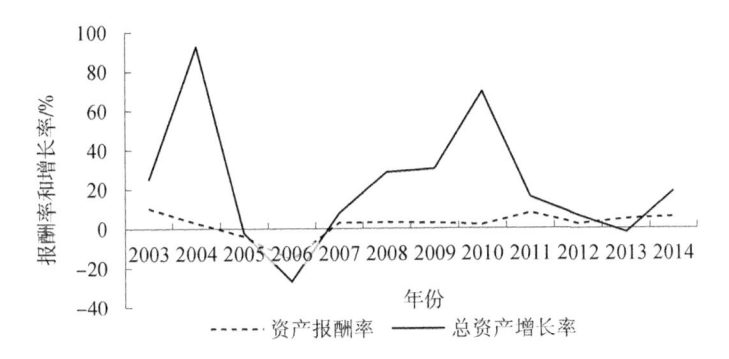

图 6-6　2003—2014 年 TCL 的资产报酬率和总资产增长率

从图 6-4 和图 6-5 可以看出，自 2008 年起，TCL 的营业收入和净利润开始逐年增加，到 2014 年，达到历史新高。特别是企业的净利润，在 2011 年大幅度增长，虽在 2012 年有所回落，但 2013 年起又回到了加速上升的通道。这一发展趋势与图 6-6 中企业的资产报酬率一致。而总资产增长率则分别在 2004 年和 2010 年表现较好。

以上 TCL 的相关财务指标，尤其是净利润和资产报酬率两项指标显示，自 2011 年起，TCL 的经济绩效表现良好，有持续增长的趋势。至 2014 年，各项指标均实现了相比去年同期的增长。考虑到从技术知识获取到创新能力提升以及企业经济绩效改善存在滞后期，这一现象与企业创新绩效表现类似，因此，本书认为，这也同公司在 2008—2010 年多次进行外部技术的平衡搜寻活动（见图 6-1）有一定联系。

同时，作为TCL五大产业（多媒体电子产业、移动通信产业、华星光电、家电产业、通力电子）之一的TCL通力电子（惠州）有限公司，通过多次外部技术的平衡搜寻，获取内向许可专利及相应技术知识，持续提升了其在智能化配套产品、电声技术的方面设计和创新能力。

2013年，公司聚焦专业原始设计制造商（Original Design Manufacturer，ODM）业务模式，巩固视频产品领域领先地位，加强新产品的研究和创新，持续向以音频产品和流媒体播放器产品为主的多元化产品组合转型，实现营业收入（销售收入）36.26亿元，同比增长23.02%，净利润1.07亿元，同比增长38.1%。

2014年，作为全球消费电子一线品牌企业优质音视频产品的ODM服务提供商，公司持续加大投入，加强电声及相关新技术的创新能力，提升产品性能和设计，大力发展新型音频产品，实现营业收入（销售收入）42.48亿元，同比增长17.2%，净利润1.28亿元，同比增长19.5%，再次实现了企业经济绩效的提高。

6.4 本章小结

本章在前文实证研究的基础上，采用单案例因果性研究的方法，以TCL集团股份有限公司为典型技术受让企业，分析其外部技术搜寻行为以及搜寻平衡对公司创新绩效和经济绩效的影响。

从整体来看，TCL在2001—2012年共通过外部技术搜寻获取了134项内向许可专利，且搜寻行为在三维的技术空间中表现出一定的平衡性（无三个领域同时使用开发性技术搜寻或均采用探索性技术搜寻，即三高或三低的情况），如图6-7所示。

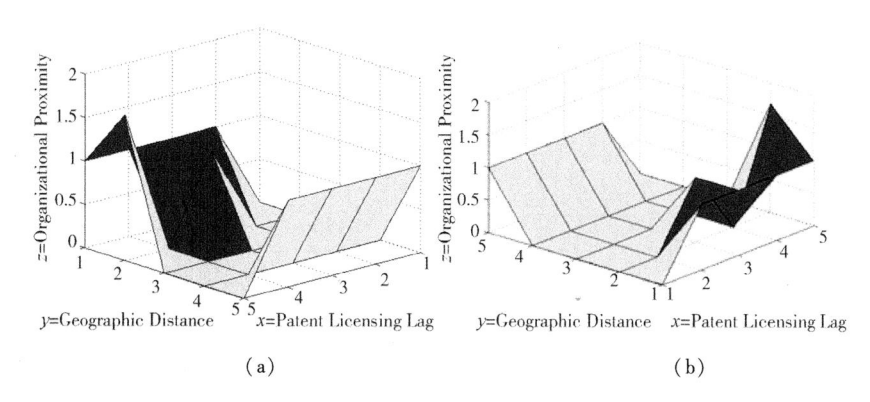

图 6-7　2001—2012 年 TCL 外部技术搜寻的特征

基于现有研究提出的企业技术知识的获取与产出之间约有 3 年的滞后期，TCL 在统计期内外部技术搜寻的年度分布特征与其创新绩效（年度专利申请数）和经济绩效（各年度相关财务指标）的发展趋势相符，初步验证了本书提出的企业外部技术搜寻的跨领域平衡对企业绩效有积极作用的研究假设及实证结论。

通过深入分析 TCL 通力电子（惠州）有限公司和惠州 TCL 环境科技有限公司的三次典型外部技术搜寻行为及其平衡特征，研究发现，企业的实践行为印证了前文关于企业外部技术搜寻平衡形成机制的研究假设及实证分析结果，即随着时间的变化，企业会提高某一领域的技术搜寻开发（或探索）水平，同时会提高其他领域的探索（或开发）水平，以实现外部技术搜寻的跨领域动态平衡。

此外，在 TCL 两家子公司平衡搜寻行为的基础上，本部分研究还结合中国专利数据库、国泰安数据库和 TCL 集团年报等数据来源，针对企业技术搜寻后相应技术领域的专利申请情况及专利所含技术知识进行了比较和分析，梳理了 TCL 自 2003 年以来的营业收入、净利润和资产报酬率等财务指标的变化趋势，以及 TCL 通力电子（惠州）有限公司的财务表现。研究发现，企业外部技术搜寻平衡，特别是跨领域的动态平衡，与企业创新绩效和经济绩效均呈正向的相关关系。

综上所述，本章通过典型技术受让企业的案例分析与研究，从企业实际行为的角度，验证了本书提出的研究假设，使前文的实证研究结果通过了企业实践行为检验。

第 7 章

实施策略与政策建议

在开放式创新的背景下,利用后发优势,中国企业在短短 30 年的时间内,通过技术学习,实现了技术和市场能力的有效追赶(江诗松等,2011;Wang et al.,2014)[49,521]。借助外部技术获取、消化吸收和再创新,华为、中兴、海尔、比亚迪、TCL 和吉利等国际知名企业不断涌现,外部技术搜寻成为提升企业技术能力的重要途径之一。2018 年,我国技术市场合同成交总金额在 2001 年的基础上增加了 20 倍之巨,全国 40 余万项技术成果通过技术市场的转移得到转化。然而,随着越来越多的企业把目光投向外部的异质性创新资源和技术知识,在实践过程中,对于如何搜寻和选择外部技术以提升经营绩效,仍然是企业面对的一大难题。如何更好地搜寻和利用外部技术以提高企业的创新能力、提升企业绩效、增强核心竞争力,成为兼具重要理论和实践意义的研究课题。

本书通过构建基于探索-开发的企业外部技术搜寻分析框架,在理论和实践层面系统检验了企业外部技术搜寻的平衡机制,并发现跨领域平衡组织外部的开发性和探索性技术搜寻活动,能够有效提高企业的创新绩效和经济绩效。因此,本章基于前文的研究成果,探讨在中国情境下，随着创新国际化和开放程度的日益加深，企业有效进行外部技术搜寻，以提升经营绩效的实施策略。同时，借助网络分析法，运用 Gephi 软件，绘制中国企业外部技术搜寻网络图，分析我国企业的外部技术搜寻区域特征，为政府推进技术知识的高效转移与利用提出相关政策建议。

7.1 企业外部技术搜寻的实施策略

自改革开放以来，中国经济在过去 30 多年保持快速增长。随着近年来增速的放缓，党和国家逐渐意识到中国经济发展模式存在的一个严重问题，即过度依赖消耗资源的粗放式增长和依赖进口技术的外延式发展（王元地，2013）[522]。在此背景下，"自主创新"作为一个重要的概念被提出，通过自主创新实现从低端产品的制造和出口向高附加值产品设计和生产环节转型逐渐成为中国企业在激烈的市场竞争中脱颖而出，获得核心竞争力，实现长期持续发展的重要保障。

然而，目前我国大部分企业，特别是那些资源相对短缺的中小型企业，普遍面临着技术创新知识匮乏的窘境。因此，在创新国际化和开放式创新的背景下，有效的外部技术搜寻就显得尤为重要，特别是针对后发国家的企业而言，如何通过有目标、有侧重的外部技术搜寻策略获取其所需的异质性互补技术知识，是实现高效技术追赶和技术跨越的逻辑起点。

本书提出的基于探索-开发的企业外部技术搜寻分析框架和研究假设以及相关实证研究的结论，为中国企业有效进行外部技术搜寻提供了以下可借鉴的实施策略。

（1）根据企业自身的资源条件、能力水平和发展定位，确定实施外部技术搜寻的知识领域，并选择恰当的平衡搜寻方式。

第 7 章 实施策略与政策建议

根据国家知识产权局公布的数据❶，2018 年，我国发明专利年申请量达 154.2 万件，同比增长 11.6%，连续多年位居世界首位，但仍有相当一部分发明专利申请来自国外企业，且本国申请人的发明专利中非核心技术专利居多。在授权的 43.2 万件发明专利中，有 8.6 万件为非国内发明专利授权。与此同时，当前我国企业面临的技术创新环境还存在着多种不平衡，如相互关联技术之间的不平衡和彼此失调，未形成互相协同和支持的关系（毛荐其等，2007）[523]；不同领域的技术发展水平有较大差异（陈轩瑾等，2014）[524]，从而出现先进技术和落后技术并存的局面等。

从具体的技术领域来看，通过对 1985—2012 年国内外企业或研究机构在华申请专利的统计分析发现，通信、声像技术、计算机技术、光学、有机精细化学、半导体、高分子化学及聚合物七个领域的国内企业或研究机构专利申请比重自 2006 年起就超过了国外企业或研究机构的申请比重，同时，在电气机械设备及电能、药品及化妆品、材料加工和纺织造纸三个领域，中国的专利申请比例则一直居于主导地位（顾新等，2014）[525]。换句话说，这些领域即是中国企业实施技术创新的机会领域，企业可根据自身的资源条件与发展定位，在相应技术领域通过外部技术的平衡搜寻，提高企业的经营绩效。

由于企业在外部技术搜寻的过程中，探索性搜寻侧重于对新知识、新技术和潜在机会的尝试性拓展，而开发性搜寻则强调对既有知识和资源的深度利用，搜寻的平衡则有助于企业发挥二者互动的协同效应，通过对组织技术创新资源及冗余资源的再配置（Huang & Li，2011）[526]，缓解探索性搜寻和开发性搜寻之间的资源竞争，从而提升企业对技术创新资源的利用效率，并通过整体绩效水平的提高，形成企业的竞争优势。因此，根据前文的实证研究与案例分析结论，当企业确定实施外部技术搜寻的知识领域后，可在三维的技术空间中，通过平衡不同领域的

---

❶ 数据来源于国家知识产权局 2018 年主要工作统计数据及有关情况新闻发布会（2019 年 1 月 10 日）。

开发性和探索性技术搜寻行为,来实现整体搜寻效用的最优。此时,企业可在不同的平衡搜寻方式中进行选择,如图 7-1 所示。

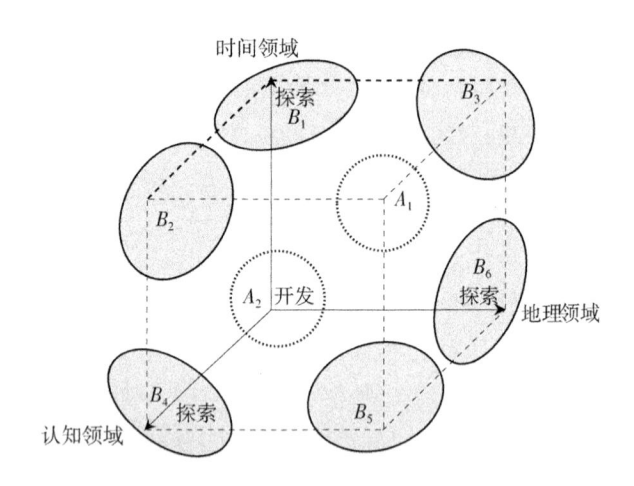

图 7-1 企业外部技术搜寻平衡的六种不同方式

根据图 3-7 构建的三维技术空间及不同情况下企业外部技术搜寻的跨领域平衡形态,结合实证研究结果,图 7-1 中的 $B_i(i = 1, 2\cdots, 6)$ 即本书提出的企业外部技术搜寻跨领域平衡方式。其中,B_1、B_4、B_6 三种平衡方式对应的区域表示企业在某一领域实施探索性技术搜寻,并同时使用其余两个领域的开发性搜寻行为来缓和探索性搜寻所带来的搜寻难度。B_2、B_3、B_5 三种平衡方式对应的区域则表示企业在某一领域实施开发性搜寻,并同时使用其余两个领域的探索性技术搜寻行为来弥补开发性搜寻导致的"短视"。

而 A_1 和 A_2 两个区域分别代表企业在外部技术搜寻过程中完全的探索性或开发性搜寻行为。由于二者存在过度开发或过度探索所导致的(如能力陷阱、组织刚性、搜寻难度加大、吸收困难等)一系列问题,因而不属于本书提出的"平衡搜寻"范畴。

(2)根据企业发展环境的特点,合理有效地配置企业技术创新资源,在发展过程中实现外部技术搜寻的跨领域动态平衡。

在现今开放和动态的环境中,分散且快速变化的资源使得单个组织很难持续开发或获取最佳的创新（Davis & Eisenhardt，2011）[527]，对于后发国家的企业而言，构建全球化创新网络，利用外部技术知识提升创新能力，是组织构建核心竞争力的必由之路。宏基集团董事长施振荣提出的"微笑曲线"（Smiling Curve）形象地揭示了后发国家企业技术追赶与转型升级的典型路径，如图7-2所示。

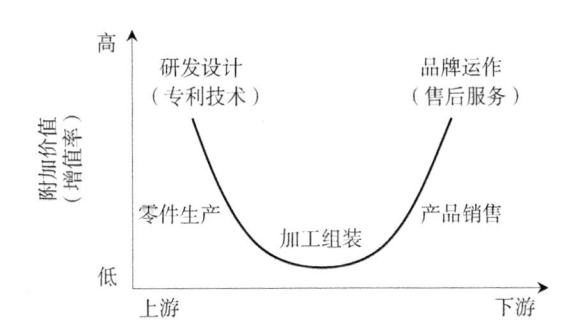

图7-2　后发国家企业技术追赶与转型升级的微笑曲线

在全球产业链上，发展中国家的企业由于缺少核心技术，主要从事制造加工环节的生产。从图7-2中可以看出，后发国家企业在低成本制造优势的基础上，可通过加强对新技术或新市场的探索，向附加价值更高的两端（即研发设计和品牌运作）发展。即一方面可在产业链的上游加强专利技术的开发，创造智慧财产权；另一方面则可在产业链的下游加强客户导向的营销与服务，创造品牌财产权。而对新技术或新市场的探索，必然需要企业在外部技术搜寻的过程中，在时间、地理或认知领域，进行更大程度的探索性技术搜寻（刘洋等，2013；曾萍等，2015）[528,529]。

由于本书提出的外部技术搜寻平衡机制能够有效保证企业技术创新资源的合理与有效配置，避免由于探索性技术搜寻活动和开发性技术搜寻活动无序竞争而导致的低配置效率，有利于企业灵活安排不同类型的外部技术搜寻活动，从而保持企业在技术搜寻的过程中，整体处于最优能力结构水平。因此，作为后发国家的企业，在创新追赶之路上，应根据所处行业及发展环境的特点，针对性地在不同搜寻领域进行探索性技术搜寻,并在保证合理有效地配置企业技术创新资源的基础上,通过跨领域平衡,协调探索性与开发性技术搜寻行为,从而实现创新追赶。

(3) 根据企业的经营规模,调整外部技术搜寻的跨领域动态平衡,在技术搜寻领域充分利用和发挥不同创新主体的优势。

根据中国国家统计局公布的数据❶,2017年,我国专利申请受理量为369.78万项,其中1381594项为发明专利,占比37.36%。教育机构、研究机构和企业的发明专利申请受理量约为1:0.3:4.4。通过比较三类创新主体自2000年以来各年度的发明专利申请量可以发现,教育机构、研究机构和企业的发明专利申请量逐年递增,其中,大部分发明专利为企业申请(见图7-3),即企业拥有的发明专利数最多,教育机构则次之。

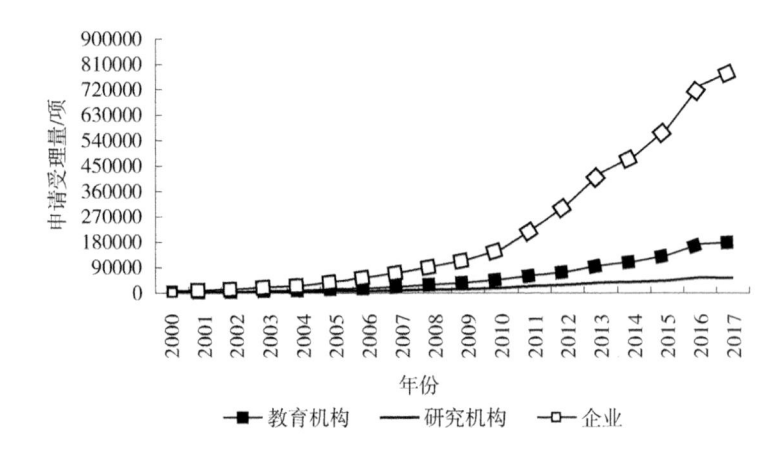

图7-3 2000—2017年三类创新主体的发明专利申请受理量

数据来源:国家统计局。

由于企业进行技术创新的动力主要来自于获取经济利益的诉求,因此,企业在创新活动中的行为往往表现为一种个体行为:一方面,企业进行大规模创新活动会受到资源有限性的约束;另一方面,也会导致一些带有公共性的基础性技术创新活动得不到有效的开展。

---

❶ 数据来源于国家统计局公布的年度数据,相关指标的统计截至2017年12月31日。

作为知识创造和开展科学研究活动的重要基地，教育机构和研究机构在创新知识的产出和传播方面具有非常重要的基础性和补充性作用，许多国家和地区的高新技术产业，如美国硅谷、北京中关村等，都是依托著名高校和科研机构发展起来的。

中国科学技术信息研究所最新公布的中国科技论文统计数据[1]显示，随着教育机构和研究机构的不断发展，我国国际科技论文的影响力逐年增加，SCI 数据库 2017 年收录中国科技论文数 36.12 万篇，占世界份额的 18.6%，超过日本和韩国，排世界第二位，仅次于美国（52.40 万篇）。2008—2018 年（截至 2018 年 10 月），我国科技人员发表的国际论文共被引用 2272.40 万次，与 2017 年统计时相比较，数量增加了 17.4%，排在世界第二位，增长速度显著超过其他国家。在 SCI 收录的中国科技论文中，有超过 80% 属于高等院校，约 10% 属于研究机构，公司企业占比不足 1%。这就表明我国教育机构和研究机构作为除企业之外的两大技术创新主体，拥有大量的基础性技术知识，且大多为隐性知识，这些潜在的技术知识能够帮助企业更好地进行技术创新。

前文通过实证研究已发现，企业规模正向调节企业跨领域平衡与绩效之间的关系，因此，根据自身的经营规模，企业可通过外部技术搜寻的跨领域动态平衡，在技术搜寻的过程中充分利用和发挥不同创新主体的优势。具体而言，对于中小型企业来说，由于其资源和能力相对匮乏，且自身吸收能力较弱，应更多地考虑从其他企业获取外部技术，选择地理领域或时间领域的探索性技术搜寻，通过认知领域的开发性技术搜寻来实现跨领域平衡。而随着企业规模的扩大，创新资源越来越丰富，吸收能力逐渐增强，大型企业可提高认知领域的探索性技术搜寻水平，从研究机构，甚至教育机构处获取基础性技术知识，通过地理领域或时间领域的开发性技术搜寻来寻求补偿，从而在跨领域的动态平衡中不断提高企业的创新绩效和经济绩效。

---

[1] 数据来源于中国科学技术信息研究所 2018 年中国科技论文统计结果发布会（2018 年 11 月 1 日）。

7.2 提高企业外部搜寻绩效的政策建议

美国、德国、韩国、日本等创新型国家的成功经验表明，随着企业开放程度的不断提高，在国家创新体系实现的过程中，通过外部技术搜寻的方式提高企业绩效，不仅需要企业自身选择恰当的搜寻方式利用外部技术，更需要政府相关政策的支持与推进（王元地和刘凤朝，2013）[530]。作为体制创新、机制创新、政策创新和文化创新的主体，政府通过营造良好的市场经济环境和区域创新环境，能够有效提高企业进行外部技术搜寻的效率，从而改善企业的创新绩效和经济绩效，促进企业以及区域的发展。

根据中国国家知识产权局发布的《2017年中国知识产权发展状况评价报告》[531]，2010—2017年，全国知识产权综合发展指数稳步提升，我国知识产权的创造、运用、保护和环境进一步改善，各项指数基本呈现平稳增长。但区域间知识产权发展仍不平衡，全国31个地区的知识产权综合发展指数从东向西呈现阶梯状分布，具体可归为五个梯队❶，东、中、西部地区逐级递减的趋势较明显，具有显著的区域间不平衡特征。其中，广东、北京、上海、江苏和浙江由于经济基础好、知识产权资源集中，综合表现最好，地区知识产权综合发展指数排名前五位（具体排名见图7-4）。

---

❶ 根据《2017年中国知识产权发展状况评价报告》，全国31个地区中，粤京沪苏浙综合发展指数位居前列，是综合发展指数高于78的地区，为第一梯队；第二梯队是综合发展指数低于78，但高于70的地区，包括山东、安徽、四川、福建和湖北；第三梯队是综合发展指数低于70，但高于63的地区，包括辽宁、天津、陕西、湖南、河南、重庆和云南；第四梯队是综合发展指数低于63，但高于55的地区，包括河北、吉林、黑龙江、广西、江西、贵州、新疆、甘肃、山西和内蒙古；第五梯队是综合发展指数在55以下的地区，包括宁夏、海南、青海和西藏。

第7章 实施策略与政策建议

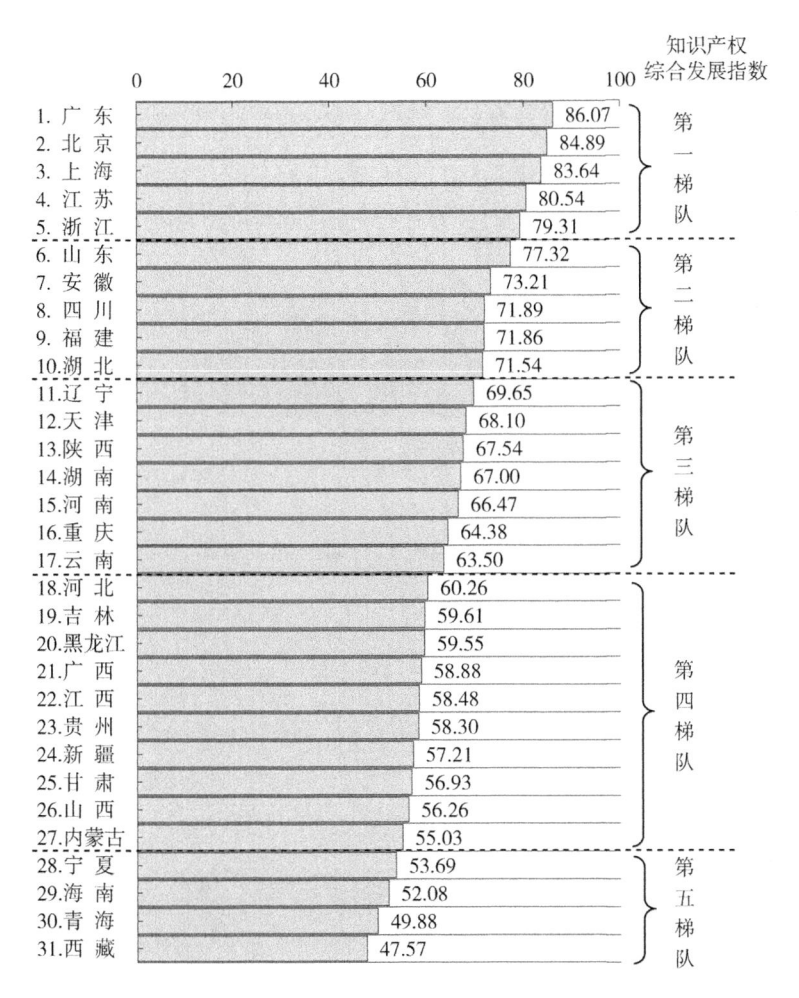

	知识产权综合发展指数	梯队
1. 广东	86.07	第一梯队
2. 北京	84.89	
3. 上海	83.64	
4. 江苏	80.54	
5. 浙江	79.31	
6. 山东	77.32	第二梯队
7. 安徽	73.21	
8. 四川	71.89	
9. 福建	71.86	
10. 湖北	71.54	
11. 辽宁	69.65	第三梯队
12. 天津	68.10	
13. 陕西	67.54	
14. 湖南	67.00	
15. 河南	66.47	
16. 重庆	64.38	
17. 云南	63.50	
18. 河北	60.26	第四梯队
19. 吉林	59.61	
20. 黑龙江	59.55	
21. 广西	58.88	
22. 江西	58.48	
23. 贵州	58.30	
24. 新疆	57.21	
25. 甘肃	56.93	
26. 山西	56.26	
27. 内蒙古	55.03	
28. 宁夏	53.69	第五梯队
29. 海南	52.08	
30. 青海	49.88	
31. 西藏	47.57	

图 7-4 2017 年全国 31 个地区知识产权综合发展指数及排名

数据来源：《2017 年中国知识产权发展状况评价报告》。

为进一步分析我国企业外部技术搜寻的区域性特征，为政府制定相关政策提供科学的依据，本部分借助网络分析法，基于 1998—2012 年中国企业内向专利许可数据，以专利让与人所在地为"源"，受让人所在地为"目标"，通过有向的边表示每项技术知识的流动情况以及各地区之间的"联系"，在 Gephi 软件中运用 Fruchterman Reingold 算法，绘制出中国企业外部技术搜寻网络特征图，如图 7-5 所示。

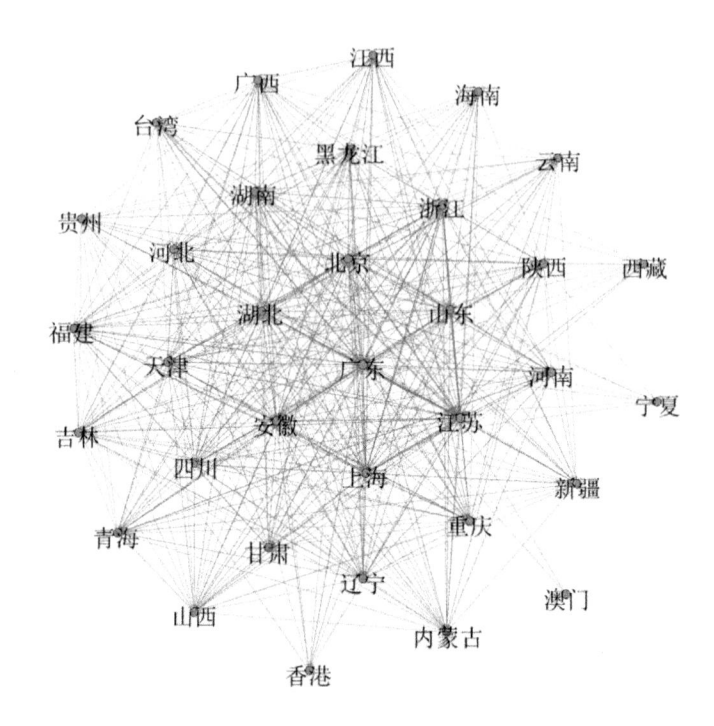

图 7-5 1998—2012 年中国企业外部技术搜寻网络

从图 7-5 可以看出，我国企业在外部技术搜寻的过程中，同样表现出区域间不均衡的特点。经测算后各地区在搜寻网络中的相关统计指标数值见表 7-1。

表 7-1 中国企业外部技术搜寻网络相关统计指标及测算结果

地区	连入度	连出度	亲近中心性	居间中心性	集聚系数	特征向量中心性
广东	32	32	0.9697	0.0559	0.5824	0.9710
江苏	32	30	0.9143	0.0390	0.6149	1.0000
北京	31	31	0.9412	0.0315	0.6200	0.9773
山东	30	28	0.8649	0.0273	0.6538	0.9417
上海	29	29	0.8889	0.0219	0.6581	0.9313
安徽	29	26	0.8205	0.0258	0.6885	0.9622
浙江	28	30	0.9143	0.0211	0.6581	0.9301
湖北	28	29	0.8889	0.0243	0.6250	0.8925

续表

地区	连入度	连出度	亲近中心性	居间中心性	集聚系数	特征向量中心性
河北	27	23	0.7619	0.0069	0.7407	0.9082
湖南	26	26	0.8205	0.0125	0.7180	0.8899
河南	26	18	0.6809	0.0039	0.7821	0.8783
四川	25	31	0.9412	0.0203	0.6548	0.8444
福建	25	25	0.8000	0.0079	0.7118	0.8260
天津	24	28	0.8649	0.0075	0.7180	0.8075
黑龙江	23	25	0.8000	0.0072	0.7938	0.7624
广西	23	20	0.7111	0.0051	0.7662	0.7898
内蒙古	23	11	0.5926	0.0023	0.8398	0.8018
江西	22	14	0.6275	0.0033	0.8577	0.7939
辽宁	21	26	0.8205	0.0048	0.8267	0.7575
陕西	21	26	0.8205	0.0119	0.7011	0.7285
新疆	20	13	0.6154	0.0013	0.8063	0.6813
甘肃	19	18	0.6809	0.0038	0.8050	0.6473
吉林	18	27	0.8421	0.0050	0.7414	0.6300
海南	18	7	0.5517	0.0002	0.8971	0.6424
重庆	17	25	0.8000	0.0025	0.8015	0.5952
青海	17	22	0.7442	0.0031	0.8442	0.6145
山西	16	22	0.7442	0.0018	0.8388	0.5710
云南	16	17	0.6667	0.0010	0.8667	0.5517
贵州	14	17	0.6667	0.0011	0.8300	0.4891
西藏	11	0	0.0000	0.0000	0.9455	0.4088
台湾	8	18	0.6809	0.0017	0.8363	0.2700
香港	6	8	0.5517	0.0000	0.9333	0.1780
宁夏	4	5	0.5333	0.0000	0.9762	0.1140
澳门	0	2	0.5077	0.0000	1.0000	0.0000

在表7-1中，连入度（In-degree）衡量的是该地区作为技术受让人所在地，所获取外部技术的频率，而连出度（Out-degree）则衡量该地区作为技术让与人所在地，向外转移技术知识的频率。可以看出，广东、江苏、北京和山东是进行外部技术搜寻频次最多的区域（连入度大

于30），而相较于其他地区来说，广东、北京、四川、江苏和浙江五个地区作为让与人所在地，许可的专利数更多（连出度大于30）。总体来看，北京、广东和江苏三个地区由于拥有大量企业和创新资源，外部技术搜寻活动"进出"均比较频繁。特别是广东，作为我国经济对外开放的先驱者和世界制造的中心地带，近年来引入了大量的外来高校和科研机构，通过外部技术搜寻，获取大量技术知识，企业创新能力不断增加，故而在图7-5中也位于中心位置。

在网络分析中，位于"中心"（Central）的节点是非常重要的，相较于非中心节点来说，中心节点能够更快速地到达并覆盖整个网络。因此，亲近中心性（Closeness Centrality，C_C）通过点与其他点的距离来测量，计算公式见式（7-1），C_C数值越高，说明该节点在网络中与其他节点的距离总体更近；居间中心性（Betweenness Centrality，C_B）则衡量该节点在多大程度上处于其他节点之间，计算公式为式（7-2），C_B数值越大，表明节点在网络沟通与信息的传播中越重要（Tang & Liu，2010）[532]。

$$C_C(v_i) = \left[\frac{1}{n-1}\sum_{j \neq i}^{n} g(v_i, v_j)\right]^{-1} = \frac{n-1}{\sum_{j \neq i}^{n} g(v_i, v_j)} \quad (7-1)$$

$$C_B(v_i) = \sum_{v_s \neq v_i \neq v_t \in V, s<t} \frac{\sigma_{st}(v_i)}{\sigma_{st}} \quad (7-2)$$

以社交网络为例，那些在社交过程中经常与人互动、人际关系颇好的人，如公司中的八卦传播者，亲近中心性得分较高；而处在两个社会网络之间的人，如跨界者，往往拥有较高的居间中心性分数。

从表7-1可以看出，广东、北京、四川、江苏和浙江五个地区的亲近中心性得分较高（大于0.9），而广东、江苏和北京三个地区的居间中心性得分较高（大于0.03）。图7-6和图7-7形象地展示了各地区在外部技术搜寻网络中的亲近中心性和居间中心性得分及排名情况。

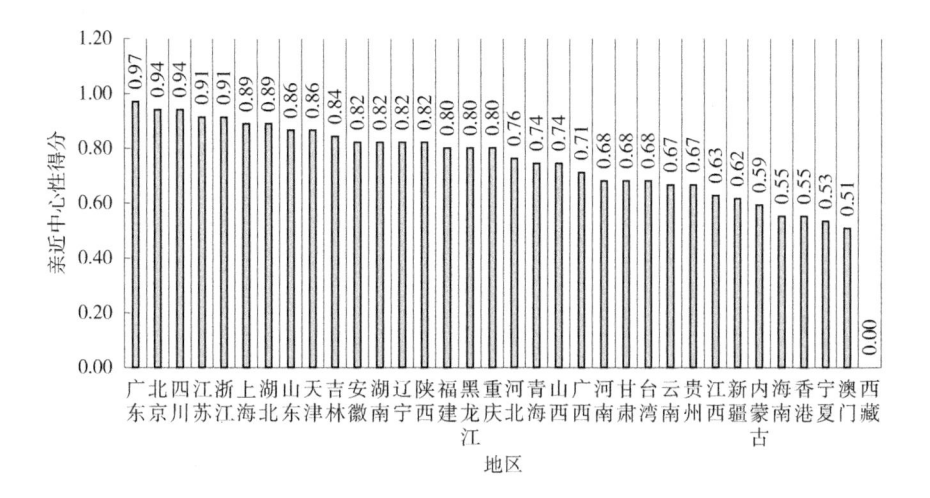

图 7-6　各地区亲近中心性指标得分及排名

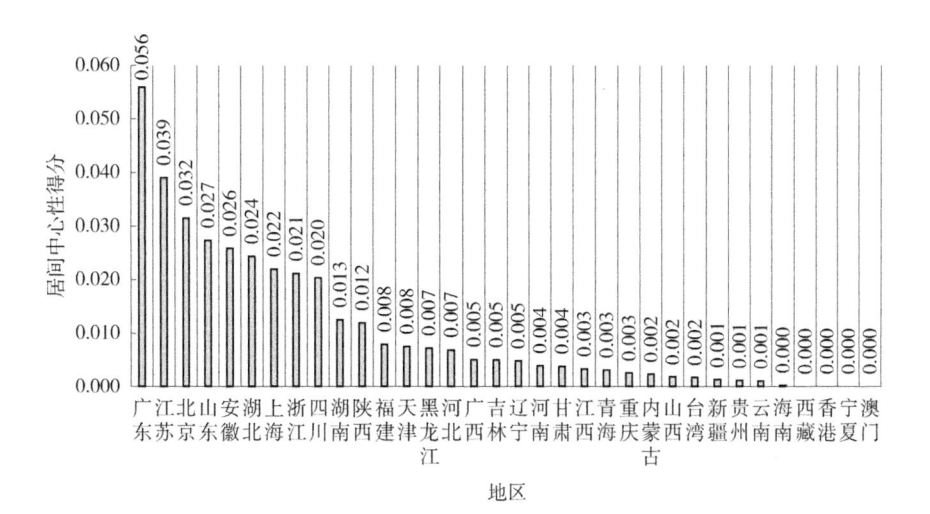

图 7-7　各地区居间中心性指标得分及排名

从图 7-6 和图 7-7 可以看出，广东在面临全球产业转移、本土制造成本不断上升和本土技术支撑能力不足的同时，采取将传统制造业转型升级，与引进外来大学和科研机构、获取技术相结合的方法，通过吸收外部技术推动本地产业转型升级，从创新的技术扩散开始，进行科技成果的市场化应用，成为中国企业外部技术搜寻网络的中心，亲近中心性和居间中心性两项指标的得分均高居榜首。作为华为、腾讯和TCL等知名创新型企业的总部所在地，广东形成了本土产业的国内外竞争优势，在中国南方乃至全国的企业外部技术搜寻网络中扮演着重要的角色。

在北方，首都北京拥有中国科学院、北京大学、清华大学等众多科研院所和高校，以及配套齐全、转换能力强大的中关村，凭借具有独特的科研资源优势，通过加大科技投入和有效配置各种科技资源，在知识创造能力方面具有绝对的领先优势，在亲近中心性和居间中心性两项指标的得分均名列前茅，显示出其在中国北方企业外部技术搜寻网络中的重要位置。

在东部，江苏因其紧邻上海的地缘优势，通过转变政府职能、优化本地基础设施建设，打造宜居城市和宜商经营环境，吸引国内外创新创业个体和团队落户江苏，如无锡成功运作的"530"计划，在亲近中心性和居间中心性两项指标的得分也比较高。特别是居间中心性得分，仅次于广东，显示出其在中国东部企业外部技术搜寻网络中的重要地位。

在西部，四川作为"中国西部综合交通枢纽"和"中国西部经济发展高地"，拥有西部地区最高的亲近中心性和居间中心性得分，这与其经济总量位居全国第六、西部第一❶，综合实力高居西部首位，拥有各类产业园区200多个，吸引347家世界500强企业落户，其中境外500强企业244家❷，在川直接投资总额过百亿美元等优势密不可分。因此，在中国西部企业外部技术搜寻网络中起着重要的连接作用。

此外，由于集聚系数（Clustering Coefficient）描述了网络中，各节点的邻居之间互为邻居的比例（任卓明等，2013）[533]；特征向量中心性（Eigenvector Centrality）用于衡量节点的重要程度，若某节点与很多本身就具有较高中心度的点相连，则该点就具有较高的重要程度（武澎和王恒山，2014）[534]。根据表7-1中两个指标的得分可以看出，广东、

---

❶ 根据国家统计局公布的2017年全国各地区生产总值数据所得。
❷ 数据来源于四川省商务厅，统计日期截至2018年6月30日。

江苏和北京等地区的集聚系数较低,而特征向量中心性的得分则较高,这也与前面所分析的三个地区在企业外部技术搜寻网络中具有相对独立的中心地位,而四川主要在西部地区起着中介连接作用的原因相符。

根据以上对中国企业外部技术搜寻网络特征的分析可知,政府部门在国家层面为促进企业外部技术搜寻并帮助企业提高搜寻绩效,而出台相关政策和环境建设时,可在东部、南部、西部和北部区域分别选择有重要地位的地区,如江苏、广东、四川和北京,围绕这些地区构建促进区域技术知识流动的创新环境,并加强基础设施建设,如高速铁路、高速公路等,从而提高相关政策的实施效果。而在区域或省级层面,可考虑与本地有更大关联性的地区,加强与这些区域在各领域的合作,通过出台相关政策,为本地企业进行跨领域的外部技术搜寻提供支持,从而促进企业创新绩效和经济绩效的提高,带动区域经济的发展。

7.3 本章小结

在前文的理论和实证研究基础上,本章探讨了在中国情境下,随着创新国际化和开放程度的日益加深,企业有效进行外部技术搜寻,以提升经营绩效的实施策略,具体包括:根据企业自身的资源条件、能力水平和发展定位,确定实施外部技术搜寻的知识领域,并选择恰当的平衡搜寻方式;根据企业发展环境的特点,合理有效地配置企业技术创新资源,在发展过程中实现外部技术搜寻的跨领域动态平衡;根据企业的经营规模,调整外部技术搜寻的跨领域动态平衡,在技术搜寻领域充分利用和发挥不同创新主体的优势。同时,借助网络分析法,运用 Gephi 软件,绘制出中国企业外部技术搜寻网络图,并结合网络分析的相关统计指标和测算结果,分析了我国企业的外部技术搜寻区域特征,从国家层面和区域层面为政府推进技术知识的高效转移与利用提出了建议,为相关政策的制定提供了科学的依据。

第 8 章
结论与展望

随着近年来越来越多的学者把"平衡"作为一种研究视角,将其运用到开放式创新的研究中(Lubatkin et al.,2006;Aubry & Lievre,2010;Ferrary,2011;沈灏等,2008;李剑力,2009;芮正云和罗瑾琏,2018)[57,362,535-538],关于探索性技术创新和开发性技术创新行为之间的平衡及其对资源有限的企业在创新活动中的绩效影响逐渐成为学者们关注的问题之一。一些学者认为,平衡的技术创新综合了探索性和开发性技术创新的优势,故而能够提高组织绩效(Cao et al.,2009;Russo & Vurro,2010)[539,540];而另一些学者则认为,由于探索性技术创新和开发性技术创新之间存在一种张力,需要组织有很强的整合能力,或者付出高昂的协调成本,故而会导致企业绩效的下降(Ghemawat & Costa,1993;Menguc & Auh,2008)[541,542]。针对中国本土企业,王凤彬等(2012)[431]通过实证检验发现,探索性技术创新和开发性技术创新对企业的市场绩效有正向的线性影响,而与企业财务绩效的关系则呈现倒 U 形的形态。本书在现有研究的基础上,构建了基于探索-开发的企业外部技术搜寻分析框架,并通过实证检验,分析了在三维的技术搜寻空间,企业在不同领域选择探索性或开发性技术搜寻的平衡机制及其对企业创新绩效和经济绩效的影响，提出了相应的对策建议，进一步拓展了开放式创新领域"探索-开发"以及"平衡"的研究视角。本章将对前文的研究进行总结，重点阐述本书的主要研究结论与创新点，并指出研究的不足与未来的研究方向。

8.1 主要研究结论

创新环境和模式的变化使得外部技术搜寻成为企业获取竞争优势、增强竞争力的关键因素。在创新国际化和开放程度日益加深的背景下，如何更好地通过外部技术搜寻提升企业绩效，是我国当前创新型国家建设战略下企业迫切需要研究的重要课题。本书在借鉴组织二元性研究中关于企业探索-开发活动平衡性观点的基础上，深入研究"企业外部技术搜寻的平衡机制及其对企业绩效影响"这一科学问题，并将研究内容分为两大命题。

命题一：基于探索-开发视角的企业外部技术搜寻平衡机制。

命题二：外部技术搜寻平衡机制对企业绩效的影响。

本书首先以资源基础理论、交易成本理论和技术创新理论为基础，在对现有研究梳理的基础上，通过构建基于探索-开发视角的企业外部技术搜寻分析框架，从领域内平衡、跨领域平衡和跨领域动态平衡等角度分析了外部技术搜寻平衡的形成机制及外部技术搜寻平衡对企业绩效的作用机理。然后，将中国1998—2012年企业的内向许可专利作为外部技术搜寻的具体形式，结合多种数据源，利用 SPSS、STATA、Matlab、AMOS 等量化工具，实证检验企业外部技术搜寻平衡的微观机制和形成机制，及其对企业创新绩效和经济绩效的影响。在此基础上，以 TCL 集团股份有限公司为典型技术受让企业，运用单案例因果性研究的方法，对实证结果进行佐证。最后，提出企业有效进行外部技术搜寻，以提升经营绩效的实施策略，并运用 Gephi 软件，绘制中国企业外部技术搜寻网络图，为政府推进技术的高效转移与利用提供科学依据。

整体来看，本书围绕提出的两大命题进行了理论论证与实证分析，得到了以下主要研究结论：

（1）从平衡微观机制来看，组织惯性和路径依赖会影响企业外部技术搜寻行为，但这种影响随着时间间隔的增加而逐渐减弱。中国企业在外部技术搜寻的三维空间中存在平衡性，即企业在某一领域进行的开发性（探索性）搜寻，会同时使用其他领域的探索性（开发性）搜寻来补偿，且随着时间的变化，企业趋向于实现跨领域的动态平衡。

（2）企业的创新绩效与企业在领域内和跨领域平衡外部开发性和探索性技术搜寻活动均呈正向相关关系，但相对来看，企业在三维技术空间中跨领域平衡开发性技术搜寻和探索性技术搜寻，对企业创新绩效的积极作用比领域内平衡更大；企业的经济绩效则与企业在领域内平衡外部开发性和探索性技术搜寻活动呈负向相关关系，而与企业跨领域平衡外部开发性和探索性技术搜寻活动呈显著的正向相关关系。此外，企业规模对领域内平衡和企业绩效之间的关系起负向调节作用，而对跨领域平衡和企业绩效之间的关系起正向调节作用，即随着企业规模的扩大，在三维技术空间中实施跨领域的外部技术搜寻平衡将对企业的创新绩效和经济绩效产生更为积极的促进作用。

（3）在中国情境下，企业应根据自身的资源条件、能力水平和发展定位，确定实施外部技术搜寻的知识领域，并选择恰当的平衡搜寻方式。同时，要考虑企业发展环境的特点，合理有效地配置企业技术创新资源，在发展过程中实现外部技术搜寻的跨领域动态平衡。此外，还应随着企业经营规模的不断扩大，调整外部技术搜寻的跨领域动态平衡，在技术搜寻领域充分利用和发挥企业、教育机构和研究机构三大创新主体的优势。

（4）在中国企业外部技术搜寻的网络中，广东、江苏、北京和山东是进行外部技术搜寻频次最多的区域，而相较于其他地区来说，广东、北京、四川、江苏和浙江五个地区作为让与人所在地，许可的专利数更多。总体来看，北京、江苏、广东和四川分别在北部、东部、南部和西部区域的技术搜寻网络中起着重要的连接作用，政府可重点关注这些地区的创新环境建设，促进区域技术知识流动，从而提高企业外部技术搜寻的绩效，带动区域经济的发展。

8.2 研究的创新点

本书围绕"基于探索-开发视角的企业外部技术搜寻平衡机制"以及"外部技术搜寻平衡机制对企业绩效的影响"两大核心问题，以中国企业的专利许可历史数据为主要素材，分析企业外部技术搜寻平衡机制及其对绩效的作用机理。既避免了现有研究主要从静态视角截取欧美等发达国家某一个时刻企业的外部搜寻行为，并分析其对企业创新绩效影响的不足；也在一定程度上推动了西方技术搜寻理论的本土化研究和创新，拓展了现有组织二元性和技术搜寻的研究。研究成果可为中国本土企业有效利用外部技术来引导技术创新，进而提升企业创新绩效和经济绩效提供理论支撑和实践指导。

具体来看，研究的主要创新点体现在以下三个方面。

第一，在研究方法上，本书突破了现有相关研究将外部技术搜寻作为外生变量的范式。通过梳理相关文献可以发现，现有研究主要使用专利引用信息和问卷调查数据表征外部技术搜寻，将外部技术搜寻模式抽象化并作为外生变量对待，使得现有研究常被不可观测变量缺失问题所困扰。本书将企业的外部技术搜寻视为内生变量，采用具体的专利技术许可生动地反映了外部技术的存在方式，并在模型方法上使用面板数据，结合案例的分析方法提升了研究结果的可靠性和全面性。这种以定量和实证为主的方法是对技术创新领域研究普遍存在的局限于问卷调查数据分析范式的发展和提升。

第二，在研究内容上，本书创新性地引入了基于三维技术空间的企业外部技术搜寻平衡性观点，通过深入分析企业技术搜寻的决策机制以及外部技术搜寻的平衡机制，将企业的外部技术搜寻研究从简单建立单一或者两个技术搜寻维度同企业创新绩效的关系，拓展到企业技术搜寻的三维跨领域平衡与企业绩效，特别是经济绩效的关系。这样既能充分揭示企业外部技术搜寻的决策和平衡机制的形成，同时，又能为建立外部技术搜寻平衡同企业绩效的关系奠定理论和实证基础。

第三，在研究成果的应用上，本书紧密结合中国企业外部技术搜寻的现实背景，主要指标的选取均体现了中国情境下的企业特点，适合我国企业的管理实践。同时，针对我国企业实践，探讨不同平衡模式及其对企业创新绩效和经济绩效指标的影响，为不同类型和不同特点的企业选择适合自身的外部技术搜寻策略提供了理论指导。此外，本书借助网络分析法，分析我国企业的外部技术搜寻区域特征，也能为政府相关部门制定完善技术创新、技术引进和技术转移政策，更好地服务企业发展提供科学依据。

8.3 研究不足与未来展望

尽管本书在写作的过程中严格遵循科学研究的逻辑性，并查阅了大量的文献资料，但由于时间和条件的限制，仍存在一些不足，使得研究结论有一定的局限性，还有待在未来的研究中逐步完善。总的来说，研究的不足主要体现在以下三个方面。

（1）在样本数据和指标选择方面，本书所使用的中国企业内向许可专利数据仅更新到 2012 年 12 月 31 日，距今已有 6 年多的时间。考虑到中国企业日益频繁的外部技术搜寻行为，专利许可数据样本量增加后，企业的搜寻特征可能会有新的变化和发展。同时，本书对于企业绩效的衡量，主要从数据可获得性的角度来设计相关指标，某些测度指标的选择考虑不全。因此，今后可在样本数据更新的基础上，增加全面衡量企业创新绩效和经济绩效的指标，如企业新产品产值、出口额和多元化水平等。

（2）在中间变量和研究方法方面，一方面，由于本书重点研究探索-开发视角下,中国企业外部技术搜寻的平衡机制,在此基础上,研究搜寻平衡机制对企业绩效的影响。但企业从搜寻并获取某项技术到产生创新或经济绩效,机制较为复杂,且过程中还会受到多种情境因素的影响,如现有相关研究普遍提到的吸收能力、知识整合、知识类型和商业模式(李光泗和沈坤荣,2011;缪根红等,2014;陈岩等,2015;刘凤朝等,2015)[18,543-545]等,以及其他未知因素,即企业从获取技术到创新产出,仍然是未完全打开的"黑匣子"。另一方面,本书虽先后运用了文献研究、二手数据和案例研究等方法,并使用 SPSS、STATA、Matlab、AMOS、Gephi 等软件,采用时间序列分析、结构方程模型和层次回归分析法等对数据进行处理并实证检验研究假设,但由于笔者数据处理能力与思路的局限,未能进一步探讨各模型中其他调节变量和中介变量等因素的作用效果。因此,考虑相关中介变量及其他调节变量后,对本书研究模型和结论的修正是今后研究的重点。

(3)在典型案例的选择和分析方面,本书虽使用了案例研究的方法,但由于笔者时间和研究条件的限制,仅针对一个企业使用二手数据进行了分析,未选择更多的企业进行对比分析。后续研究可在不同行业、不同区域和不同类型的企业中,选择典型技术受让企业,进行多案例比较研究。若有条件深入企业,对相关高层管理者和企业一线研发技术人员进行访谈,获取一手资料,可能会得到更有意义的研究结果,并完善本书实证研究的理论模型。

参考文献

[1] 田俊荣, 吴秋余. 新常态, 新在哪? [N]. 人民日报, 2014-08-04 (1).

[2] Schwab K. The global competitiveness report 2018 [R]. Geneva: World Economic Forum, 2018.

[3] 熊伟, 奉小斌, 陈丽琼. 国外跨界搜寻研究回顾与展望 [J]. 外国经济与管理, 2011, 33 (6): 18-26.

[4] Chesbrough H W. Open innovation: The new imperative for creating and profiting from technology [M]. Boston, Mass: Harvard Business School Press, 2003.

[5] Huizingh E K R E. Open innovation: State of the art and future perspectives [J]. Technovation, 2011, 31 (1): 2-9.

[6] Wang Y, Roijakkers N, Vanhaverbeke W. Learning-by-licensing: How firms in China benefit from licensing-in technologies [J]. IEEE Transactions on Engineering Management, 2013, 60 (1): 46-58.

[7] West J, Salter A, Vanhaverbeke W, et al. Open innovation: The next decade [J]. Research Policy, 2014, 43 (5): 805-811.

[8] Colombo M G, Piva E, Rossi-Lamastra C. Open innovation and within-industry diversification in small and medium enterprises: The case of open source software firms [J]. Research Policy, 2014, 43 (5): 891-902.

[9] Riccobono F, Bruccoleri M, Perrone G. External knowledge sourcing for

R&D activities: Antecedents and implications of governance mode choice [J]. Technology Analysis & Strategic Management, 2015, 27 (2): 142-160.

[10] Un C A, Rodríguez A. Local and global knowledge complementarity: R&D collaborations and innovation of foreign and domestic firms [J]. Journal of International Management, 2018, 24 (2): 137-152.

[11] 肖丁丁. 跨界搜寻对组织双元能力影响的实证研究 [D]. 广州: 华南理工大学, 2013.

[12] 潘佳, 刘益, 郑淞月. 外部知识搜寻和企业绩效关系研究: 以信息技术服务外包行业为例 [J]. 管理评论, 2017, 29 (6): 73-84.

[13] Grant R M. Toward a knowledge-based theory of the firm [J]. Strategic Management Journal, 1996, 17 (Winter Special Issue): 109-122.

[14] Katila R. New product search over time: Past ideas in their prime? [J]. Academy of Management Journal, 2002, 45 (5): 995-1010.

[15] Wu J. The effects of external knowledge search and ceo tenure on product innovation: Evidence from Chinese firms [J]. Industrial & Corporate Change, 2014, 23 (1): 65-89.

[16] Radicic D, Pugh G. Performance effects of external search strategies in European small and medium-sized enterprises [J]. Journal of Small Business Management, 2017, 55: 76-114.

[17] 邢斐, 张建华. 外商技术转移对我国自主研发的影响 [J]. 经济研究, 2009 (6): 94-104.

[18] 缪根红, 陈万明, 唐朝永. 外部创新搜寻、知识整合与创新绩效关系研究 [J]. 科技进步与对策, 2014, 31 (1): 130-135.

[19] 张峰, 刘侠. 外部知识搜寻对创新绩效的作用机理研究 [J]. 管理科学, 2014, 27 (1): 31-42.

[20] 郑浩. 情景双元视角下知识搜寻协同对创新绩效的影响: 一个有中介的调节模型 [J]. 科技进步与对策, 2018, 35 (17): 67-74.

[21] 陈朝月, 许治. 企业外部技术获取模式与企业创新绩效之间的关系探究 [J]. 科学学与科学技术管理, 2018, 39 (1): 143-153.

[22] Zhang H, Patton D, Kenney M. Building global-class universities: Assessing the impact of the 985 project [J]. Research Policy, 2013, 42 (3): 765-775.

[23] Chen J, Qu W G. A new technological learning in China [J]. Technovation, 2003, 23 (11): 861-867.

[24] Zhang Y N, Guo Z, Xia Y, et al. 2d representation of facial surfaces for multi-pose 3d face recognition [J]. Pattern Recognition Letters, 2012, 33 (5): 530-536.

[25] 甄丽明, 唐清泉. 技术引进对企业绩效的影响及其中介因素的研究: 基于中国上市公司的实证检验 [J]. 管理评论, 2010, 22 (9): 14-23.

[26] 李万, 常静, 王敏杰, 等. 创新3.0与创新生态系统 [J]. 科学学研究, 2014, 32 (12): 1761-1770.

[27] Rosenkopf L, Nerkar A. Beyond local search: Boundary-spanning, exploration, and impact in the optical disk industry [J]. Strategic Management Journal, 2001, 22 (4): 287-306.

[28] McKelvey M. Firms navigating through innovation spaces: A conceptualization of how firms search and perceive technological, market and productive opportunities globally [J]. Journal of Evolutionary Economics, 2016, 26 (4): 785-802.

[29] Rodriguez M, Doloreux D, Shearmur R. Variety in external knowledge sourcing and innovation novelty: Evidence from the kibs sector in spain [J]. Technovation, 2017, 68: 35-43.

[30] 宋宝香, 彭纪生, 王玮. 外部技术获取对本土企业技术能力的提升研究 [J]. 科研管理, 2011, 32 (7): 85-95.

[31] 赵立雨. 基于知识搜寻的开放式创新绩效研究 [J]. 中国科技论坛, 2016 (3): 36-41.

[32] Carayannopoulos S, Auster E R. External knowledge sourcing in biotechnology through acquisition versus alliance: A kbv approach [J]. Research Policy, 2010, 39 (2): 254-267.

[33] Enkel E, Gassmann O, Chesbrough H. Open R&D and open innovation: Exploring the phenomenon [J]. R&D Management, 2009, 39 (4): 311-316.

[34] Frankort H T W, Hagedoorn J, Letterie W. R&D partnership portfolios and the inflow of technological knowledge [J]. Industrial and Corporate Change, 2012, 21 (2): 507-537.

[35] Wang Y, Roijakkers N, Vanhaverbeke W, et al. How Chinese firms employ open innovation to strengthen their innovative performance [J]. International Journal of Technology Management, 2012, 59 (3/4): 235-254.

[36] Nosella A. Search practices in the early phase of the innovation process and ambidexterity: Testing a sample of high-tech companies [J]. Technology Analysis & Strategic Management, 2014, 26 (2): 135-153.

[37] 魏江, 冯军政. 企业知识搜寻模式及其对企业技术创新的影响研究 [J]. 科学管理研究, 2009, 27 (6): 55-60.

[38] 宋宝香, 彭纪生. 外部技术获取模式与技术能力的关系: 技术学习过程的中介作用 [J]. 管理学报, 2010, 7 (10): 1463-1471.

[39] 邬爱其, 李生校. 从"到哪里学习"转向"向谁学习": 专业知识搜寻战略对新创集群企业创新绩效的影响 [J]. 科学学研究, 2011, 29 (12): 1906-1913.

[40] Li Y, Vanhaverbeke W, Schoenmakers W. Exploration and exploitation in innovation: Reframing the interpretation [J]. Creativity and Innovation Management, 2008, 17 (2): 107-126.

[41] Petruzzelli A M. The impact of technological relatedness, prior ties, and geographical distance on university-industry collaborations: A joint-patent analysis [J]. Technovation, 2011, 31 (7): 309-319.

[42] Nooteboom B, Van Haverbeke W, Duysters G, et al. Optimal cognitive distance and absorptive capacity [J]. Research Policy, 2007, 36 (7): 1016-1034.

[43] Nerkar A. Old is gold? The value of temporal exploration in the creation of new knowledge [J]. Management Science, 2003, 49 (2): 211-229.

[44] Katila R, Ahuja G. Something old, something new: A longitudinal study of search behavior and new product introduction [J]. Academy of Management Journal, 2002, 45 (6): 1183-1194.

[45] Lavie D, Kang J, Rosenkopf L. Balance within and across domains: The performance implications of exploration and exploitation in alliances [J]. Organization Science, 2011, 22 (6): 1517-1538.

[46] Fleming L. Recombinant uncertainty in technological search [J]. Management Science, 2001, 47 (1): 117-132.

[47] Nicholls-Nixon C L, Woo C Y. Technology sourcing and output of estab-

lished firms in a regime of encompassing technological change [J]. Strategic Management Journal, 2003, 24 (7): 651-666.

[48] 陈钰芬, 陈劲. 开放式创新促进创新绩效的机理研究 [J]. 科研管理, 2009, 30 (4): 1-9, 28.

[49] 江诗松, 龚丽敏, 魏江. 转型经济背景下后发企业的能力追赶: 一个共演模型——以吉利集团为例 [J]. 管理世界, 2011 (4): 122-137.

[50] 袁健红, 龚天宇. 企业知识搜寻前因和结果研究现状探析与整合框架构建 [J]. 外国经济与管理, 2011, 33 (6): 27-33, 49.

[51] 陈君达, 邬爱其. 国外创新搜寻研究综述 [J]. 外国经济与管理, 2011, 33 (2): 58-65.

[52] 邬爱其, 方仙成. 国外创新搜寻模式研究述评 [J]. 科学学与科学技术管理, 2012, 33 (4): 67-74.

[53] 邬爱其, 李生校. 外部创新搜寻战略与新创集群企业产品创新 [J]. 科研管理, 2012, 33 (7): 1-7.

[54] 王建平, 吴晓云. 制造企业知识搜寻对渐进式和突破式创新的作用机制 [J]. 经济管理, 2017, 39 (12): 58-72.

[55] Ahuja G, Katila R. Technological acquisitions and the innovation performance of acquiring firms: A longitudinal study [J]. Strategic Management Journal, 2001, 22 (3): 197-220.

[56] Luger J, Raisch S, Schimmer M. Dynamic balancing of exploration and exploitation: The contingent benefits of ambidexterity [J]. Organization Science, 2018, 29 (3): 449-470.

[57] 芮正云, 罗瑾琏. 企业平衡式创新搜寻及其阶段效应: 间断性平衡还是同时性平衡? [J]. 科研管理, 2018, 39 (1): 9-17.

[58] March J G. Exploration and exploitation in organizational learning [J]. Organization science, 1991, 2 (1, Special Issue: Organizational Learning: Papers in Honor of (and by) James G. March): 71-87.

[59] Gibson C B, Birkinshaw J. The antecedents, consequences, and mediating role of organizational ambidexterity [J]. Academy of Management Journal, 2004, 47 (2): 209-226.

[60] He Z-L, Wong P-K. Exploration vs. Exploitation: An empirical test of the ambidexterity hypothesis [J]. Organization Science, 2004, 15 (4): 481-494.

[61] Li F, Yi Y, Guo X, et al. Performance evaluation of research universities in mainland China, Hong Kong (China) and Taiwan (China): Based on a two-dimensional approach [J]. Scientometrics, 2012, 90 (2): 531-542.

[62] Phene A, Tallman S, Almeida P. When do acquisitions facilitate technological exploration and exploitation? [J]. Journal of Management, 2012, 38 (3): 753-783.

[63] Petruzzelli A M. Balancing knowledge exploration and exploitation within and across technological and geographical domains [J]. Knowledge Management Research & Practice, 2014, 12 (2): 123-132.

[64] Sudhir K. The exploration-exploitation tradeoff and efficiency in knowledge production [J]. Marketing Science, 2016, 35 (1): 1-9.

[65] Wang P, Van De Vrande V, Jansen J J P. Balancing exploration and exploitation in inventions: Quality of inventions and team composition [J]. Research Policy, 2017, 46 (10): 1836-1850.

[66] 潘松挺, 郑亚莉. 网络关系强度与企业技术创新绩效: 基于探索式学习和利用式学习的实证研究 [J]. 科学学研究, 2011, 29 (29): 1736-1742.

[67] 周密, 盛玉雪, 丁明磊. 后发新兴大国、创新型企业与组织双元性研究: 基于国家级创新型企业的实证分析 [J]. 科学学与科学技术管理, 2014, 35 (3): 126-134.

[68] 张振刚, 余传鹏. 利用式与探索式学习对管理创新的影响研究 [J]. 管理学报, 2015, 12 (2): 252-258.

[69] Schumpeter J A. The theory of economic development [M]. Cambridge: Mass: Harvard University Press, 1934.

[70] Nelson R R, Winter S G. An evolutionary theory of economic change [M]. Boston: Belknap Press of Harvard University Press, 1982.

[71] Huber G P. Organizational learning: The contributing processes and the literatures [J]. Organization Science, 1991, 2 (1): 88-115.

[72] Bruderer E, Singh J V. Organizational evolution, learning, and selection: A genetic-algorithm-based model [J]. Academy of Management Journal, 1996, 39 (5): 1322-1349.

[73] Jaikumar R, Bohn R E. A dynamic approach to operations management: An alternative to static optimization [J]. International Journal of Produc-

tion Economics, 1992, 27 (3): 265-282.

[74] Von Hippel E, Tyre M J. How learning by doing is done: Problem identification in novel process equipment [J]. Research Policy, 1995, 24 (1): 1-12.

[75] Winter S G. Schumpeterian competition in alternative technological regimes [J]. Journal of Economic Behavior & Organization, 1984, 5 (3-4): 287-320.

[76] Stuart T E, Podolny J M. Local search and the evolution of technological capabilities [J]. Strategic Management Journal, 1996, 17 (Special issue: Evolutionary Perspectives on Strategy): 21-38.

[77] Dosi G. Sources, procedures, and microeconomic effects of innovation [J]. Journal of Economic Literature, 1988, 26 (3): 1120-1171.

[78] Henderson R, Clark K B. Architectural innovation: The reconfiguration of existing product technologies and the failure of established firms [J]. Administrative Science Quarterly, 1990, 35 (1): 9-30.

[79] Kogut B, Zander U. Knowledge of the firm, combinative capabilities, and the replication of technology [J]. Organization Science, 1992, 3 (3): 383-397.

[80] Eisenhardt K M, Martin J A. Dynamic capabilities: What are they? [J]. Strategic Management Journal, 2000, 21 (10/11): 1105-1121.

[81] Montoya P V, Zárate R S, Martín L Á G. Does the technological sourcing decision matter? Evidence from spanish panel data [J]. R&D Management, 2007, 37 (2): 161-172.

[82] 李生校. 外部创新搜寻战略对新创企业创新绩效的影响研究 [J]. 管理学报, 2013, 10 (8): 1185-1193.

[83] 陈力田, 许庆瑞, 吴志岩. 战略构想、创新搜寻与技术创新能力演化: 基于系统动力学的理论建模与仿真研究 [J]. 系统工程理论与实践, 2014, 34 (7): 1705-1719.

[84] 唐朝永, 陈万明, 彭灿. 外部创新搜寻、失败学习与组织创新绩效 [J]. 研究与发展管理, 2014, 26 (5): 73-81.

[85] 魏江, 张妍, 应瑛. 战略前瞻性、创新搜寻与创新绩效之间的演化: 先声药业 1995—2012 年纵向案例研究 [J]. 自然辩证法通讯, 2015, 37 (4): 88-95.

[86] 芮正云, 罗瑾琏. 企业创新搜寻策略的作用机理及其平衡: 一个中国情境下的分析框架与经验证据 [J]. 科学学研究, 2016, 34 (5): 771-780.

[87] 陈钰芬, 叶伟巍. 企业内部 R&D 和外部知识搜寻的交互关系: STI 和 DUI 产业的创新战略分析 [J]. 科学学研究, 2013, 31 (2): 266-275, 285.

[88] 陈力田, 许庆瑞. 知识搜寻跨边界协同对自主创新能力结构类型影响的实证研究 [J]. 科学学与科学技术管理, 2014, 35 (10): 13-25.

[89] 于海东, 田启华, 张艳丽, 等. 不确定条件下知识搜寻的智能策略研究 [J]. 情报杂志, 2018, 37 (11): 163, 197-202.

[90] 李艳华. 外部技术获取与本土企业全球创新: 内部研发的中介效应 [J]. 中国科技论坛, 2014 (3): 17-23.

[91] 杨莹. 从组织二元性视角探寻图书馆外部技术搜寻平衡机制 [J]. 图书馆学研究, 2014 (9): 42-45.

[92] 王元地, 杜红平, 陈劲, 等. 企业技术创新搜寻研究综述 [J]. 科技进步与对策, 2015, 32 (11): 149-154.

[93] 赵凤, 王铁男, 王宇. 开放式创新中的外部技术获取与产品多元化: 动态能力的调节作用研究 [J]. 管理评论, 2016, 28 (6): 76-85, 99.

[94] 于惊涛. 外部新技术获取模式、情境与绩效相关性研究 [D]. 大连: 大连理工大学, 2005.

[95] 周俊, 薛求知. 双元型组织构建研究前沿探析 [J]. 外国经济与管理, 2009, 31 (1): 50-57.

[96] Laureiro-Martinez D, Brusoni S, Canessa N, et al. Understanding the exploration-exploitation dilemma: An fmri study of attention control and decision-making performance [J]. Strategic Management Journal, 2015, 36 (3): 319-338.

[97] Knight E, Harvey W. Managing exploration and exploitation paradoxes in creative organisations [J]. Management Decision, 2015, 53 (4): 809-827.

[98] Piao M, Zajac E J. How exploitation impedes and impels exploration: Theory and evidence [J]. Strategic Management Journal, 2016, 37 (7): 1431-1447.

[99] 李忆, 司有和, 苑贤德. 组织双元性研究综述 [J]. 现代管理科学, 2010 (7): 115-117.

[100] 曾德明, 张丹丹, 文金艳. 基于专利合作的网络技术多样性对探索式创新的影响研究: 网络结构的调节作用 [J]. 情报杂志, 2015, 34 (2): 104-110.

[101] McGrath R G. Exploratory learning, innovative capacity, and managerial oversight [J]. Academy of Management Journal, 2001, 44 (1): 118-131.

[102] Burgelman R A. Strategy as vector and the inertia of coevolutionary lock-in [J]. Administrative Science Quarterly, 2002, 47 (2): 325-357.

[103] Benner M J, Tushman M L. Exploitation, exploration, and process management: The productivity dilemma revisited [J]. Academy of Management Review, 2003, 28 (2): 238-256.

[104] Siggelkow N, Levinthal D A. Temporarily divide to conquer: Centralized, decentralized, and reintegrated organizational approaches to exploration and adaptation [J]. Organization Science, 2003, 14 (6): 650-669.

[105] Garcia R, Calantone R, Levine R. The role of knowledge in resource allocation to exploration versus exploitation in technologically oriented organizations [J]. Decision Sciences, 2003, 34 (2): 323-349.

[106] Holmqvist M. Experiential learning processes of exploitation and exploration within and between organizations: An empirical study of product development [J]. Organization Science, 2004, 15 (1): 70-81.

[107] Lavie D, Stettner U, Tushman M L. Exploration and exploitation within and across organizations [J]. Academy of Management Annals, 2010, 4 (1): 109-155.

[108] Csaszar F A. An efficient frontier in organization design: Organizational structure as a determinant of exploration and exploitation [J]. Organization Science, 2013, 24 (4): 1083-1101.

[109] Eriksson P E. Exploration and exploitation in project-based organizations: Development and diffusion of knowledge at different organizational levels in construction companies [J]. International Journal of Project Management, 2013, 31 (3): 333-341.

[110] Stettner U, Lavie D. Ambidexterity under scrutiny: Exploration and ex-

ploitation via internal organization, alliances, and acquisitions [J]. Strategic Management Journal, 2014, 35 (13): 1903-1929.

[111] 凌鸿, 赵付春, 邓少军. 双元性理论和概念的批判性回顾与未来研究展望 [J]. 外国经济与管理, 2010, 32 (1): 25-33.

[112] 赵洁, 张宸璐. 外部知识获取、内部知识分享与突变创新: 双元性创新战略的调节作用 [J]. 科技进步与对策, 2014, 31 (5): 127-131.

[113] 罗彪, 魏正云, 王琼. 探索还是开发? 关键一刻的抉择: 奇瑞创新战略分析 [J]. 管理案例研究与评论, 2015, 8 (1): 57-70.

[114] 范雅楠, 云乐鑫. 知识获取方式对制造型企业创新绩效影响的实证研究: 基于营销探索与营销开发的视角 [J]. 科学学与科学技术管理, 2016, 37 (10): 74-85.

[115] March J G. Continuity and change in theories of organizational action [J]. Administrative Science Quarterly, 1996, 41 (2): 278-287.

[116] Lewin A Y, Long C P, Carroll T N. The coevolution of new organizational forms [J]. Organization Science, 1999, 10 (5): 535-550.

[117] Brown S L, Eisenhardt K M. Competing on the edge: Strategy as structured chaos [M] Boston: Harvard business school press, 1998.

[118] Ancona D G, Goodman P S, Lawrence B S, et al. Time: A new research lens [J]. Academy of Management Review, 2001, 26 (4): 645-663.

[119] 李桦, 储小平, 郑馨. 双元性创新的研究进展和研究框架 [J]. 科学学与科学技术管理, 2011, 32 (4): 58-65.

[120] Raisch S, Birkinshaw J. Organizational ambidexterity: Antecedents, outcomes, and moderators [J]. Journal of Management, 2008, 34 (3): 375-409.

[121] O'Reilly C, Tushman M L. Ambidexterity as a dynamic capability: Resolving the innovator's dilemma [J]. Research in Organizational Behavior, 2008, 28: 185-206.

[122] Simsek Z, Heavey C B, Veiga J F, et al. A typology for aligning organizational ambidexterity's conceptualizations, antecedents, and outcomes [J]. Journal of Management Studies, 2009, 46 (5): 864-894.

[123] 刘洋, 魏江, 应瑛. 组织二元性: 管理研究的一种新范式 [J]. 浙

江大学学报（人文社会科学版），2011，41（6）：132-142.

[124] 张钢，陈佳乐. 组织二元性的研究综述与展望［J］. 世界科技研究与发展，2013，35（4）：526-529.

[125] Jansen J J P, Van Den Bosch F A J, Volberda H W. Exploratory innovation, exploitative innovation, and performance: Effects of organizational antecedents and environmental moderators [J]. Management Science, 2006, 52 (11): 1661-1674.

[126] Harryson S. Japanese R&D management: A holistic network approach [D]. Switzerland: University of St. Gallen, Research Institute of International Management, 1995.

[127] Tushman M L, O'Reilly C A. Ambidextrous organizations: Managing evolutionary and revolutionary change [J]. California Management Review, 1996, 38 (4): 8-30.

[128] Levitt B, March J M. Organizational learning [J]. Annual Review of Sociology, 1988, 14: 319-340.

[129] Leonard-Barton D. Core capabilities and core rigidities: A paradox in managing new product development [J]. Strategic Management Journal, 1992, 13 (Special Issue): 111-125.

[130] Volberda H, Lewin A. Co-evolutionary dynamics within and between firms: From evolution to coevolution [J]. Journal of Management Studies, 2003, 40 (8): 2111-2136.

[131] 李俊华. 双元性组织创新平衡机制的案例研究［J］. 管理案例研究与评论，2013，6（5）：393-405.

[132] 李忠杰. 论社会发展的动力与平衡机制［J］. 中国社会科学，2007（1）：4-15.

[133] Scott W G. Organization theory: An overview and an sppraisal [J]. Journal of the Academy of Management, 1961, 4 (1): 7-26.

[134] 王耀德，李俊华. 双元性组织创新平衡机制"四力五维"模型的构建［J］. 科学学与科学技术管理，2012，33（4）：173-180.

[135] Jaffe A. Technological opportunity and spillovers of R&D: Evidence from firms' patents, profits, and market value [J]. American Economic Review, 1986, 76 (5): 984-1002.

[136] Cyert R, March J G. A behavioral theory of the firm [M]. Englewood

Cliffs, NJ: Prentice Hall, 1963.

[137] 汪菲. 基于资源基础理论的国家竞争力评价研究 [D]. 天津: 天津大学, 2007.

[138] Penrose E T. The theory of growth of the firm [M]. New York: John Wiley, 1959.

[139] Wernerfelt B. A resource-based view of the firm [J]. Strategic Management Journal, 1984, 5 (2): 171-180.

[140] Barney J. Firm resources and sustained competitive advantage [J]. Journal of Management, 1991, 17 (1): 99-120.

[141] Mahoney J T. The management of resources and the resource of management [J]. Journal of Business Research, 1995, 33 (2): 91-101.

[142] Sirmon D G, Hitt M A, Ireland R D. Managing firm resources in dynamic environments to create value: Looking inside the black box [J]. Academy of Management Review, 2007, 32 (1): 273-292.

[143] Peteraf M. The cornerstones of competitive advantage: A resource-based view [J]. Strategic Management Journal, 1993, 14 (3): 179-191.

[144] Prahalad C K, Hamel G. The core competence of the corporation [J]. Harvard Business Review, 1990, 68 (3): 79-91.

[145] Foss N J. Knowledge-based approaches to the theory of the firm: Some critical comments [J]. Organization Science, 1996, 7 (5): 470-476.

[146] Teece D J. Explicating dynamic capabilities: The nature and microfoundations of (sustainable) enterprise performance [J]. Strategic Management Journal, 2007, 28 (13): 1319-1350.

[147] Kogut B, Zander U. Knwoledge of the firm and the evolutionary theory of the multinational corporation [J]. Journal of International Business Studies, 1993, 24 (4): 625-645.

[148] Spender J C. Organizational knowledge, learning and memory: Three concepts in search of a theory [J]. Journal of Organizational Change Management, 1996, 9 (1): 63-78.

[149] Polanyi M. The tacit dimension [M]. New York: Anchor Book, 1966.

[150] Smith K G, Grimm C M, Gannon M J, et al. Organizational information processing, competitive responses, and performance in the U. S. Domestic airline industry [J]. Academy of Management Journal, 1991, 34 (1):

60-85.

[151] 谢洪明,王成,吴隆增. 知识整合、组织创新与组织绩效:华南地区企业的实证研究 [J]. 管理学报, 2006, 3 (5): 600-606, 621.

[152] Coase R H. The nature of the firm [J]. Economica, 1937, 4 (16): 386-405.

[153] Coase R H. The problem of social cost [J]. Journal of Law and Economics, 1960, 3 (10): 1-44.

[154] 刘炬. 企业技术创新网络形成机理研究:基于瑞士与中国的跨国案例比较 [D]. 成都:电子科技大学, 2010.

[155] 张五常. 经济组织与交易成本 [M]. 北京:经济科学出版社, 1992.

[156] Williamson O E. The economic institutions of capitalism: Firms, market, relational contracting [M]. New York: The Free Press, 1985.

[157] Williamson O E. Comparative economic organization: The analysis of discrete structural alternatives [J]. Administrative Science Quarterly, 1991, 36 (2): 269-296.

[158] Ring P, Ven A V d. Structuring cooperative relationships between organizations [J]. Strategic Management Journal, 1992, 13 (7): 483-498.

[159] Tsang E W K. Transaction cost and resource-based explanations of joint ventures: A comparison and synthesis [J]. Organizaiton Studies, 2000, 21 (1): 215-242.

[160] 陈伟. 供应链企业间知识交易的创新效应与契约机制研究 [D]. 重庆:重庆大学, 2011.

[161] 王文华,张卓,孙杨. 外部技术相对异质性影响企业绩效研究:二元内部研发的调节作用 [J]. 研究与发展管理, 2017, 29 (3): 110-119.

[162] 张方华. 知识型企业的社会资本与技术创新绩效研究 [D]. 杭州:浙江大学, 2004.

[163] Rosenberg N. Inside the black box: Technology and economics [M]. Cambridge: Cambridge University Press, 1982.

[164] Mueser R E. Identifying technical innovations [J]. IEEE Transactions on Engineering Management, 1985, 32 (4): 158-176.

[165] Lynn G, Morone J G, Paulson A S. Marketing and discontinuous innovation: The probe and learn process [J]. California Management Review,

1996, 38 (3): 8-37.

[166] 傅家骥, 仝允恒, 高建, 等. 技术创新学 [M]. 北京: 清华大学出版社, 1998.

[167] Dosi G. Technological paradigms technological trajectories: A suggested interpretation of the determinants and directions of technical change [J]. Research Policy, 1982, 11 (3): 147-162.

[168] Tushman M, Nadler D. Organizing for innovation [J]. California Management Review, 1986, 28 (3): 74-92.

[169] Bretschger L. Growth theory and sustainable development [M]. Cheltenham: Edward Elgar, 1999.

[170] 陶永明. 企业技术创新投入对技术创新绩效影响研究: 基于吸收能力视角 [D]. 大连: 东北财经大学, 2013.

[171] Teece D J. Firm organization, industrial structure, and technological innovation [J]. Journal of Economic Behavior & Organization, 1996, 31 (2): 193-224.

[172] 陈建勋, 潘昌才, 吴隆增. 知识创造能否提升组织绩效? 一项实证研究 [J]. 科研管理, 2009, 30 (1): 107-115.

[173] Fabrizio K R. Absorptive capacity and the search for innovation [J]. Research Policy, 2009, 38 (2): 255-267.

[174] Cruz-Gonzalez J, Lopez-Saez P, Navas-Lopez J E, et al. Directions of external knowledge search: Investigating their different impact on firm performance in high-technology industries [J]. Journal of Knowledge Management, 2014, 18 (5): 847-866.

[175] Ferreras-Méndez J L, Newell S, Fernández-Mesa A, et al. Depth and breadth of external knowledge search and performance: The mediating role of absorptive capacity [J]. Industrial Marketing Management, 2015, 47: 86-97.

[176] Roper S, Love J H, Bonner K. Firms' knowledge search and local knowledge externalities in innovation performance [J]. Research Policy, 2017, 46 (1): 43-56.

[177] Mansfield E. The speed and cost of industrial innovation in japan and the United States: External vs. Internal technology [J]. Management Science, 1988, 34 (10): 1157-1168.

[178] Tushman M L. Special boundary roles in the innovation process [J]. Administrative Science Quarterly, 1977, 22 (4): 587-605.

[179] Miller D J, Fern M J, Cardinal L B. The use of knowledge for technological innovation within diversified firms [J]. Academy of Management Journal, 2007, 50 (2): 308-326.

[180] Levinthal D A, March J G. The myopia of learning [J]. Strategic Management Journal, 1993, 14 (Special Issue): 95-112.

[181] Shan W, Song J. Foreign direct investment and the sourcing of technological advantage: Evidence from the biotechnology industry [J]. Journal of International Business Studies, 1997, 28 (2): 267-284.

[182] Mason G, Beltramo J-P, Paul J-J. External knowledge sourcing in different national settings: A comparison of electronics establishments in britain and france [J]. Research Policy, 2004, 33 (1): 53-72.

[183] Cassiman B, Veugelers R. In search of complementarity in innovation strategy: Internal R&D and external knowledge acquisition [J]. Management Science, 2006, 52 (1): 68-82.

[184] Berchicci L. Towards an open R&D system: Internal R&D investment, external knowledge acquisition and innovative performance [J]. Research Policy, 2013, 42 (1): 117-127.

[185] Zhao H, Tong X, Wong P K, et al. Types of technology sourcing and innovative capability: An exploratory study of singapore manufacturing firms [J]. The Journal of High Technology Management Research, 2005, 16 (2): 209-224.

[186] Hwang J, Lee Y. External knowledge search, innovative performance and productivity in the Korean ict sector [J]. Telecommunications Policy, 2010, 34 (10): 562-571.

[187] 吕佳, 陈万明. 主动组织遗忘对企业突破式创新的影响: 外部知识搜寻宽度的中介作用 [J]. 科技管理研究, 2018, 38 (12): 217-223.

[188] Conner K R. A historical comparison of resource-based theory and five schools of thought within industrial organization economics: Do we have a new theory of the firm? [J]. Journal of Management, 1991, 17 (1): 121-154.

[189] Murmann J P. Knowledge and competitive advantage [M]. New York:

Cambridge University Press, 2003.

[190] Ndofor H A, Levitas E. Signaling the strategic value of knowledge [J]. Journal of Management, 2004, 30 (5): 685-702.

[191] Grimpe C, Sofka W. Search patterns and absorptive capacity: Low-and high-technology sectors in European countries [J]. Research Policy, 2009, 38 (3): 495-506.

[192] Kim N, Im S, Slater S F. Impact of knowledge type and strategic orientation on new product creativity and advantage in high-technology firms [J]. Journal of Product Innovation Management, 2013, 30 (1): 136-153.

[193] Hu J-S, Tai Y-M, Huang T-Y. Spiral interaction effects of market knowledge and product knowledge from diversified markets [J]. International Journal of Electronic Business Management, 2013, 11 (1): 33-48.

[194] Slater S F, Narver J C. Customer-led and market-oriented: Let's not confuse the two [J]. Strategic Management Journal, 1998, 19 (10): 1001-1006.

[195] Marinova D. Actualizing innovation effort: The impact of market knowledge diffusion in a dynamic system of competition [J]. Journal of Marketing, 2004, 68 (3): 1-20.

[196] Zhou K Z, Li C B. How knowledge affects radical innovation: Knowledge base, market knowledge acquisition, and internal knowledge sharing [J]. Strategic Management Journal, 2012, 33 (9): 1090-1102.

[197] Åkerman N. Knowledge-acquisition strategies and the effects on market knowledge-profiling the internationalizing firm [J]. European Management Journal, 2015, 33 (2): 79-88.

[198] Zhou K Z, Yim C K, Tse D K. The effects of strategic orientations on technology-and market-based breakthrough innovations [J]. Journal of Marketing, 2005, 69 (2): 42-60.

[199] Zhang J, Baden-Fuller C. The influence of technological knowledge base and organizational structure on technology collaboration [J]. Journal of Management Studies, 2010, 47 (4): 679-704.

[200] Lai H-C, Weng C S. Accessing external technological knowledge for tech-

nological development: When technological knowledge distance meets slack resources [J]. IEEE Transactions on Engineering Management, 2014, 61 (1): 80-89.

[201] Hashai N. Focusing the high-technology firm: How outsourcing affects technological knowledge exploration [J]. Journal of Management, 2018, 44 (5): 1736-1765.

[202] 郁培丽. 产业集群技术知识创新系统演化阶段与路径分析 [J]. 管理学报, 2007, 4 (4): 483-487.

[203] Gatignon H, Xuereb J-M. Strategic orientation of the firm and new product performance [J]. Journal of Marketing Research, 1997, 34 (1): 77-90.

[204] McEvily S K, Chakravarthy B. The persistence of knowledge-based advantage: An empirical test for product performance and technological knowledge [J]. Strategic Management Journal, 2002, 23 (4): 285-305.

[205] Park H-W, Suh S-H. Scientific and technological knowledge flow and technological innovation: Quantitative approach using patent citation [J]. Asian Journal Of Technology Innovation, 2013, 21 (1): 153-169.

[206] Dibiaggio L, Nasiriyar M, Nesta L. Substitutability and complementarity of technological knowledge and the inventive performance of semiconductor companies [J]. Research Policy, 2014, 43 (9): 1582-1593.

[207] Chen C-J, Lin B-W, Lin J-Y, et al. Technological diversity, knowledge flow and capacity, and industrial innovation [J]. Technology Analysis & Strategic Management, 2018, 30 (12): 1365-1377.

[208] 刘岩, 蔡虹, 向希尧. 企业技术知识基础多元度对创新绩效的影响: 基于中国电子信息企业的实证分析 [J]. 科研管理, 2015, 36 (5): 1-9.

[209] Hagedoorn J. Understanding the rationale of strategic technology partnering: Inter-organizational modes of cooperation and sectoral differences [J]. Strategic Management Journal, 1993, 14 (5): 371-385.

[210] Powell W W, Koput K W, Smith-Doerr L. Interorganizational collaboration and the locus of innovation: Networks of learning in biotechnology [J]. Administrative Science Quarterly, 1996, 41 (1): 116-145.

[211] Ettlie J E, Sethuraman K. Locus of supply and global manufacturing [J].

International Journal of Operations & Production Management, 2002, 22 (3): 349-370.

[212] Wang Y, Li-Ying J, Søren S. An inquiry on external technology search through patent in-licensing and firms' technological innovations: Evidence from China [J]. R&D Management, 2013, 44 (1): 53-74.

[213] Mina A, Bascavusoglu-Moreau E, Hughes A. Open service innovation and the firm's search for external knowledge [J]. Research Policy, 2014, 43 (5): 853-866.

[214] West J, Bogers M. Leveraging external sources of innovation: A review of research on open innovation [J]. Journal of Product Innovation Management, 2014, forthcoming (4): 814-831.

[215] Segarra-Ciprés M, Bou-Llusar J C. External knowledge search for innovation: The role of firms' innovation strategy and industry context [J]. Journal of Knowledge Management, 2018, 22 (2): 280-298.

[216] 王文华, 张卓. 开放式创新模式下外部技术与内部研发协同管理体系研究 [J]. 科技管理研究, 2017, 37 (9): 15-20.

[217] Brown S L, Eisenhardt K M. The art of continuous change: Linking complexity theory and time-paced evolution in relentlessly shifting organizations [J]. Administrative Science Quarterly, 1997, 42 (1): 1-34.

[218] Van den Ende J, Frederiksen L, Prencipe A. The front end of innovation: Organizing search for ideas [J]. Journal of Product Innovation Management, 2015, 32 (4): 482-487.

[219] Flor M L, Cooper S Y, Oltra M J. External knowledge search, absorptive capacity and radical innovation in high-technology firms [J]. European Management Journal, 2018, 36 (2): 183-194.

[220] 孟丁, 唐国华. 技术创新战略开放度对企业技术创新绩效影响的实证研究 [J]. 研究与发展管理, 2013, 25 (6): 34-46.

[221] Sidhu J S, Volberda H W, Commandeur H R. Exploring exploration orientation and its seterminants: Some empirical evidence [J]. Journal of Management Studies, 2004, 41 (6): 913-932.

[222] Guo B, Wang Y. Environmental turbulence, absorptive capacity and external knowledge search among Chinese SMEs [J]. Chinese Management Studies, 2014, 8 (2): 258-272.

[223] Levinthal D, Posen H E. Myopia of selection: Does organizational adaptation limit the efficacy of population selection? [J]. Administrative Science Quarterly, 2007, 52 (4): 586-620.

[224] 赵伟, 王春晖. 区域开放与产业集聚: 一个基于交易费用视角的模型 [J]. 国际贸易问题, 2013, 24 (7): 38-49.

[225] Isaksson O H D, Simeth M, Seifert R W. Knowledge spillovers in the supply chain: Evidence from the high tech sectors [J]. Research Policy, 2016, 45 (3): 699-706.

[226] Azarmi D. Factors affecting technology innovation and its commercialisation in firms [J]. Modern Applied Science, 2016, 10 (7): 36-48.

[227] Teece D J. Profiting from technological innovation: Implications for integration, collaboration, licensing and public policy [J]. Research Policy, 1986, 15 (6): 285-305.

[228] Laursen K, Salter A J. The paradox of openness: Appropriability, external search and collaboration [J]. Research Policy, 2014, 43 (5): 867-878.

[229] 顾振华, 沈瑶. 知识产权保护、技术创新与技术转移: 基于全球价值链分工的视角 [J]. 国际贸易问题, 2015, 12 (3): 86-97.

[230] Meyer A D. Adapting to environmental jolts [J]. Administrative Science Quarterly, 1982, 27 (4): 515-537.

[231] Hagedoorn J, Lokshin B, Malo S. Alliances and the innovation performance of corporate and public research spin-off firms [J]. An Entrepreneurship Journal, 2018, 50 (4): 763-781.

[232] 刘志阳, 孔令丞, 梁玲. 基于产业生命周期的战略性新兴产业创新获利影响因素分析 [J]. 研究与发展管理, 2017, 29 (1): 95-105.

[233] Cohen W M, Levinthal D A. Absorptive capacity: A new perspective on learning and innovation [J]. Administrative Science Quarterly, 1990, 35 (1): 128-152.

[234] Rothaermel F T, Alexandre M T. Ambidexterity in technology sourcing: The moderating role of absorptive capacity [J]. Organization Science, 2009, 20 (4): 759-780.

[235] Swift T. The perilous leap between exploration and exploitation [J]. Strategic Management Journal, 2016, 37 (8): 1688-1698.

[236] 陈效林,施建军,张文红.国际联盟中知识获取:知识保护、吸收能力与议价权力[J].科学学与科学技术管理,2010,31(6):100-108.

[237] 洪茹燕.关系嵌入与吸收能力的协同对企业知识搜寻的影响:全球制造网络效应下对中国轿车企业自主创新分析[J].重庆大学学报(社会科学版),2012,21(1):71-76.

[238] 潘宏亮.知识获取策略对新产品开发绩效的影响研究:以吸收能力为调节变量[J].情报理论与实践,2013,36(3):77-81.

[239] 陈光华,梁嘉明,杨国梁.企业吸收能力、政府研发资助与外部知识获取对产学研创新绩效的影响研究[J].中国科技论坛,2014(7):68-74.

[240] 康青松.组织学习导向、知识转移和吸收能力对国际企业绩效的影响研究[J].管理学报,2015,12(1):53-60.

[241] 罗顺均.吸收能力、外部知识获取模式与企业创新绩效的关系研究:基于德豪润达与珠江钢琴的纵向比较案例[J].研究与发展管理,2015,27(5):122-136.

[242] 李瑜,谢恩,陈昕.供应商网络技术异质性与企业知识获取:网络特征与吸收能力的调节作用[J].科技管理研究,2017,37(5):191-197.

[243] Nohria N, Gulati R. Is slack good or bad for innovation? [J]. Academy of Management Journal, 1996, 39(5): 1245-1264.

[244] 王娜,衣长军.中国在美上市公司冗余资源对创新强度的影响和国际多元化程度的调节作用[J].管理学报,2016,13(3):440-446.

[245] 唐朝永,陈万明.突破性创新与既有企业战略变革:组织衰落及冗余资源的作用[J].科技进步与对策,2018,35(18):91-97.

[246] Bourgeois Iii L J. On the measurement of organizational slack [J]. Academy of Management Review, 1981, 6(1): 29-39.

[247] 李剑力.探索性创新、开发性创新与企业绩效关系研究:基于冗余资源调节效应的实证分析[J].科学学研究,2009,27(9):1418-1427.

[248] 李远东.组织遗忘、突破式创新与组织绩效研究:基于冗余资源的调节作用[J].软科学,2016,30(6):88-91.

[249] Burns L R, Wholey D R. Adoption and abandonment of matrix management programs: Effects of organizational characteristics and interorganizational networks [J]. Academy of Management Journal, 1993, 36 (1): 106-138.

[250] 张钢, 许庆瑞. 文化类型、组织结构与企业技术创新 [J]. 科研管理, 1996 (5): 26-31.

[251] O'Reilly C A, Chatman J A. Culture as social control: Corporations, cults, and commitment [J]. Research in Organizational Behavior, 1996, 18: 157-200.

[252] Andriopoulos C, Lewis M W. Exploitation-exploration tensions and organizational ambidexterity: Managing paradoxes of innovation [J]. Organization Science, 2009, 20 (4): 696-717.

[253] Stinchcombe A L. Social structure and organizations [M]. In J. G. March ed. Handbook of organizations. Chicago: Rand McNally, 1965: 142-193.

[254] Chiang Y-H, Hung K-P. Exploring open search strategies and perceived innovation performance from the perspective of inter-organizational knowledge flows [J]. R&D Management, 2010, 40 (3): 292-299.

[255] 余谦, 吴旭, 刘雅琴. 生命周期视角下科技型中小企业的研发投入、合作与创新产出 [J]. 软科学, 2018, 32 (6): 83-86.

[256] Benner M J. The incumbent discount: Stock market categories and response to radical technological change [J]. Academy of Management Review, 2007, 32 (3): 703-720.

[257] Rothaermel F T, Deeds D L. Exploration and exploitation alliances in biotechnology: A system of new product development [J]. Strategic Management Journal, 2004, 25 (3): 201-221.

[258] 于长宏, 原毅军. 企业规模、技术获取模式与 R&D 结构 [J]. 科学学研究, 2017, 35 (10): 1527-1535.

[259] Parida V, Lahti T, Wincent J. Exploration and exploitation and firm performance variability: A study of ambidexterity in entrepreneurial firms [J]. International Entrepreneurship and Management Journal, 2016, 12 (4): 1147-1164.

[260] 汪丽, 茅宁, 龙静. 管理者决策偏好、环境不确定性与创新强度: 基于中国企业的实证研究 [J]. 科学学研究, 2012, 30 (7): 1101-

1109, 1118.

[261] Lavie D, Rosenkopf L. Balancing exploration and exploitation in alliance formation [J]. Academy of Management Journal, 2006, 49 (4): 797-818.

[262] 朱桂龙, 李汝航. 企业外部知识获取路径与企业技术创新绩效关系实证研究 [J]. 科技进步与对策, 2008 (5): 152-155.

[263] 李柏洲, 周森. 企业外部知识获取方式与转包绩效关系的研究: 以航空装备制造企业为例 [J]. 科学学研究, 2012, 30 (10): 1564-1572.

[264] 杨学军, 杨帆. 外部知识获取模式对企业技术能力的影响路径研究 [J]. 科技与经济, 2013, 26 (3): 76-80.

[265] Laursen K, Salter A. Searching high and low: What types of firms use universities as a source of innovation? [J]. Research Policy, 2004, 33 (8): 1201-1215.

[266] Cloodt M, Hagedoorn J, Van Kranenburg H. Mergers and acquisitions: Their effect on the innovative performance of companies in high-tech industries [J]. Research Policy, 2006, 35 (5): 642-654.

[267] Makri M, Hitt M A, Lane P J. Complementary technologies, knowledge relatedness, and invention outcomes in high technology mergers and acquisitions [J]. Strategic Management Journal, 2010, 31 (6): 602-628.

[268] McCann B T, Reuer J J, Lahiri N. Agglomeration and the choice between acquisitions and alliances: An information economics perspective [J]. Strategic Management Journal, 2016, 37 (6): 1085-1106.

[269] Von Hippel E. Sources of innovation [M]. New York: Oxford University Press, 1988.

[270] Laursen K, Salter A. Open for innovation: The role of openness in explaining innovation performance among UK manufacturing firms [J]. Strategic Management Journal, 2006, 27 (2): 131-150.

[271] 王向阳, 卢艳秋, 赵英鑫. 知识获取、路径依赖对企业创新能力的影响研究 [J]. 图书情报工作, 2011, 55 (18): 103-106, 148.

[272] Kang K, Kang J. How do firms source external knowledge for innovation? Analysing effects of different knowledge sourcing methods [J]. Interna-

tional Journal of Innovation Management, 2009, 13 (1): 1-17.

[273] Sofka W, Grimpe C. Specialized search and innovation performance-evidence across Europe [J]. R & D Management, 2010, 40 (3): 310-323.

[274] Ahuja G, Katila R. Where do resources come from? The role of idiosyncratic situations [J]. Strategic Management Journal, 2004, 25 (8/9): 887-907.

[275] Chen J, Chen Y, Vanhaverbeke W. The influence of scope, depth, and orientation of external technology sources on the innovative performance of Chinese firms [J]. Technovation, 2011, 31 (8): 362-373.

[276] Chandrasekaran A, Linderman K, Schroeder R. Antecedents to ambidexterity competency in high technology organizations [J]. Journal of Operations Management, 2012, 30 (1-2): 134-151.

[277] Keupp M M, Gassmann O. Determinants and archetype users of open innovation [J]. R&D Management, 2009, 39 (4): 331-341.

[278] Wang C C. Geography of knowledge sourcing, search breadth and depth patterns, and innovative performance: A firm heterogeneity perspective [J]. Environment and Planning A, 2015, 47 (3): 744-761.

[279] Yang D, Jin L, Sheng S. The effect of knowledge breadth and depth on new product performance [J]. International Journal of Market Research, 2017, 59 (4): 517-536.

[280] Grimpe C, Sofka W, Zimmermann J Y. Open and international: The impact of search strategies on the internationalization of new ventures [EB/OL]. 2009, Available from: http://ssrn.com/abstract=1395623.

[281] Shengce R, Eisingerich A B, Huei-ting T. Search scope and innovation performance of emerging-market firms [J]. Journal of Business Research, 2015, 68 (1): 102-108.

[282] 王雷,姚洪心. 全球价值链嵌入对集群企业创新类型的影响:知识搜寻的中介效应 [J]. 科学学与科学技术管理, 2014, 35 (1): 66-74.

[283] 金昕,陈松. 知识源战略、动态能力对探索式创新绩效的影响:基于知识密集型服务企业的实证 [J]. 科研管理, 2015, 36 (2): 32-40.

[284] 杨慧军,杨建君. 外部搜寻、联结强度、吸收能力与创新绩效的关系 [J]. 管理科学, 2016, 29 (3): 24-37.

[285] 肖丁丁, 朱桂龙. 双元性视角下的企业技术能力动态成长过程研究 [J]. 管理学报, 2016, 13 (11): 1656-1664.

[286] 芮正云, 罗瑾琏, 甘静娴. 新创企业创新困境突破: 外部搜寻双元性及其与企业知识基础的匹配 [J]. 南开管理评论, 2017, 20 (5): 155-164.

[287] 王婷, 杨建君. 外部知识流动对新产品创造力的影响: 外部搜寻权变视角 [J]. 科技进步与对策, 2018, 35 (2): 147-153.

[288] Aspara J, Tikkanen H, Pöntiskoski E, et al. Exploration and exploitation across three resource classes [J]. European Journal of Marketing, 2011, 45 (4): 596-630.

[289] Wang Y D, Zhou Z. The dual role of local sites in assisting firms with developing technological capabilities: Evidence from China [J]. International Business Review, 2013, 22 (1): 63-76.

[290] Mueller V, Rosenbusch N, Bausch A. Success patterns of exploratory and exploitative innovation: A meta-analysis of the influence of institutional factors [J]. Journal of Management, 2013, 39 (6): 1606-1636.

[291] Podmetina D, Soderquist K E, Petraite M, et al. Developing a competency model for open innovation: From the individual to the organisational level [J]. Management Decision, 2018, 56 (6): 1306-1335.

[292] 张明志, 李敏. 国际垂直专业化分工下的中国制造业产业升级及实证分析 [J]. 国际贸易问题, 2011 (1): 118-128.

[293] Capaldo A, Lavie D, Messeni Petruzzelli A. Knowledge maturity and the scientific value of innovations: The roles of knowledge distance and adoption [J]. Journal of Management, 2017, 43 (2): 503-533.

[294] Eisenhardt K M. Making fast strategic decisions in high-velocity environments [J]. Academy of Management Journal, 1989, 32 (3): 543-576.

[295] Miller K. Knowledge inventories and managerial myopia [J]. Strategic Management Journal, 2002, 23 (8): 689-706.

[296] March J G, Sproull L S, Tamuz M. Learning from samples of one or fewer [J]. Organization Science, 1991, 2 (1): 1-13.

[297] Hutchinson N L. Integrative strategy instruction: An elusive ideal for teaching adolescents with learning disabilities [J]. Journal of Learning

Disabilities, 1993, 26 (7): 428-432.

[298] Garud R, Nayyar P R. Transformative capacity: Continual structuring by inter-temporal technology transfer [J]. Strategic Management Journal, 1994, 15 (5): 365-385.

[299] Simons J. Big pharma's new R&D center: The trash bin [J]. Fortune, 2006, 154 (12): 38.

[300] Rivette K G, Kline D. Rembrandts in the attic: Unlocking the hidden value of patents [J]. Research-Technology Management, 2000, 43 (2): 61-62.

[301] Heeley M B, Jacobson R. The recency of technological inputs and financial performance [J]. Strategic Management Journal, 2008, 29 (7): 723-744.

[302] Wu J, Wu Z. Local and international knowledge search and product innovation: The moderating role of technology boundary spanning [J]. International Business Review, 2014, 23 (3): 542-551.

[303] 郑华良. 地理搜寻对集群企业创新绩效的影响: 吸收能力的调节作用 [J]. 科学学与科学技术管理, 2012, 33 (5): 46-55.

[304] 王庆喜, 王巧娜, 徐维祥. 我国高技术产业省际知识溢出: 基于地理和技术邻近的分析 [J]. 经济地理, 2013, 33 (5): 111-116, 136.

[305] 刘志迎, 单洁含. 技术距离、地理距离与大学—企业协同创新效应: 基于联合专利数据的研究 [J]. 科学学研究, 2013, 31 (9): 1331-1337.

[306] Ardito L, Natalicchio A, Messeni Petruzzelli A, et al. Organizing for continuous technology acquisition: The role of R&D geographic dispersion [J]. R&D Management, 2018, 48 (2): 165-176.

[307] Asakawa K, Park Y, Song J, et al. Internal embeddedness, geographic distance, and global knowledge sourcing by overseas subsidiaries [J]. Journal of International Business Studies, 2018, 49 (6): 743-752.

[308] Saxenian A. Regional advantage, culture and competition in silicon valley and route 128 [M]. Cambridge, MA: Harvard University Press, 1994.

[309] 郑成华, 罗福周, 韩言虎. 创新集群知识网络环境系统构成及实证分析 [J]. 管理世界, 2017, 28 (11): 182-183.

[310] 李宇, 张晨. 有意识的知识溢出对创新集群衍生的影响: 基于知识创造的视角 [J]. 科学学研究, 2018, 36 (6): 1135-1142.

[311] Szulanski G. Exploring internal stickiness: Impediments to the transfer of best practices within the firm [J]. Strategic Management Journal, 1996, 17 (Winter Special Issue): 27-43.

[312] Von Hippel E. "Sticky information" and the locus of problem solving: Implications for innovation [J]. Management Science, 1994, 40 (4): 429-439.

[313] Asheim B T, Isaksen A. Regional innovation systems: The integration of local "sticky" and global "ubiquitous" knowledge [J]. The Journal of Technology Transfer, 2002, 27 (1): 77-86.

[314] Paruchuri S, Awate S. Organizational knowledge networks and local search: The role of intra-organizational inventor networks [J]. Strategic Management Journal, 2017, 38 (3): 657-675.

[315] Knoben J, Oerlemans L A G. Proximity and inter-organizational collaboration: A literature review [J]. International Journal of Management Reviews, 2006, 8 (2): 71-89.

[316] Le Bas C, Sierra C. "Location versus home country advantages" in R&D activities: Some further results on multinationals' locational strategies [J]. Research Policy, 2002, 31 (4): 589-609.

[317] 蒋石梅, 张爱国, 孟宪礼, 等. 产业集群产学研协同创新机制: 基于保定市新能源及输变电产业集群的案例研究 [J]. 科学学研究, 2012, 30 (2): 207-212.

[318] 张绍丽, 于金龙. 产学研协同创新的文化协同过程及策略研究 [J]. 科学学研究, 2016, 34 (4): 624-629.

[319] 李琳, 郭立宏. 文化距离、文化严格程度与跨国知识溢出 [J]. 科学学研究, 2018, 36 (6): 1078-1086.

[320] Ganesan S, Malter A J, Rindfleisch A. Does distance still matter? Geographic proximity and new product development [J]. Journal of Marketing, 2005, 69 (4): 44-60.

[321] 韩宝龙, 李琳, 刘昱含. 地理邻近性对高新区创新绩效影响效应的实证研究 [J]. 科技进步与对策, 2010, 27 (17): 40-43.

[322] 李琳, 杨田. 地理邻近和组织邻近对产业集群创新影响效应: 基于

对我国汽车产业集群的实证研究 [J]. 中国软科学, 2011 (9): 133-143.

[323] 李琳, 熊雪梅. 产业集群生命周期视角下的地理邻近对集群创新的动态影响: 基于对我国汽车产业集群的实证 [J]. 地理研究, 2012, 31 (11): 2017-2030.

[324] 赵炎, 王琦, 郑向杰. 网络邻近性、地理邻近性对知识转移绩效的影响 [J]. 科研管理, 2016, 37 (1): 128-136.

[325] Boschma R, Eriksson R, Lindgren U. How does labour mobility affect the performance of plants? The importance of relatedness and geographical proximity [J]. Journal of Economic Geography, 2009, 9 (2): 169-190.

[326] Phene A, Fladmoe-Lindquist K, Marsh L. Breakthrough innovations in the US biotechnology industry: The effects of technological space and geographic origin [J]. Strategic Management Journal, 2006, 27 (4): 369-388.

[327] Rallet A, Torre A. Is geographical proximity necessary in the innovation networks in the era of global economy? [J]. Geo Journal, 1999, 49 (4): 373-380.

[328] Sidhu J S, Commandeur H R, Volberda H W. The multifaceted nature of exploration and exploitation: Value of supply, demand, and spatial search for innovation [J]. Organization Science, 2007, 18 (1): 20-38.

[329] Nicholas T. Spatial diversity in invention: Evidence from the early R&D labs [J]. Journal of Economic Geography, 2009, 9 (1): 1-31.

[330] 王庆喜. 多维邻近与我国高技术产业区域知识溢出: 一项空间面板数据分析 (1995—2010) [J]. 科学学研究, 2013, 31 (7): 1068-1076.

[331] 应洪斌. 地理邻近对企业知识搜索效果的影响研究: 基于结构洞理论视角 [J]. 科技管理研究, 2015, 35 (20): 121-126.

[332] 高兴, 翟柯宇. 地理邻近与知识产权: 基于中国1331项新能源技术发明专利的实证研究 [J]. 科技进步与对策, 2018, 35 (21): 32-38.

[333] Argyres N. Capabilities, technological diversification and divisionalization [J]. Strategic Management Journal, 1996, 17 (5): 395-410.

[334] Ahuja G, Lampert C-M. Entrepreneurship in the large corporation: A longitudinal study of how established firms create breakthrough inventions

[J]. Strategic Management Journal, 2001, 22 (6-7): 521-543.

[335] Benner M J, Tushman M. Process management and technological innovation: A longitudinal study of the photography and paint industries [J]. Administrative Science Quarterly, 2002, 47 (PART 4): 676-706.

[336] Dowell G, Swaminathan A. Entry timing, exploration, and firm survival in the early U.S. Bicycle industry [J]. Strategic Management Journal, 2006, 27 (12): 1159-1182.

[337] Wu J F, Shanley M T. Knowledge stock, exploration, and innovation: Research on the United States electromedical device industry [J]. Journal of Business Research, 2009, 62 (4): 474-483.

[338] Leiponen A, Helfat C E. Innovation objectives, knowledge sources, and the benefits of breadth [J]. Strategic Management Journal, 2010, 31 (2): 224-236.

[339] 周飞, 孙锐. 基于动态能力视角的跨界搜寻对商业模式创新的影响研究 [J]. 管理学报, 2016, 13 (11): 1674-1680.

[340] 殷俊杰, 邵云飞. 创新搜索和惯例的调节作用下联盟组合伙伴多样性对创新绩效的影响研究 [J]. 管理学报, 2017, 14 (4): 545-553.

[341] Rosenkopf L, Almeida P. Overcoming local search through alliances and mobility [J]. Management Science, 2003, 49 (6): 751-766.

[342] Eric W K T. Acquiring knowledge by foreign partners from international joint ventures in a transition economy: Learning-by-doing and learning myopia [J]. Strategic Management Journal, 2002, 23 (9): 835-854.

[343] Du J, Leten B, Vanhaverbeke W. Managing open innovation projects with science-based and market-based partners [J]. Research Policy, 2014, 43 (5): 828-840.

[344] Phelps C C. A longitudinal study of the influence of alliance network structure and composition on firm exploratory innovation [J]. Academy of Management Journal, 2010, 53 (4): 890-913.

[345] Wang Y, Zhou Z, Li-Ying J. The impact of licensed-knowledge attributes on the innovation performance of licensee firms: Evidence from the Chinese electronic industry [J]. Journal of Technology Transfer, 2013, 38 (5): 699-715.

[346] Wang F, Chen J, Wang Y, et al. The effect of R&D novelty and open-

ness decision on firms' catch-up performance: Empirical evidence from China [J]. Technovation, 2014, 34 (1): 21-30.

[347] 钟竞,吴泗宗,张波. 高技术企业跨边界学习的案例研究 [J]. 科学学研究, 2008, 26 (3): 578-583, 618.

[348] 王立军,张伯伟,朱春礼. 产业特征、宏观调控与技术创新策略选择：来自中国工业层面的证据 [J]. 世界经济研究, 2011 (3): 3-8.

[349] 王元地,刘凤朝,潘雄锋. 专利技术许可与中国企业创新能力发展 [J]. 科学学研究, 2011, 29 (12): 1821-1828, 1905.

[350] 吴航,陈劲. 企业外部知识搜索与创新绩效：一个新的理论框架 [J]. 科学学与科学技术管理, 2015, 36 (4): 143-151.

[351] Dushnitsky G, Lenox M J. When do incumbents learn from entrepreneurial ventures? Corporate venture capital and investing firm innovation rates [J]. Research Policy, 2005, 34 (5): 615-639.

[352] Van de Vrande V, Vanhaverbeke W, Duysters G. Additivity and complementarity in external technology sourcing: The added value of corporate venture capital investments [J]. IEEE Transactions on Engineering Management, 2011, 58 (3): 483-496.

[353] Martin X, Mitchell W. The influence of local search and performance heuristics on new design introduction in a new product market [J]. Research Policy, 1998, 26 (7-8): 753-771.

[354] Caloghirou Y, Kastelli I, Tsakanikas A. Internal capabilities and external knowledge sources: Complements or substitutes for innovative performance? [J]. Technovation, 2004, 24 (1): 29-39.

[355] Tsai K-H, Wang J-C. External technology sourcing and innovation performance in lmt sectors: An analysis based on the taiwanese technological innovation survey [J]. Research Policy, 2009, 38 (3): 518-526.

[356] 林明,任浩,董必荣. 技术多样化结构二元平衡、企业内聚性与探索式创新绩效 [J]. 科研管理, 2015, 36 (4): 65-72.

[357] Zahra S A, Ireland R D, Hitt M A. International expansion by new venture firms: International diversity, mode of market entry, technological learning, and performance [J]. Academy of Management Journal, 2000, 43 (5): 925-950.

[358] 焦豪. 双元型组织竞争优势的构建路径：基于动态能力理论的实证

研究 [J]. 管理世界, 2011 (11): 76-91.

[359] 吴晓波, 陈颖. 中小企业组织二元性对企业绩效的影响机制研究 [J]. 浙江大学学报（人文社会科学版）, 2014, 44 (5): 97-109.

[360] Abernathy W J, Clark K B. Innovation: Mapping the winds of creative destruction [J]. Research Policy, 1985, 14 (1): 3-22.

[361] Smith W K, Tushman M L. Managing strategic contradictions: A top management model for managing innovation streams [J]. Organization Science, 2005, 16 (5): 522-536.

[362] 李剑力. 探索性创新、开发性创新及其平衡研究前沿探析 [J]. 外国经济与管理, 2009, 31 (3): 23-29.

[363] Hoang H, Rothaermel F T. Leveraging internal and external experience: Exploration, exploitation, and R&D project performance [J]. Strategic Management Journal, 2010, 31 (7): 734-758.

[364] 王业静, 曾德明. 组织二元性对高科技新创企业绩效的影响研究 [J]. 管理学报, 2013, 10 (8): 1170-1178.

[365] Kang K H, Jo G S, Kang J. External technology acquisition: A double-edged sword [J]. Asian Journal of Technology Innovation, 2015, 23 (1): 35-52.

[366] 肖丁丁, 朱桂龙. 跨界搜寻对组织双元能力影响的实证研究：基于创新能力结构视角 [J]. 科学学研究, 2016, 34 (7): 1076-1085.

[367] Uotila J, Maula M, Keil T, et al. Exploration, exploitation, and financial performance: Analysis of s&p 500 corporations [J]. Strategic Management Journal, 2009, 30 (2): 221-231.

[368] Kauppila O P. Creating ambidexterity by integrating and balancing separate interorganizational partnerships [J]. Strategic Organization, 2010, 8 (4): 283-312.

[369] Gupta A K, Smith K G, Shalley C E. The interplay between exploration and exploitation [J]. Academy of Management Journal, 2006, 49 (4): 693-706.

[370] 王利敏, 袁庆宏. 产学研合作中双元性学习的平衡机制研究 [J]. 研究与发展管理, 2014, 26 (2): 17-24.

[371] Almahendra R, Ambos B. Exploration and exploitation: A 20-year review of evolution and reconceptualisation [J]. International Journal of Innova-

tion Management, 2015, 19 (1): 1-31.

[372] Brix J. Innovation capacity building: An approach to maintaining balance between exploration and exploitation in organizational learning [J]. The Learning Organization, 2019, 26 (1): 12-26.

[373] 金昕, 陈松, 邵俊岗. 企业创新中的"双元平衡"一直重要吗: 基于机器学习的动态分析 [J]. 科学学与科学技术管理, 2018, 39 (11): 74-84.

[374] 杨大鹏, 王节祥, 蔡宁. 平衡二元性与企业绩效关系再研究 [J]. 重庆大学学报 (社会科学版), 2018, 24 (4): 86-95.

[375] 涂玉龙, 陈春花, 何斌. 组织二元性研究综述与展望 [J]. 广西社会科学, 2014 (8): 148-152.

[376] Duncan R B. The ambidextrous organization: Designing dual structures for innovation. The management of organization design [M]. The management of organization design, ed. Kilmann R H, Pondy L R, Selvin D. Vol. 1. New York: North-Holland, 1976: 167-188.

[377] Fang C, Lee J, Schilling M A. Balancing exploration and exploitation through structural design: The isolation of subgroups and organizational learning [J]. Organization Science, 2010, 21 (3): 625-642.

[378] Jansen J J P, Tempelaar M P, Bosch F A J v d, et al. Structural differentiation and ambidexterity: The mediating role of integration mechanisms [J]. Organization Science, 2009, 20 (4): 797-811.

[379] Stokes D E. Pasteur's quadrant: Basic science and technological innovation [M]. 2nd ed. Washington D. C.: Brookings Institution, 1997.

[380] Colombo M G, Doganova L, Piva E, et al. Hybrid alliances and radical innovation: The performance implications of integrating exploration and exploitation [J]. Journal of Technology Transfer, 2015, 40 (4): 696-722.

[381] Jansen J J. Ambidextrous organizations: A multiple level study of absorptive capacity, exploratory and exploitative innovation, and performance [D]. Rotterdam: Erasmus University, 2005.

[382] Hu M C, Wu C Y, Lee J H, et al. The influence of knowledge source and ambidexterity in the thin film transistor and liquid crystal display industry: Evidence from Japan, Korea, and Taiwan of China [J]. Scientometrics, 2014, 99 (2): 233-260.

[383] 李剑力. 不确定性环境下探索性和开发性创新的平衡与企业绩效关系研究 [J]. 中国科技论坛, 2009 (7): 73-79.

[384] 陈守明, 李汝. 双元性技术战略与企业绩效关系研究 [J]. 科技进步与对策, 2013, 30 (9): 70-74.

[385] 吴俊杰, 盛亚, 姜文杰. 企业家社会网络、双元性创新与技术创新绩效研究 [J]. 科研管理, 2014, 35 (2): 43-53.

[386] 张钢, 陈佳乐. 公司治理、组织二元性与企业长短期绩效: 基于中美两国上市公司面板数据的实证研究 [J]. 浙江大学学报 (人文社会科学版), 2014, 44 (3): 71-87.

[387] 闫春. 组织二元性对开放式创新绩效的作用机理: 商业模式的中介作用 [J]. 科学学与科学技术管理, 2014, 35 (7): 59-68.

[388] 萧浩辉, 陆魁宏, 唐凯麟. 决策科学辞典 [M]. 北京: 人民出版社, 1995.

[389] 中国社会科学院经济研究所, 刘树成. 现代经济辞典 [M]. 南京: 凤凰出版社, 2005.

[390] Nickerson J A, Zenger T R. A knowledge-based theory of the firm-the problem-solving perspective [J]. Organization Science, 2004, 15 (6): 617-632.

[391] Hannan M, Freeman J. Structural inertia and organizational change [J]. American Sociological Review, 1984, 49 (2): 149-164.

[392] Singh J V, Lumsden C J. Theory and research in organizational ecology [J]. Annual Review of Sociology, 1990, 16: 161-195.

[393] Haveman H A. Organizational size and change: Diversification in the savings and loan industry after deregulation [J]. Administrative Science Quarterly, 1993, 38 (1): 20-50.

[394] Amburgey T L, Miner A S. Strategic momentum: The effects of repetitive, positional, and contextual momentum on merger activity [J]. Strategic Management Journal, 1992, 13 (5): 335-348.

[395] Sull D N. Why good companies go bad [J]. Harvard Business Review, 1999, 77 (4): 42-48, 50.

[396] 张江峰. 企业组织惯性的形成及其对绩效的作用机制研究 [D]. 成都: 西南财经大学, 2010.

[397] Mitchell W, Singh K. Death of the lethargic: Effects of expansion into

new technical subfields on performance in a firms base business [J]. Organization Science, 1993, 4 (2): 152-180.

[398] Berthon P, Pitt L F, Ewing M T. Corollaries of the collective: The influence of organizational culture and memory development on perceived decision-making context [J]. Journal of the Academy of Marketing Science, 2001, 29 (2): 135-150.

[399] Kelly D, Amburgey T L. Organizational inertia and momentum: A dynamic-model of strategic change [J]. Academy of Management Journal, 1991, 34 (3): 591-612.

[400] David P. The landscape and the machine: Technical interrelatedness, land tenure, and the mechanization of the corn harvest in victorian britain. Technical choice innovation and economic growth [M]. London: Cambridge University Press, 1969.

[401] Hannan T H, McDowell J M. Rival precedence and the dynamics of technology adoption: An empirical analysis [J]. Economica, 1987, 54 (214): 155-171.

[402] Stoneman P. Intra-firm diffusion, bayesian learning and profitability [J]. Economic Journal, 1981, 91 (362): 375-388.

[403] Reinganum J F. Market-structure and the diffusion of new technology [J]. Bell Journal of Economics, 1981, 12 (2): 618-624.

[404] Homans G. Social behavior: Its elementary forms [M]. New York: Harcourt, Brace & World, 1961.

[405] Deroian F. Formation of social networks and diffusion of innovations [J]. Research Policy, 2002, 31 (5): 835-846.

[406] Guardiola X, Diaz-Guilera A, Perez C J, et al. Modeling diffusion of innovations in a social network [J]. Physical Review E, 2002, 66 (2): 026121.

[407] 林南. 社会资本: 关于社会结构与行动的理论 [M]. 上海: 上海人民出版社, 2005.

[408] 李红艳. 基于社会资本的技术创新扩散微观机制研究 [D]. 合肥: 中国科学技术大学, 2006.

[409] Colombo M, Mosconi R. Complementarity and cumulative learning effects in the early diffusion of multiple technologies [J]. Journal of Industrial

Economics, 1995, 43 (1): 13-48.

[410] Denison D R, Hooijberg R, Quinn R E. Paradox and performance: Toward a theory of behavioral complexity in managerial leadership [J]. Organization Science, 1995, 6 (5): 524-540.

[411] Eisenhardt K M. Paradox, spirals, ambivalence: The new language of change and pluralism [J]. Academy of Management Review, 2000, 25 (4): 703-705.

[412] Laursen K. Keep searching and you'll find: What do we know about variety creation through firms' search activities for innovation? [J]. Industrial and Corporate Change, 2012, 21 (5): 1181-1220.

[413] 王耀德. 技术创新的需求拉力与科技推力 [J]. 中国人民大学学报, 2003 (4): 46-51.

[414] 迈克尔·波特. 竞争优势 [M]. 北京: 华夏出版社, 2005.

[415] Meyer C B, Stensaker I G. Developing capacity for change [J]. Journal of Change Management, 2006, 6 (2): 217-231.

[416] 伊戈尔·安索夫. 战略管理 [M]. 北京: 机械工业出版社, 2013.

[417] Jansen J J P, Van Den Bosch F A J, Volberda H W. Managing potential and realized absorptive capacity: How do organizational antecedents matter? [J]. Academy of Management Journal, 2005, 48 (6): 999-1015.

[418] Evangelista R, Iammarino S, Mastrostefano V, et al. Measuring the regional dimension of innovation. Lessons from the italian innovation survey [J]. Technovation, 2001, 21 (11): 733-745.

[419] Simon H A. Bounded rationality and organization learning [J]. Organization Science, 1991, 2 (1): 125-134.

[420] Dosi G, Llerena P, Labini M S. The relationships between science, technologies and their industrial exploitation: An illustration through the myths and realities of the so-called "European paradox" [J]. Research Policy, 2006, 35 (10): 1450-1464.

[421] Almeida P. Knowledge sourcing by foreign multinationals: Patent citation analysis in the US semiconductor industry [J]. Strategic Management Journal, 1996, 17: 155-165.

[422] Leone M I, Reichstein T. Licensing-in fosters rapid invention! The effect

of the grant-back clause and technological unfamiliarity [J]. Strategic Management Journal, 2012, 33 (8): 965-985.

[423] 彭本红, 武柏宇. 跨界搜索、动态能力与开放式服务创新绩效 [J]. 中国科技论坛, 2017, 21 (1): 32-39.

[424] Yang T-T, Li C-R. Competence exploration and exploitation in new product development: The moderating effects of environmental dynamism and competitiveness [J]. Management Decision, 2011, 49 (9): 1444-1470.

[425] 吴晓波, 雷李楠, 郭瑞. 组织内部协作网络对探索性搜索与创新产出影响力的调节作用探究: 以全球半导体行业为例 [J]. 浙江大学学报（人文社会科学版), 2016, 46 (1): 142-158.

[426] Zhao X, Zhao Y, Zeng S, et al. Corporate behavior and competitiveness: Impact of environmental regulation on Chinese firms [J]. Journal of Cleaner Production, 2015, 86: 311-322.

[427] Franzoni C, Sauermann H. Crowd science: The organization of scientific research in open collaborative projects [J]. Research Policy, 2014, 43 (1): 1-20.

[428] 孔越. 动态能力对企业双元创新的影响 [D]. 南京: 南京航空航天大学, 2017.

[429] Jin J L, Zhou K Z, Wang Y G. Exploitation and exploration in international joint ventures: Moderating effects of partner control imbalance and product similarity [J]. Journal of International Marketing, 2016, 24 (4): 20-38.

[430] Amponsah C T, Adams S. Open innovation: Systematisation of knowledge exploration and exploitation for commercialisation [J]. International Journal of Innovation Management, 2017, 21 (3): 126-145.

[431] 王凤彬, 陈建勋, 杨阳. 探索式与利用式技术创新及其平衡的效应分析 [J]. 管理世界, 2012 (3): 96-112, 188.

[432] Phelps R, Adams R, Bessant J. Life cycles of growing organizations: A review with implications for knowledge and learning [J]. International Journal of Management Reviews, 2007, 9 (1): 1-30.

[433] Raisch S, Birkinshaw J, Probst G, et al. Organizational ambidexterity: Balancing exploitation and exploration for sustained performance [J]. Organization Science, 2009, 20 (4): 685-695.

[434] Lucena A. The interaction mode and geographic scope of firms' technology alliances: Implications of balancing exploration and exploitation in R&D [J]. Industry and Innovation, 2016, 23 (7): 595-624.

[435] Lublinski A E. Does geographic proximity matter? Evidence from clustered and non-clustered aeronautic firms in germany [J]. Regional Studies, 2003, 37 (5): 453-467.

[436] 格里高利·曼昆. 经济学原理 [M]. 6版. 北京: 北京大学出版社, 2013.

[437] Lorenzoni G, Lipparini A. The leveraging of interfirm relationships as a distinctive organizational capability: A longitudinal study [J]. Strategic Management Journal, 1999, 20 (4): 317-338.

[438] 马如飞. 跨界搜寻对企业绩效的影响机制研究 [D]. 杭州: 浙江大学, 2009.

[439] Jacobs D. Dependency and vulnerability: An exchange approach to the control of organizations [J]. Administrative Science Quarterly, 1974, 19 (1): 45-59.

[440] Pfeffer J, R Salancik G. The external control of organizations: A resource dependence perspective [M]. Stanford, CA: Stanford University Press, 2003.

[441] Teece D J, Pisano G, Shuen A. Dynamic capabilities and strategic management [J]. Strategic Management Journal, 1997, 18 (7): 509-533.

[442] Williamson O E. Markets and hierarchies: Analysis and antitrust implication: A study in the economics of internal organization [M]. New York: Free Press, 1975.

[443] Utterback J M. Mastering the dynamics of innovation: How companies can seize opportunities in the face of technological change [M]. Boston, MA: Harvard Business School Press, 1994.

[444] Kang S C, Morris S S, Snell S A. Relational archetypes, organizational learning, and value creation: Extending the human resource architecture [J]. Academy of Management Review, 2007, 32 (1): 236-256.

[445] 王建, 胡珑瑛, 马涛. 吸收能力、开放度与创新平衡模式的选择: 基于上市公司的实证研究 [J]. 科学学研究, 2015, 33 (2): 304-312.

[446] 张峰, 邱玮. 探索式和开发式市场创新的作用机理及其平衡 [J]. 管理科学, 2013, 26 (1): 1-13.

[447] Rothaermel F T, Boeker W. Old technology meets new technology: Complementarities, similarities, and alliance formation [J]. Strategic Management Journal, 2008, 29 (1): 47-77.

[448] Kotabe M, Murray J Y. Global sourcing strategy and sustainable competitive advantage [J]. Industrial Marketing Management, 2004, 33 (1): 7-14.

[449] Kotabe M, Dunlap-Hinkler D, Parente R, et al. Determinants of cross-national knowledge transfer and its effect on firm innovation [J]. Journal of International Business Studies, 2007, 28: 259-282.

[450] Kotabe M, Mudambi R. Global sourcing and value creation: Opportunities and challenges [J]. Journal of International Management, 2009, 15 (2): 121-125.

[451] 于飞, 胡泽民, 董亮, 等. 知识耦合对企业突破式创新的影响机制研究 [J]. 科学学研究, 2018, 36 (12): 2292-2304.

[452] Lin B-W. Knowledge diversity as a moderator: Inter-firm relationships, R&D investment and absorptive capacity [J]. Technology Analysis & Strategic Management, 2011, 23 (3): 331-343.

[453] Wang C L, Ahmed P K. Dynamic capabilities: A review and research agenda [J]. International Journal of Management Reviews, 2007, 9 (1): 31-51.

[454] 王华清, 程秀芳. 市场调查研究 [M]. 徐州: 中国矿业大学出版社, 2009.

[455] 张灿鹏, 郭砚常. 市场调查与分析预测 [M]. 北京: 清华大学出版社, 北京交通大学出版社, 2008.

[456] 柳卸林, 高太山. 中国区域创新能力报告2014 [M]. 北京: 知识产权出版社, 2015.

[457] Cochran W G. The effectiveness of adjustment by subclassification in removing bias in observational studies [J]. Biometrics, 1968, 24 (2): 295-313.

[458] Hong W, Su Y-S. The effect of institutional proximity in non-local university-industry collaborations: An analysis based on Chinese patent data

[J]. Research Policy, 2013, 42 (2): 454-464.

[459] Jaffe A B, Trajtenberg M, Henderson R. Geographic localization of knowledge spillovers as evidenced by patent citations [J]. Quarterly Journal of Economics, 1993, 108 (3): 577-598.

[460] Chesbrough H W. The era of open innovation [J]. MIT Sloan Management Review, 2003, 44 (3): 35-41.

[461] 谭狄溪. 基于组织学习视角对知识搜寻与创新绩效关系的研究 [J]. 科技管理研究, 2011 (22): 166-170.

[462] 宋晶, 陈菊红, 孙永磊. 不同地域文化下网络搜寻对合作创新绩效的影响 [J]. 管理科学, 2014, 27 (3): 39-49.

[463] 董振林. 外部知识搜寻、知识整合机制与企业创新绩效: 外部环境特性的调节作用 [D]. 长春: 吉林大学, 2017.

[464] 王元地, 刘凤朝, 陈劲, 等. 技术距离与技术引进企业技术多元化发展关系研究 [J]. 科研管理, 2015, 36 (2): 11-18.

[465] 岳意定, 卢澎湖. 企业知识搜寻、吸收能力对产品创新绩效的影响研究 [J]. 湘潭大学学报 (哲学社会科学版), 2014, 38 (6): 54-58.

[466] 赵凤, 王铁男, 王宇. 外部技术获取与企业财务绩效的关系: 产品多元化的中介作用研究 [J]. 经济管理, 2016, 38 (5): 64-74.

[467] 张振刚, 陈志明, 李云健. 开放式创新、吸收能力与创新绩效关系研究 [J]. 科研管理, 2015, 36 (3): 49-56.

[468] James L R, Brett J M. Mediators, moderators, and tests for mediation [J]. Journal of Applied Psychology, 1984, 69 (2): 307-321.

[469] Baron R M, Kenny D A. The moderator-mediator variable distinction in social psychological research: Conceptual, strategic, and statistical considerations [J]. Journal of Personality and Social Psychology, 1986, 51 (6): 1173-1182.

[470] Rasiah R, Kaur K, Kumar A. Does firm size matter in export, technology, and marketing activities of indian garment firms? [J]. Asian Journal of Technology Innovation, 2010, 18 (1): 45-71.

[471] 李宇, 安玉兴. 多元互构下技术创新与企业规模的互动演化研究 [J]. 科学学研究, 2008, 26 (6): 1333-1340.

[472] 杨砚峰, 李宇. 技术创新的企业规模效应与规模结构研究: 以辽宁装备制造业为例 [J]. 中国软科学, 2009 (2): 164-172.

[473] 刘锦英. 企业规模与创新绩效关系的实证研究: 基于中国光电子产业的分析 [J]. 软科学, 2010, 24 (4): 20-23.

[474] 李大军, 党兴华, 张优智. 企业规模与创新绩效: 基于齐夫定律的随机效应模型 [J]. 西安理工大学学报, 2014, 30 (1): 119-125.

[475] Schumpeter J A. Capitalism, socialism, and democracy [M]. New York: Harper, 1942.

[476] Galbraith J K. American capitalism: The concept of countervailing power [M]. Boston: Houghton Mifflin, 1952.

[477] Villard H H. Competition, oligopoly, and research [J]. Journal of Political Economy, 1958, 66 (6): 483-497.

[478] 胡德勤. 企业规模、市场结构与创新绩效: 基于中国制造业四位数行业的熊彼特假说的实证检验 [J]. 上海经济, 2018 (3): 5-17.

[479] Scherer F M. Firm size, market structure, opportunity, and the output of patented inventions [J]. American Economic Review, 1965, 55 (5): 1097-1125.

[480] 孙晓华, 田晓芳. 企业规模、市场结构与创新能力: 来自中国37个工业行业的经验证据 [J]. 大连理工大学学报 (社会科学版), 2009, 30 (2): 29-33.

[481] 陈琨, 周永根, 杨国梁. 企业规模、政府资助强度对产学研创新绩效的影响研究 [J]. 科学管理研究, 2016, 34 (2): 9-12.

[482] Tsai W. Knowledge transfer in international networks: Effects of network position and absorptive capacity on business unit innovation and performance [J]. Academy of Management Journal, 2001, 44 (5): 996-1004.

[483] 马艳艳, 刘凤朝, 姜滨滨, 等. 企业跨组织研发合作广度和深度对创新绩效的影响: 基于中国工业企业数据的实证 [J]. 科研管理, 2014, 35 (6): 33-40.

[484] Lin Z, Yang H, Demirkan I. The performance consequences of ambidexterity in strategic alliance formations: Empirical investigation and computational theorizing [J]. Management Science, 2007, 53 (10): 1645-1658.

[485] 高良谋, 李宇. 技术创新与企业规模关系的形成与转化 [J]. 中国软科学, 2008 (12): 96-104.

[486] Jaffe B A. Demand and supply influences in R&D intensity and productivi-

ty growth [J]. Review of Economics and Statistics, 1988, 70 (3): 431-437.

[487] 董晓庆, 赵坚, 袁朋伟. 企业规模与技术创新能力的关系研究 [J]. 北京交通大学学报（社会科学版）, 2013, 12 (4): 40-46.

[488] 周方召, 符建华, 仲深. 外部融资、企业规模与上市公司技术创新 [J]. 科研管理, 2014, 35 (3): 116-122.

[489] Shao F, Hart T A. Unbundling the effect of prior invention experience from firm size on future exploratory and exploitative search [J]. Innovation, 2017, 19 (2): 227-244.

[490] Pakes A, Griliches Z. Patents and R&D at the firm level: A first report [J]. Economics Letters, 1980, 5 (4): 377-381.

[491] Trajtenberg M. A penny for your quotes: Patent citations and the value of innovations [J]. RAND Journal of Economics, 1990, 21 (1): 172-187.

[492] 钟卫, 袁卫, 黄志明. 工业企业 R&D 投入绩效研究：基于第一次全国经济普查数据的分析 [J]. 中国软科学, 2007 (5): 98-104.

[493] 刘凤朝, 姜滨滨, 马艳艳, 等. 基于 USPTO 专利的中日韩校企合作模式及其绩效比较 [J]. 研究与发展管理, 2013, 1 (1): 1-10.

[494] 刘凤朝, 冯婷婷. 国家创新能力形成的系统动力学模型：以发明专利为能力表征要素 [J]. 管理评论, 2011, 23 (5): 30-38.

[495] 曹勇, 苏凤娇. 高技术产业技术创新投入对创新绩效影响的实证研究：基于全产业及其下属五大行业面板数据的比较分析 [J]. 科研管理, 2012, 33 (9): 22-31.

[496] 徐晨, 吕萍. 创新国际化行为对创新绩效的影响研究 [J]. 管理评论, 2013, 25 (9): 40-50.

[497] Acs Z J, Anselin L, Varga A. Patents and innovation counts as measures of regional production of new knowledge [J]. Research Policy, 2002, 31 (7): 1069-1085.

[498] 曾铖, 郭兵. 产权性质、组织形式与技术创新绩效：来自上海微观企业数据的经验研究 [J]. 科学学与科学技术管理, 2014, 35 (12): 128-139.

[499] Hagedoorn J, Cloodt M. Measuring innovative performance: Is there an advantage in using multiple indicators? [J]. Research Policy, 2003, 32 (8): 1365-1379.

[500] Singh J. Distributed R&D, cross-regional knowledge integration and quality of innovative output [J]. Research Policy, 2008, 37 (1): 77-96.

[501] 葛仁良. 中国发明专利技术效率影响因素研究: 基于随机前沿生产函数的分析 [J]. 科技管理研究, 2010 (4): 216-219.

[502] 周煊, 程立茹, 王皓. 技术创新水平越高企业财务绩效越好吗: 基于16年中国制药上市公司专利申请数据的实证研究 [J]. 金融研究, 2012 (8): 166-179.

[503] 顾纪生. 净资产收益率指标的理论价值与功能缺陷 [J]. 经济管理, 2002 (12): 87-91.

[504] 徐炜, 胡道勇. 股权结构与公司绩效: 相对托宾Q视角下的实证研究 [J]. 南京师大学报 (社会科学版), 2006 (1): 59-64.

[505] 丁守海. 托宾Q值影响投资了吗: 对我国投资理性的另一种检验 [J]. 数量经济技术经济研究, 2006 (12): 146-155.

[506] 陈兴述, 陈煦江. 上市公司盈利质量与可持续发展能力研究 [J]. 经济问题, 2007 (10): 56-58.

[507] 唐跃军, 李维安. 公司和谐、利益相关者治理与公司业绩 [J]. 中国工业经济, 2008 (6): 86-98.

[508] 鄢波, 杜勇, 阮敏彦. 上市公司成长性与财务指标的相关性研究 [J]. 商业研究, 2011 (7): 119-124.

[509] 温忠麟, 侯杰泰, 张雷. 调节效应与中介效应的比较和应用 [J]. 心理学报, 2005, 37 (2): 268-274.

[510] 侯杰泰, 温忠麟, 成子娟. 结构方程模型及其应用 [M]. 北京: 教育科学出版社, 2004.

[511] Hair J F, Anderson R E, Tatharn R L, et al. Multivariate data analysis [M]. 7th ed. UK: Prentice Hall International, 1998.

[512] 黄芳铭. 结构方程模式: 理论与应用 [M]. 北京: 中国税务出版社, 2005.

[513] Yin R K. Case study research: Design and method [M]. 3rd ed. London: SAGE Publications, 1989.

[514] Shavelson R J, Towne L. Scientific research in education [M]. Washington, DC: National Academy Press, 2002.

[515] Eisenhardt K M. Building theories from case study research [J]. Academy of Management Review, 1989, 14 (4): 532-550.

[516] 陈晓萍,徐淑英,樊景立.组织与管理研究的实证方法[M].北京:北京大学出版社,2008.

[517] Johnston W J, Leach M P, Liu A H. Theory testing using case studies in business-to-business research[J]. Industrial Marketing Management, 1999, 28(3): 201-213.

[518] 毛蕴诗,李家鸿.TCL集团:在模仿与创新中形成研发能力[J].经济管理,2005(17):88-92.

[519] 贺莉.后发企业技术学习与技术多样化及其创新能力演变分析:TCL案例剖析[J].科技和产业,2006,6(12):22-25.

[520] 薄连明,井润田.TCL国际化:基于本土化系统观点的行动研究[J].管理学报,2014,11(12):1727-1736.

[521] Wang Y, Roijakkers N, Vanhaverbeke W. How fast do Chinese firms learn and catch up? Evidence from patent citations[J]. Scientometrics, 2014, 98(1): 743-761.

[522] 王元地.中国自主创新政策评价研究[M].北京:经济管理出版社,2013.

[523] 毛荐其,门虹云,邱萍.技术创新的生态制约与平衡[J].自然辩证法研究,2007,23(2):55-58.

[524] 陈轩瑾,王元地,屈锡华.自主创新政策实施背景下中国科技面貌的国际比较[J].科技管理研究,2014,34(13):20-25.

[525] 顾新,王元地,杨雪,等.中国区域创新体系发展的理论与实践[M].北京:经济管理出版社,2014.

[526] Huang J, Li Y. Slack resources in team learning and project performance[J]. Journal of Business Research, 2011, 65(3): 381-388.

[527] Davis J, Eisenhardt K. Rotating leadership and collaborative innovation: Recombination processes in symbiotic relationships[J]. Administrative Science Quarterly, 2011, 56(2): 159-201.

[528] 刘洋,魏江,江诗松.后发企业如何进行创新追赶:研发网络边界拓展的视角[J].管理世界,2013(3):96-110,188.

[529] 曾萍,刘洋,应瑛.转型经济背景下后发企业创新追赶路径研究综述:技术创新抑或商业模式创新?[J].研究与发展管理,2015,27(3):1-7.

[530] 王元地,刘凤朝.国家创新体系国际化实现模式与中国路径:基于中、

德、日、韩的案例［J］. 科学学研究，2013，31（1）：67-78.

［531］ 知识产权发展研究中心. 2017年中国知识产权发展状况评价报告［R］. 北京：国家知识产权局，2018.

［532］ Tang L, Liu H. Community detection and mining in social media［M］. California：Morgan & Claypool Publishers，2010.

［533］ 任卓明，邵凤，刘建国，等. 基于度与集聚系数的网络节点重要性度量方法研究［J］. 物理学报，2013，62（12）：128901-1-5.

［534］ 武澎，王恒山. 基于特征向量中心性的社交信息超网络中重要节点的评判［J］. 情报理论与实践，2014，37（5）：107-113.

［535］ Lubatkin M H, Simsek Z, Ling Y, et al. Ambidexterity and performance in small-to medium-sized firms：The pivotal role of top management team behavioral integration［J］. Journal of Management，2006，32（5）：646-672.

［536］ Aubry M, Lievre P. Ambidexterity as a competence of project leaders：A case study from two polar expeditions［J］. Project Management Journal，2010，41（3）：32-44.

［537］ Ferrary M. Specialized organizations and ambidextrous clusters in the open innovation paradigm［J］. European Management Journal，2011，29（3）：181-192.

［538］ 沈灏，李垣，蔡昊雯. 双元型组织对创新的影响及其构建路径分析［J］. 科学学与科学技术管理，2008（9）：103-107.

［539］ Cao Q, Gedajlovic E, Zhang H. Unpacking organizational ambidexterity：Dimensions, contingencies, and synergistic effects［J］. Organization Science，2009，20（4）：781-796.

［540］ Russo A, Vurro C. Cross-boundary ambidexterity：Balancing exploration and exploitation in the fuel cell industry［J］. European Management Review，2010，7（1）：30-45.

［541］ Ghemawat P, Costa J. The organizational tension between static and dynamic efficiency［J］. Strategic Management Journal，1993，14（Special Issue）：59-73.

［542］ Menguc B, Auh S. The asymmetric moderating role of market orientation on the ambidexterity-firm performance relationship for prospectors and defenders［J］. Industrial Marketing Management，2008，37（4）：455-470.

[543] 李光泗,沈坤荣. 技术引进方式、吸收能力与创新绩效研究 [J]. 中国科技论坛, 2011 (11): 15-20.

[544] 陈岩, 翟瑞瑞, 姜鹏飞. 研发方式组合与吸收能力的匹配对企业创新绩效的影响 [J]. 中国科技论坛, 2015 (7): 34-39.

[545] 刘凤朝, 刘靓, 马荣康. 区域间技术交易网络、吸收能力与区域创新产出: 基于电子信息和生物医药领域的实证分析 [J]. 科学学研究, 2015, 33 (5): 774-781.

后 记

我于2012年9月进入四川大学商学院攻读企业管理专业（创业与创新管理方向）博士，并在2015年12月顺利通过博士论文《企业外部技术搜寻平衡机制及其对绩效的影响研究》的答辩，获得管理学博士学位。2016年11月，我有幸再次进入四川大学商学院，以专职博士后的身份继续开展学术研究，并先后得到四川大学中央高校基本科研业务费研究专项项目（skq201710）、四川省科技厅软科学研究计划项目（2017ZR0078）、中国博士后科学基金项目（2017M623052）、教育部人文社会科学基金项目（18YJC630227）等科研项目的资助。本书正是以我的博士论文为基础进一步修改完善而成的，并在研究过程中得到了以上科研项目的资助。

光阴似箭，日月如梭，回首六年多的博士研究生求学生涯以及博士后研究经历，收获感触颇多。承蒙老师的指点、朋友的帮助、家人的支持，我正式走上了学术科研之路，除了已获得的一些小小的研究成果之外，更重要的是，在此过程中得到了学术精神的培养和科研思维的锻炼。怀着一颗感恩的心，我谨借此机会，向所有关心、帮助和支持我的人致以最诚挚的谢意！

后 记

感谢我的导师顾新教授和王元地教授。在博士研究生入学阶段，是顾老师给了我宝贵的在职读博机会。在求学过程中，从最初涉足创新管理研究的懵懂，到从事国家级科研课题的困惑，从学术著作的统稿和出版，再到科研课题的申请与主持，顾老师都为我提供了各种进行系统学术训练的机会。除了学术上的悉心指导，顾老师对我的生活也关怀备至。从家庭到职业，都得到了顾老师多方面的帮助和支持。在入学之初面对家庭、学习和工作等多方面压力的时候，是顾老师给我宽容、鼓励和信心，让我能够从容面对过程中的种种艰辛。在我面对未来的职业生涯发展感到迷茫徘徊时，也是顾老师推心置腹帮助我认清方向。在我的博士后研究工作期间，是王老师指引并带领我在创业与创新管理研究领域的学术殿堂中更上一层楼。无论是上百万条专利数据清洗整理与统计分析的疑惑，还是英文学术论文写作、投稿、修改与发表过程中的困难，王老师都耐心地帮我分析、解答，并给予专业的指导。二位教授敏锐的问题洞察力、求是的研究风格、渊博的专业学识、严谨的科研风范、高尚的人格魅力以及对学生无微不至的关怀，带领我在创业与创新管理研究领域不断进步，激励着我在未来的教学和科研工作中奋发向上，让我终身受益。

同样要感谢四川大学商学院的各位老师在此过程中对我的教诲、指导和帮助，他们超前的学术意识和不倦的进取精神，鞭策着我在科研的道路上不断学习，并一丝不苟地进行科学问题的研究，让我领悟到了学术研究的巨大魅力。

感谢国家留学基金的资助，让我能够来到美丽的花园城市新加坡，以博士后身份留学一年。在此，我要特别感谢新加坡管理大学李光前商学院（Lee Kong Chian School of Business）的王鹤丽（WANG Heli）教授帮我争取到宝贵的学习机会，并在我留学期间给予我各方面的指导和帮助，让我进一步拓宽了国际学术视野。

感谢我挚爱的家人，正是你们默默的支持与无私的奉献，我的学术梦想才终能得以实现。我亲爱的爸爸妈妈，谢谢你们三十多年来的包容和鼓励,在外求学、工作和生活十余载,未能陪伴尽孝,我一直心存愧疚,你们无私的爱,支撑着我的信念。我敬爱的公公婆婆,感谢你们多年来的支持和奉献,在我忙于工作或潜心科研的时候,悉心照顾我的生活及幼小的儿子,让我感受到了来自父母的爱的力量。我最爱的老公,感谢你一直以来的陪伴和理解,在忙碌的工作之余,还要担负起家庭的重任,让我没有后顾之忧。我可爱的儿子,谢谢你们的到来,你们每一个小小的进步都是我成长的动力,激励我不断前行。

感谢我的各位同门,在与他们交流和讨论的过程中,我在学习和生活上均得到了诸多启发。感谢他们在我尝试做研究和写论文时提出了许多中肯的建议,并与我分享研究方法和心得,在我的科研之路上相伴前行。

感谢所有参考文献的作者,他们的研究给了我很多启发。本书中引用的标注若有遗漏,还望海涵。

感谢知识产权出版社的韩冰编辑为本书的出版所付出的艰辛劳动。

当然,由于作者自身的局限性,本书还存在诸多不足之处,对具体问题的分析尚不够全面和深入,有待进一步完善,欢迎大家批评指正。

杨　雪

2019 年 4 月于新加坡